UM GUIA SEGURO PARA A VIDA BEM-SUCEDIDA

FUNDAÇÃO EDITORA DA UNESP

Presidente do Conselho Curador
Mário Sérgio Vasconcelos

Diretor-Presidente
Jézio Hernani Bomfim Gutierre

Superintendente Administrativo e Financeiro
William de Souza Agostinho

Conselho Editorial Acadêmico
Danilo Rothberg
Luis Fernando Ayerbe
Marcelo Takeshi Yamashita
Maria Cristina Pereira Lima
Milton Terumitsu Sogabe
Newton La Scala Júnior
Pedro Angelo Pagni
Renata Junqueira de Souza
Sandra Aparecida Ferreira
Valéria dos Santos Guimarães

Editores-Adjuntos
Anderson Nobara
Leandro Rodrigues

MARCOS ANTÔNIO LOPES
UM GUIA SEGURO PARA A VIDA BEM-SUCEDIDA
EXEMPLARIDADE E ARTE RETÓRICA NO PENSAMENTO HISTÓRICO MODERNO

© 2021 Editora Unesp

Direitos de publicação reservados à:
Fundação Editora da Unesp (FEU)
Praça da Sé, 108
01001-900 – São Paulo – SP
Tel.: (0xx11) 3242-7171
Fax: (0xx11) 3242-7172
www.editoraunesp.com.br
www.livrariaunesp.com.br
atendimento.editora@unesp.br

Dados Internacionais de Catalogação na Publicação (CIP) de acordo com ISBD
Elaborado por Vagner Rodolfo da Silva – CRB-8/9410

L864g

    Lopes, Marcos Antônio
        Um guia seguro para a vida bem-sucedida: exemplaridade e arte retórica no pensamento histórico moderno / Marcos Antônio Lopes. – São Paulo: Editora Unesp, 2021.

        Inclui bibliografia.
        ISBN: 978-65-5711-044-7

        1. História. 2. História do pensamento histórico e político (séculos XVI, XVII e XVIII). 3. Exemplaridade da História. 4. História da Retórica. 5. Teorias da interpretação de textos. I. Título.

2021-1140   CDD: 900
                                                                                                 CDU: 94

Índice para catálogo sistemático:
1. História 900
2. História 94

Editora afiliada:

AGRADECIMENTOS

Entre a concepção, a composição e a efetiva entrega aos leitores, faltou pouco para que este livro completasse uma década de atividades. Das primeiras notas tomadas em fins de 2011 aos últimos alinhavos feitos já ao término de 2019, as recomposições do texto foram a perder de vista, mesmo quando o autor tenha considerado (por algumas vezes!) que "o seu cerco já estava feito". Ocorre, porém, que o inesgotável volume de registros sobre a temática dominante impôs a incorporação de referências encontradas apenas mais para o final da trilha, títulos que acentuaram carências muito salientes no texto, motivando preenchimentos, nivelamentos e escovações. A técnica de pentear parágrafos foi utilizada à saciedade, sempre com o propósito de se corrigir estrabismos recorrentes, esforço que minimizou as análises enviesadas e os juízos deformantes na narrativa. A referida técnica requer paciência bíblica e tempo elástico para produzir efeito saudável em textos longos e com tantas referências.

Sou grato à Editora da Unesp, pela compreensão em conceder-me licença para aperfeiçoar o livro, mesmo já à beira do processo inicial de edição. Fica, portanto, em registro, que o compromisso de ambos foi o de realizar esforços que melhor compensem ao público. Ao longo dos últimos anos esta pesquisa contou com o apoio do Conselho Nacional de Desenvolvimento Científico e Tecnológico (CNPq), na forma de bolsa de produtividade em pesquisa. O referido apoio foi retirado em março de 2019 seguindo os protocolos regulares da agência de fomento. Fica, pois, meu reconhecimento ao citado órgão, pelo auxílio prestado à realização deste e de outros títulos em mais de uma década de parceria. Na Universidade Estadual de Londrina (UEL) encontrei as melhores condições de trabalho para a realização deste livro. Se não fiz mais e melhor, foi por limitações próprias.

Meu agradecimento especial a Renato Moscateli e a Luiza Maria Lentz Baldo, leitores pacientes e aplicados, pelo auxílio precioso na forma de crítica aguda e sem rodeios. Algumas hipóteses de trabalho aqui desenvolvidas foram testadas nos últimos anos com meus alunos do curso de História da UEL, na disciplina Ciência Política e História. A todos eles sou grato pelo interesse e pela participação demonstrados nas discussões desenvolvidas em classe sobre temas como retórica e moralidades presentes nas narrativas dos clássicos.

SUMÁRIO

Prefácio – O oráculo, o farol e a bússola, *Estevão de Rezende Martins*   9
Conceito da obra   13

PARTE I
O MAGISTÉRIO MORAL DA HISTÓRIA

1   Conselheira prática da existência   21
   Bússola de moralidades   22
   Tradições cristalizadas, inovações bloqueadas   26
2   Escola de experiências   35
   Presença dos antigos   40
   Impregnações ciceronianas   44
3   Doutrina dos homens ilustres   51
   Peças de reposição do tempo   52
   Modeladores da história   60
4   A gestão da glória   77
   Admissão na memória   80
   Outro conceito de heroísmo   93
5   Crise e ruína de uma tradição   99

UM GUIA SEGURO PARA A VIDA BEM-SUCEDIDA

PARTE II
QUANDO A HISTÓRIA ERA ESTILO E ELOQUÊNCIA

6 Expansões humanistas, retrações absolutistas *115*
   Avanços eruditos *116*
   Bloqueios seiscentistas *121*
7 Discurso ornamental em prosa *127*
   Pintar com palavras *129*
   História e retórica *134*
8 O jardim da eloquência *145*
   Pedra de amolar *146*
   Túnica de púrpura *154*
9 A ideia da simpatia respeitosa *169*
   Emergência do senso histórico *171*
   Nova natureza do tempo *176*
10 Tradição clássica e cultura moderna *187*

Adendo – As lições de um demonólogo *197*
   Modernidade e arcaísmo *199*
   Racionalismo e misticismo *207*
Autores e obras *219*

PREFÁCIO

O ORÁCULO, O FAROL E A BÚSSOLA

ESTEVÃO DE REZENDE MARTINS
UNIVERSIDADE DE BRASÍLIA

Historiadores de todas as épocas parecem convencidos de ser pitonisa, referência e orientação. Com efeito, enunciar a vida e os feitos dos homens, descobrir-lhes ou atribuir-lhes sentido, de modo mais ou menos críptico, ao sabor das interpretações possíveis, prováveis ou seguras; pôr-se como roca firme, sobre a qual se planta o farol cujo perfil se vê de longe e ao longe, e cuja luz vence as trevas; definir o sentido e o mérito do bem pensar e do bem fazer: três papeis desempenhados na *commedia dell'arte* ou da *commedia della vita* pela História desde há séculos. Talvez seja mais pertinente dizer: pelos historiadores – autodenominados ou assim definidos por outros. A História, de que é musa Clio, não é uma "velha senhora", à maneira de Friedrich Dürrenmatt, matrona que arbitra o certo no mundo errático do interesse venal. Seus praticantes, contudo, entendem-se revestidos de missão transcendental, de intérpretes finais, fontes do esclarecimento, fornecedores de rumos, sancionadores da virtude e fustigadores do vício. Em todos os formatos historiográficos, há fios condutores que marcam a identidade do mosaico – descritivo, analítico, memorial – montado na narrativa histórica. A historiografia ecoa tradições, estipula paradigmas, exalta exemplos, critica legados e crenças – e sempre o faz no momento e no movimento de seu tempo.

No mister de dizer o certo e aconselhar o devido, historiadores dividem ou disputam o protagonismo, no proscênio do sentido antropológico, com filósofos e com cientistas sociais de todos os horizontes. A trama dos fios do ser e do fazer humanos põe a cada um, historiador ou não, um desafio: o de ser por si e o de agir por si. As tramas de cada tempo, herdadas e repensadas, reformam-se a cada época, em que indivíduos se apropriam da memória de ontem para poder ser e fazer no presente, com o olhar voltado para o amanhã. Algo entre o suplício de Tântalo (a cada época impõe-se recomeçar) e o bordado de Penélope (fazer, desfazer e refazer é próprio a toda pessoa). A diversidade dos feitos humanos constitui a miríade de componentes do mosaico da história narrada. A possibilidade de rearranjar esses componentes, a cada era, faz pensar em um caleidoscópio: os elementos seriam sempre os mesmos, seu arranjo poderia variar infinitamente.

Marcos Antonio Lopes oferece ao leitor um desafiador arranjo de multicoloridos componentes da história clássica e moderna, em que reconhece com clareza e pertinência o quanto somos todos tributários do que fazem ou fizeram outros historiadores, em um contínuo de referências encadeadas de uns aos outros. A erudição como fundamento e a retórica como estratégia são armas poderosas no bico da pena dos pensadores, ao manusear os volteios e as estocadas das interpretações que expõem e defendem os autores. A lucidez com que Lopes remete ao labor historiográfico antológico, em que determinado autor mais parece um compilador do que já disseram outros, permite entrever algo da acribia de Anthony Grafton ao dissecar o abracadabra da historiografia moderna: a nota de rodapé, aval de erudição e pedestal do rigor empírico, e não mero registro de marginália.

Dos clássicos (sobretudo latinos) aos modernos (em especial dos séculos XVII e XVIII) e contemporâneos (com destaque para teóricos literários), Lopes atravessa o tempo sob o ângulo de duas lentes que afirma haver encontrado nos próprios autores tratados: a pretensão de a História ser mesmo a mestra moral da vida e o refúgio da escrita nos floreios do estilo e da arte de convencer ou seduzir.

Em linguagem direta e acurada, com a sóbria elegância que o caracteriza, Lopes apresenta, em duas partes de cinco capítulos, o resultado de seu percurso perscrutador pelos autores que cultivaram alto conceito da História, para ela almejaram grandes desígnios e nela vislumbraram um norte arrebatador. O próprio título do livro exprime com perspicácia o

PREFÁCIO | 11

modo de narrar – enunciar mesmo – história(s) na longa tradição escrutinada e arranjada no mosaico do autor: um *guia* – ou seja, uma bússola; um guia *seguro* – vale dizer: para além de toda dúvida razoável, metódica ou não, uma âncora ou um farol; para uma *vida* – o que corresponde ao ser e ao fazer do agente humano; uma vida *bem-sucedida* – isto é: efetivada de acordo com a moral e os bons costumes, em que o êxito é (ou seria) sinônimo de persecução da felicidade, de plena e absoluta realização do ser humano enquanto tal, à maneira como o entende Bernard Lonergan. É certo que a busca de um porto seguro permeia a turbulenta vida humana, batida pelos ventos das contingências e das adversidades. Lopes lembra como Jacques Amyot viu nos livros de história uma espécie de cartografia de como suplantar as procelas na efetivação do bem viver.

A cientificização da História entre os séculos XIX e XX introduziu nas práticas historiográficas uma considerável dose de prudência metódica, mas não parece haver inibido muito os historiadores, cujos papéis sociais entre sua especialidade e sua condição humana não raro se embaralham. A crítica, como forma de distanciar-se do peso do cotidiano atual para alçar-se à altura da independência intelectual – um desempenho metódico, pois –, angariou à História sua carta-patente científica, mas reforçou em muitos historiadores a antiga pretensão de serem mestres da vida alheia. Todos os autores trabalhados por Lopes em seu livro são prolíficos em prodigar conselhos, proferir orientações, placitar normas. A leitura vale, assim, como uma suma ética dos preceitos históricos que o agente deveria observar para bem viver.

Em 1974, Jürgen Kocka chamava a atenção para a curiosa situação do século XX, subjugado pelo êxito avassalador das ciências naturais e das tecnologias sofisticadas – cenário em que as ciências sociais, a História obviamente incluída, pareciam fadadas a desaparecer, pois aparentemente percebidas como inúteis. Kocka bem como Golo Mann ou Reinhart Koselleck e mais recentemente Jörn Rüsen veem nessa situação um paradoxo interessante e um repto a responder. Pois a História, a historiografia, o historiador continuam a ser uma angra em que o agente racional humano pode deitar âncora ao abrigo das intempéries. Ao menos o agente estaria instrumentado intelectualmente para haver-se com elas. A história da História ganha assim valor e relevo, ao fornecer ao navegante no tempo – ou seja: a cada sujeito agente – mapa e bússola, luz e projeto, consciência da dependência do passado acumulado e independência crítica para agir por si. Há nisso algo de otimismo epistemológico, como lembra Fernando Catroga. Há igualmente a pugnacidade dos combates da História e por ela, como inscreveu Lucien Febvre no território do historiador em 1953, e como ecoou em 2010 Maria Manuela Tavares Ribeiro.

Marcos Antonio Lopes comenta acerca da "prática legítima de rapinar livros" como pano de fundo de sua obra. Parece, entretanto, mais adequado falar de uma minuciosa operação de tamisar a areia das ampulhetas históricas para nelas encontrar as preciosidades morais e retóricas que os autores espargiram. Um mérito digno de nota e, sobretudo, um livro a ser lido com o espírito enciclopédico e comparativo que o inspira.

François Hartog enfatiza que houve uma crença na História, grande potência dos Tempos Modernos. Organizadora do mundo, ela lhe atribuiu sentido. Juíza suprema dos comportamentos e dos acontecimentos, ela entusiasmou e horripilou. Nem todo-poderosa nem frágil ou débil, a História tem sim uma palavra a dizer, pois é com ela, por ela e nela que o sentido mesmo de ser dos homens se realiza, aprende e interpreta. O livro de Marcos Antonio Lopes coloca para o leitor o itinerário da navegação histórica na dinâmica dos interesses do tempo presente. Deixemo-nos guiar por esse fio da trama.

CONCEITO DA OBRA

*A este meu tratado, eu pensava juntar alguma
outra prosa minha, para que o volume, que tem
defeito em sua qualidade, obtivesse alguma
consideração por mérito da sua quantidade. Por
muitos impedimentos não foi possível, mas espero
fazê-lo em pouco tempo [...].*

Torquato Accetto, *Da dissimulação honesta*, 1641

Os especialistas se comprazem em demonstrar que, como historiador, Voltaire permaneceu em certo estágio primitivo, já que nem mesmo o seu moderno repertório filosófico-temático-metodológico de trabalho conseguiu livrá-lo de manusear apenas documentos escritos (Pomeau, 1990, p.21). Para complicar o quadro, ele foi acusado por seu próprio secretário particular de escrever a história universal com meia dúzia de livros, títulos que carregava em seu embornal nas andanças entre França, Alemanha e Suíça. E alguém já havia se encarregado de lembrar, acerca do *Ensaio sobre os costumes*, que este trabalho panorâmico apresentava ao leitor quase mil anos de história de todos os povos da Terra, dos tempos de Carlos Magno aos dias do próprio autor. Como esse *Ensaio sobre a História Geral* (que ele compôs para Mme. du Châtelet, em Cirey) não fora escrito sobre fontes, sendo mera compilação de livros, atraíra para si os rigores da crítica de uma posteridade fundada em outros critérios de exigência (Lanson, 1960, p.123). Uma criatura alada e coletora do mel do espírito esse Voltaire historiador, pilhando a seu bel prazer as colmeias de conhecimentos consolidados, pelo simples propósito de levar algo para casa.[1]

---

1 Essa zoologia filosófica chegou-me pelas vias de Friedrich Nietzsche (2009, p.7).

14 | UM GUIA SEGURO PARA A VIDA BEM-SUCEDIDA

Ora, já na Antiguidade, Políbio ressaltara que a história escrita a partir de livros era um gênero menor, bastando para produzi-la que o historiador se estabelecesse em uma cidade na qual existissem boas bibliotecas. Na confortável segurança de um gabinete, apenas se reescreveriam narrativas anteriormente compostas por outros, razão pela qual Políbio preferia a história fundada na experiência a quente dos acontecimentos militares, jactando ser esta arriscada reportagem ao vivo o enredo original que tencionava servir a seus leitores (Políbio, 1986, p.417). De índole bem diversa foi o historiador das ideias Diógenes Laércio (2010), em seu desordenado tricô da antiga sabedoria filosófica. Seu tratado se estende de Tales a Epicuro, enfileirando entre ambos um exército considerável de grandes e pequenos heróis filosóficos. Pelo mal acabado compêndio de história da filosofia, o autor do século III d.C. há muito recebe os louvores dos serviços prestados por seus numerosos fragmentos de textos e retalhos de ideias desviados das confabulações desagregadoras do tempo. O nada criativo autor das *Vidas* dos grandes pensadores livrara o mundo da ignorância, o que, ao menos nesse caso isolado, reserva uma faceta inesperadamente virtuosa acerca do valor relativo de textos desprovidos do gênio original pretendido por Políbio e por tantos outros críticos também intensamente originais, de ontem e de hoje.

O fenômeno da escassez de originalidade nas artes históricas e em outros gêneros literários seria acentuado por Michel de Montaigne, nos inícios dos Tempos Modernos, ao reclamar que os autores de livros de sua época eram meros intérpretes de interpretações, pois escreviam mais livros sobre livros do que acerca dos temas de eleição. Havia um excesso de comentários e citações de obras, e ele sabia que tomava parte nisso reconhecendo sua "terra pobre demais para produzir as ricas flores" com que a adornara. Ora, o livro que escrevera fora tecido longa e premeditadamente como um conjunto muito para lá de desconexo, uma guirlanda esgarçada feita dos ramos e das flores que ia arrancando a esmo, a partir de suas deambulações intermináveis pelos jardins da cultura clássica. O fato é que sua obra multitemática fora "planejada" para não ter fim. Após vinte anos de composição dedicados a emendas e a incorporações de trechos inéditos, seu livro não havia chegado ao término, e nem chegaria em vida do autor. Enquanto houvesse tinta e papel neste mundo, declarou, ele iria sempre adiante. Apenas suas complicações urinárias aplicaram-lhe um freio na escrita, porque tomara

CONCEITO DA OBRA | **15**

por roteiro justamente uma deliberada ausência de direção. Mas nem com sua morte o livro deixou de conhecer uma exuberante continuidade. Os editores pósteros deitaram e rolaram em cima de seu texto, a começar por Marie de Gournay e, na sequência, os admiradores ingleses dos *Ensaios* dos séculos XVII e XVIII, além dos eruditos mais atuais. Cônscio, no entanto, de ser um reprodutor de ideias feitas, Montaigne não dava garantias da originalidade de seus escritos, e sequer o crédito das citações que fazia, com o fito de frear as ousadias dos críticos apressados, levando-os ilusoriamente a dar petelecos nas ventas de Plutarco e a insultar Sêneca, pensando que agrediam a ele próprio (Montaigne, 1972, p.192). Maníaco por livros, preenchera o teto de sua famosa torre com agudas citações de Horácio, Lucrécio, Cícero, Juvenal, Marcial, Plínio, Ovídio, e as preciosidades rutilantes de mais uma carreira interminável de outros sábios escribas da antiga *repubblica litteraria*.

Assim como Montaigne, o escritor seiscentista Robert Burton não deixou passar em branco a relação abusiva dos modernos com os livros. Em *A anatomia da melancolia* – provavelmente o livro mais enfartado de citações de toda a história da literatura universal –, o bibliotecário da Universidade de Oxford apontou os autores de sua época como verdadeiras aves de rapina, não sem incluir-se na própria crítica como alguém que escrevia movido unicamente pelo prazer de não dar descanso aos tipógrafos. Para ele, os autores de seu tempo filtravam o melhor da inteligência dos predecessores, colhendo as flores de jardins bem cultivados, para semeá-las na própria terra estéril (Burton, 2011, p.62ss, v.I). Em certo trecho, Burton compara sua incapacidade de deter-se na escrita de sua obra com a empolgação natural de um cão de caça, sempre correndo e ladrando faceiramente a cada pássaro que encontre no caminho.

Creio ser esses depoimentos de Montaigne e de Burton bastante apropriados para retratar a natureza deste livro sobre ideias remotas de história, todo ele traçado e composto com as lascas literárias que arranquei de antigos, modernos e autores da atualidade, para subsídio da memória dos que ainda encontram algo de satisfatório nestas formas desenxabidas de erudição. Em um livro de história sobre outros livros de história, decerto que não faltarão remissões a autoridades estrangeiras, pois, como já dizia um escritor setecentista, "o que é estrangeiro sempre chama a atenção" (Smith, 2008, p.123). E isso para também não descuidar das honras devidas a nosso bacharelismo genético que, ao ditar as boas regras da ciência, impõe a lei soberana: sem obras de ostentação não há vida inteligente (Carvalho, 2000, p.127). Aqui, as autoridades antigas reluzirão como ouro, pois o conceito que anima a presente narrativa extrai seus filões mais preciosos justamente das lavras de grandes escritores do passado. Isso é como recordar as palavras de Montaigne acerca das referências que frequentemente tomava de Plutarco, pois a cada vez que aqui se esbarra nos clássicos, alguma coisa também lhes é surrupiada. Aliás, escrever história sempre foi uma atividade dialogada em que tomam parte vivos e mortos e, nessas conferências, somente os espíritos mais duros não se importam de pactuar com o demônio da ingratidão.[2]

A título de apresentação enxuta da obra, e a propósito de ilustrar (e justificar!) a longevidade da prática legítima de rapinar livros, reforço os argumentos mais recuados de Montaigne e de Burton anteriormente referidos, autorizando-me em palavras de maior atualidade: "Timeu era um pedante, [...] e criava livros de livros. Em uma palavra, era um de nós" (Momigliano, 2004, p.143). No esforço de tornar-me um bom ladrão das palavras, minha expectativa é que a obra constitua volume útil para leitores interessados por formas inatuais de conceber e de escrever história, até porque o domínio de antigas expressões do pensamento histórico permite-nos compreender, por contraste, as formas dominantes de hoje em dia. Nesse sentido, a recorrente presença de feitos magistrais nas narrativas do passado – e a possibilidade de transformá-los em lições exemplares para prover a economia moral dos varões insignes à busca de reputação pelos séculos – definem a harmonia dos ensaios aqui reunidos. Com efeito, a pretendida sintonia consiste em retratar a tradição da história como magistério moral numa toada que objetiva ressaltar a importância das lições do passado para exemplo e proveito dos homens ilustres e, por acréscimo, as razões prováveis do declínio das máximas prudenciais como guia certeiro para uma existência coroada de êxitos.

Um antigo professor de retórica afirmou que a sombra vale menos do que o corpo que a produziu. Ainda que bem proporcionadas, reproduções estarão sempre alguns graus abaixo dos originais. Muito difícil contrastar com bons argumentos essas considerações de Quintiliano (1916, Livro x do Segundo Tomo). Se é verdade que a imitação se aproxima apenas com dificuldade daquele valor naturalmente agregado que dignifica tudo o que é autêntico, artefatos originais deveriam ser o

---

2 É o que lembra um especialista em Renascimento. Cf. Lauro Martines (2011).

objeto de superação de todos os processos que requerem engenho e arte. Porém, não sempre. Uma busca desatinada por originalidade, alertaram os antigos, tenderia a produzir resultados frequentemente próximos da banalidade e até da estupidez. Ora, montanhas muito elevadas podem parir ratos, segundo uma lição de Esopo (Mogenet, 2013). Mais sensato às incansáveis vozes da vanguarda seria então reproduzir motivos da *Ilíada*, em vez de mover mundos e fundos para exibir estranhezas a partir de intensos esforços de criatividade irrelevante (Horácio, 1993). Lições de conservadora prudência essas de Horácio, o que transmite maior confiança para intrometer-me em velhas conversas alheias e replicar assuntos surrados desde tempos homéricos.

Ainda que em alguns momentos da elaboração deste livro se tenha pretendido oferecer um pouco de vinho novo aos convivas, ao término do trabalho não tenho dúvida de que o serviço prestado foi o de simplesmente engarrafar a velha seiva dos clássicos, o que nem por isso me pareceu mau resultado. Arando em velhos campos, e servindo mais do mesmo acerca da longeva vocação pedagógica da história, me contentei em sujeitar-me às regras de talentosos escribas, que a este propósito me pareceram excelentes. Nas marchas entre antigos autores hei de acender minha lamparina com querosene desviado. Mas mesmo que as citações de textos representativos sobre a exemplaridade da história como instruções pedagógicas de insignes varões exerçam aqui o seu burocrático reinado, e que as paráfrases campeiem de esporas e trabuco, que o leitor crítico também possa distinguir, vez ou outra, algumas contribuições extraídas de lavras particulares. Quanto a essas, coloco-as todas sob a guarda das cautelosas considerações de Thomas Hobbes acerca dos deslocamentos de significação dos textos do passado, quando assevera em *Os elementos da lei* que ressignificar os sentidos primevos dos livros antigos por meio de atualizações universalizadas pode ser uma tarefa relativamente simples para leitores pósteros, morando toda a dificuldade em apanhar as circunstâncias em que tais textos foram produzidos, e em alcançar as intenções que moveram seus autores (Hobbes, 2010, p.66). Essa é a dialética do que diz os textos, e daquele que por meio deles se comunica. A inteligibilidade histórica das ideias é precisamente dessa ordem, quando se objetiva compreender as conexões das obras de pensamento com outros agentes em interações captadas numa situação circunscrita a espaço-tempo que se possa delinear, apesar das limitações que se interpõem a este gênero de abordagem. Parafraseando Gadamer

(1997, p.36), o paradigma foi definido nessa direção, ainda que se tenha consciência das oscilações deformantes na execução do projeto.

Em traços mais largos, as referências anteriores formam o conceito geral do livro. Retomando uma reflexão de Torquato Accetto (2001), naquele seu pequeno tratado acerca da sabedoria contida na arte oportuna do silêncio, vejo que o presente trabalho também surgiu de contínuas incisões que, em vez de produzir efeitos de preenchimento, acabaram por lhe reduzir o curso. Mas trocar gordura por musculatura parece ser bom negócio também no mundo das letras. E talvez fique provado que há mesmo casos em que menos pode ser mais. As muitas cirurgias corretivas que realizei neste livro consistiram em extrair e agrupar as matérias salientes em dois conjuntos, o que garantiu ao presente corpo sua fisionomia atual. E assim se cumpriu por inteiro (ainda que de modo involuntário) a promessa contida na epígrafe deste prólogo, tomada do próprio Accetto. Se não deitei mais volume para corrigir pelo mérito da quantidade os defeitos da qualidade, as aparas do empreendimento levaram-me à composição de um volume derivado acerca das relações entre história e retórica, e mais um entorno de assuntos correlatos arrancados da primeira versão do manuscrito, que agora integram a segunda parte. Com material de demolição também se constroem livros! Aliás, parafraseando um aforismo fisgado de Nietzsche, tentei de tudo para produzir textos respeitáveis; acabei gerando camundongos. Que venha, pois, a severa correção dos leitores críticos, e que se mande retornar à bigorna os versos mal torneados, conforme a justa exortação de Horácio.

PARTE I

O MAGISTÉRIO MORAL DA HISTÓRIA

Mas cheios estão os livros, cheias as vozes dos sábios, cheia a antiguidade de exemplos que tudo estaria sepultado em trevas, se lhe não desse esplendor a luz das letras. Que inumeráveis retratos não só para vermos, mas imitarmos, não nos deixaram em seus escritos tantos autores gregos e latinos, [...] para regular meu ânimo e pensamentos pelas ideias daqueles valores excelentes?

Marco Túlio Cícero, A favor do poeta Arquias

1
CONSELHEIRA PRÁTICA DA EXISTÊNCIA

Mudam-se os tempos e as pessoas, os vícios são os mesmos, e sempre serão; vê como os rouxinóis cantaram há tempos, galos cacarejaram, vacas mugiram, carneiros baliram, pardais chilrearam, cães ladraram, e ainda continuam; [...] temos os mesmos humores e inclinações que os nossos predecessores; vós deveis nos julgar muito semelhantes, muito de acordo, nós e nossos filhos. E assim continuará a nossa posteridade até o fim.

Robert Burton, *Anatomia da melancolia*, 1621

Desde a Antiguidade a história advertiria os príncipes dos erros perigosos, constituindo-se em fonte de instrução dos grandes homens (*viris illustribus*). Aos mais eminentes e bem-situados nos degraus do prestígio, a história ensinaria como agir nas ocasiões em que se aguardava a urgência de intervenções valorosas. Agudo instrumento de avaliação de vícios e de virtudes, a história apresentaria os exemplos adequados às lições necessárias. Definições de vícios e de virtudes são escassas na literatura de época, certamente por presumir-se que seus sentidos predominantes eram bem conhecidos por todos. Mas não custa recordar as palavras de um tratadista do Renascimento: "vícios são coisas vergonhosas e inconvenientes a tal ponto que as almas temperadas e compostas sentem desprazer e aborrecimento pela sua inconveniência" (Della Casa, 1999, p.82). Já as virtudes, infere-se, seriam todas as coisas dotadas de sinais contrários. Mas o contraponto relativizador de Hobbes diante de concepções cristalizadas me parece digno de menção. Segundo ele: "A coragem, quando a ousadia é extrema, sendo boa a causa, pode ser uma virtude; e o medo, quando o perigo é extremo, não é um vício" (Hobbes, 2010, p.90).

Em antigas narrativas históricas, que alcançaram de modo proeminente ao menos o século XVIII, os autores procuravam acomodar em seus enredos um tanto de pertinência e de deleite, tornando o esforço de persuasão do historiador numa agradável tarefa para seus leitores. Exemplos instrutivos de variada espécie injetavam a virtude necessária, uma vez que não deixavam ninguém indiferente diante de modelos a seguir; e isso tanto para o próprio bem como para o do local a que se pertencesse, escrevera Tito Lívio. Ações vergonhosas deveriam ser encontradas e expostas, para que se soubesse evitar suas causas e, assim, fugir de seus efeitos danosos. "O lustre da virtude não se apaga", replicou um atento leitor seiscentista de Tito Lívio, e "está sempre jovem e vigoroso [...] para todas as eras vindouras, feito uma atrativíssima magnetita que atrai e combina tudo que está presente" (Burton, 2011, v.IV, p.44).

BÚSSOLA DE MORALIDADES

Essa consagrada escola de virtudes na qual a exemplaridade do passado era o eixo moral foi revigorada pela tradição humanista moderna dos séculos XV e XVI, e aparece de modo evidente na promessa feita por Maquiavel na conhecida carta a Lorenzo de Medici, texto no qual o autor admitiu encontrar entre suas posses o valiosíssimo bem representado pelo conhecimento das ações passadas dos grandes homens, que ele aprendera por meio de um contínuo estudo das coisas antigas, mas também nas agruras de suas embaixadas. Passando ao largo das conhecidas técnicas de decoração das palavras, falaria das coisas de que poderia dar um testemunho direto. Assim procedendo, abriria caminho por entre a frequentemente incômoda e censurável nudez dos fatos reais. E, tudo visto e medido com a pretensão da objetividade de um narrador que se tem na conta de escrupuloso, que nada tira ou acrescenta à realidade das cenas que registra. Ainda que afete a prudência e a modéstia protocolares à sua condição de alma decaída implorando por salvação (o patrocínio de um Medici), há de se supor que Maquiavel mirava sua posição de instrutor por um ângulo muito favorável, enxergando-se como o ponto de ruptura na galeria dos escritores que se ocuparam da política. Nas estudadas palavras dirigidas ao jovem duque de Urbino, ele distinguiu e acentuou o grau de originalidade das concepções que pretendia dispersar nos ares da cultura política de seu tempo. A carta a Lorenzo permite a compreensão de que, com aquele instrumento de persuasão, o autor se colocava na dianteira dos tratadistas políticos, e se instalava no gênero como marco divisor.

Oferecendo ao governante um livro pleno de sabedoria política, apresentou-se ao duque de Urbino como alguém que, por conhecer a história, havia vivido o suficiente para dominar os séculos e todos os segredos, credenciando-se como douto e conveniente conselheiro. Assim, ele reproduzia o antigo preceito de que a história era a narrativa de eventos decisivos por parte de um homem de saber, cuja missão era a de ensinar a extrair proveito das lições encontradas na corrente dos tempos, para instruir acerca da melhor forma de viver com segurança o tempo presente e, de quebra, assegurar um horizonte de previsibilidade para os tempos que ainda estariam por vir. De maneira similar, utilizou-se dessa estratégia na carta dedicatória ao "Santíssimo e Beatíssimo Senhor Nosso Clemente Sétimo" (anteriormente cardeal Giulio de Medici), na abertura de sua *História de Florença* (Maquiavel, 1998, p.29ss).

Tais considerações preliminares sobre o emblemático historiador florentino servem para pontuar que o traço de exemplaridade da história encontra uma essência na seguinte fórmula: "Queria se obter algum ganho com ela, e imaginava-se encontrá-lo no fato de que ela ensinaria e tornaria aplicáveis as experiências dos outros" (Günther, 2013, p.110). Mas, em determinado ponto de amadurecimento da cultura histórica ocidental, essa tradição foi rompida, superada e abandonada. Analisando o manual das civilidades fidalgas publicado por Baldassare Castiglione em 1528, Carlo Cordié situou um desses momentos de ruptura nos pontos de emergência das grandes monarquias modernas, quando o indivíduo ainda tinha campo livre para realizar façanhas, como aquelas dos heróis antigos.

Mas mesmo os efeitos mais visíveis das ações dos grandes homens passaram a contar bem pouco diante da nova complexidade da política internacional. No contexto do advento dos Estados nacionais, o garbo aristocrático nos campos de batalha fora rapidamente suplantado pela eficácia destruidora da nova artilharia. "Toda nostalgia dos bons tempos antigos corria o risco de ser inútil", escreve Cordié (1997, p.xxvi). Contrariamente às concepções dos historiadores do passado, como as de Lívio e de Maquiavel, as modernas formas de pensamento histórico deixaram de admitir uma natureza humana insensível a mudanças, cuja notável estabilidade faria dela algo semelhante a si mesma em todos os tempos. O advento das sociedades de massa ocorrido entre os séculos xix e xx desestabilizou a crença na possibilidade de reuso das atitudes magistrais dos varões de Plutarco, conforme percebido e assinalado pelo filósofo teutoamericano Leo Strauss, o que resultou no agravamento da crise do herói *à l'Ancien Régime*.[1] Em nosso mundo, o papel central de individualidades fora de série em valor moral e grandeza política não passa de uma imagem embaçada nos retrovisores da história. Na Inglaterra elisabetana, Shakespeare (2006, p.299) podia expressar a dicção natural da nobreza ao observar, no diálogo de Calpúrnia e César, que por ocasião da morte de mendigos nenhum cometa é avistado. Mas os céus cospem fogo quando morrem os príncipes.

Essa passagem de tão ilustre extração expressa a força do culto reverencial de amplitude universal ao grande homem, uma maneira de representar as individualidades bem ao gosto das tradições aristocráticas. Ao longo dos séculos seguintes houve uma crescente perda de adequação do modelo heroico e o consequente esvaziamento de sua preeminência cósmica, fenômeno que tendeu a alargar-se progressivamente para consolidar como "sucata da história" a tradicional figura do herói. Um depoimento expressivo acerca da lenta perda de autoridade do homem de escol vem das lavras críticas de Thomas Hobbes, que decididamente desautorizava todos os aspirantes à glória de Alexandre Magno. Em sua perspectiva, esses imitadores do grande conquistador eram uns equilibristas; levavam uma vida de tensões, sempre pendurados em triunfos efêmeros. "Eles andam perpetuamente de um lugar para outro", afirmou o filósofo, "como se sobre uma prancha apoiada apenas no meio, na qual a elevação de uma das extremidades leva a outra a se abaixar" (Hobbes, 2004, p.44ss).

Em nossa própria época, vemos tudo se transformar em alta velocidade. O mundo segue apressado e o que se vive numa década, em

---

1 Ver Leo Strauss (1968).

termos de acumulação de eventos comprimidos em pequenas cápsulas de tempo, não se viveria em um século tradicional do passado. Metaforizando o fenômeno da história a jato instaurado desde as últimas décadas, a passagem do tempo parece possuída pela fúria de cupins. Com efeito, mal nossos conhecimentos são adquiridos e logo se encontram carunchados por incontrolável ação corrosiva. Tudo se transforma a tal ritmo, e em tantas direções, que fica difícil justificar qualquer possibilidade de emprego dos exemplos passados para a vida no presente. Ficou praticamente impossível reivindicar uma dinâmica sempre positiva das ondas de progresso, na perspectiva de uma confortável e sempre elástica linearidade da história; e torna-se ainda mais inviável quando a Agência Espacial Americana – bem como outras instituições assemelhadas –, de tempos em tempos lançam prognósticos de colapso iminente da humanidade. A representação tradicional de uma linha reta transportando a energia do progresso das sociedades humanas no tempo, cada vez mais vai sendo substituída por um emaranhado de feixes dispersivos e imprevisíveis. Aliás, como já aludira Voltaire, na história não é possível discernir qualquer direção.

Segundo a alusão feita por Reinhart Koselleck (2006, p.23), algo se alterou a ponto de o tempo histórico ter adquirido uma "nova qualidade", mudança por ele pressentida desde os Tempos Modernos. Sem dúvida, o senso de velocidade que adquirimos – em termos de uma nova percepção da passagem do tempo histórico (ou, como querem alguns, de nossa viagem mais célere por essa espécie de fluido universal de natureza desconhecida, porque o tempo permanece, e é a história que passa por ele) – provoca nos observadores mais atentos reações de estranheza, mormente quando buscam situar-se em face de estilos antigos de escrita da história. Sob o impacto de nossas novidades múltiplas, imprevisíveis e até mesmo avassaladoras, algumas antigas formas de conceber o passado despertam a curiosidade para o tema da história como fonte contínua de reutilização dos ensinamentos de autoridade moral. Nossa sensibilidade demonstra que as experiências do passado deixaram de ser matéria de assimilação para o uso prático. Hoje em dia, tais experiências – tão cruciais às sociedades do passado – prestam-se apenas como um conjunto de informações, no que se mostram úteis aos historiadores para estabelecer os contrastes demarcadores das diferenças entre o passado e o presente da escrita da história (Tosh, 2011).

TRADIÇÕES CRISTALIZADAS, INOVAÇÕES BLOQUEADAS

Historia magistra vitae foi uma expressão notabilizada por Cícero, embora o gênero de escrita que lhe deu forma tenha sido uma elaboração bem anterior ao orador romano, remontando aos gregos, sobretudo a Tucídides.[2] Como observara Cícero (2010, p.80) em um de seus tratados retóricos,

> Desconhecer o que aconteceu antes de nosso nascimento é ser sempre uma criança. Com efeito, o que é a vida de um homem se ela não se une à vida de seus antepassados por meio da lembrança dos fatos antigos? A memória do passado e o recurso aos exemplos históricos proporcionam, com grande prazer, autoridade e crédito a um discurso.

Nos empregos que Cícero fez de sua fórmula, o domínio explícito era o da arte oratória. A reflexão e a linguagem deveriam polir e lustrar os acontecimentos, dar à história uma "sonoridade mais forte" constituindo-se o historiador num "embelezador de fatos" (Cícero, 1999, p.145ss). História de feitos e palavras no esquema clássico seguido por um exército de escritores, o dos heróis loquazes e suas altaneiras performances discursivas. Ainda assim, a retórica ciceroniana emprestava sentidos de imortalidade à história de Roma, tornando-a fonte de ensinamento das experiências vividas porque também fundadas em princípios de verdade: "Com efeito", afirma, "quem desconhece que a primeira lei da história é não ousar dizer algo falso? Em seguida, não ousar dizer algo que não seja verdadeiro? Que não haja, ao escrever, qualquer suspeita de complacência? Nem o menor rancor?" (ibidem, p.151).

É certo que as lições dos antigos fizeram muita autoridade nos Tempos Modernos, mesmo que abrindo margens para divergências entre autores. Em seu *Methodus ad facilem historiarum cognitionem*, Jean Bodin oscilou visivelmente entre a história concebida como colheita de atitudes no passado e como fluxo planejável para além do presente vivido. A seu modo, Maquiavel flutuou entre uma noção cosmológica do tempo histórico e o realismo antropológico. Em sua concepção, o tempo das sociedades humanas possuiria a sua alçada muito particular, e não pode

---

2 Ver Tucídides (2003). Para um perfil do autor, ver Werner Jaeger (2003), Albin Lesky (1995) e François Hartog (1993).

haver dúvida quanto à correção desta perspectiva maquiaveliana. Mas trata-se de um fluxo que se encadeia a um plano alargado do tempo da natureza, noção que permitiu ao historiador de Florença promover certas comparações dos movimentos do próprio mundo com a dinâmica das ações humanas.

Disso deriva a ideia da similaridade dos ciclos naturais com os movimentos da história dos homens (Maquiavel, 2008). A natureza se repete porque nunca difere de si mesma. Mas o homem também possui algo de permanente, o que para as concepções históricas renascentistas era um pressuposto elementar. Então, em alguma medida, ele pode se repetir no tempo, na forma de atitudes semelhantes e comportamentos previsíveis.[3] À maneira do historiador de Florença, o homem pode e deve espelhar-se em exemplos pretéritos, para orientar-se em meio às suas experiências de vida. Vejamos quanto a isso as declarações do próprio Maquiavel, sempre às voltas com homens que ele julgava displicentes e imprevidentes na organização da vida, a partir de seu ponto de vista pragmático das realidades políticas.

> O resultado é que os que se dedicam a ler a história", (considerou o diplomata florentino), ficam limitados à satisfação de ver desfilar os acontecimentos sob os olhos sem procurar imitá-los, julgando tal imitação mais do que difícil, impossível. Como se o sol, o céu, os homens e os elementos não fossem os mesmos de outrora; como se a sua ordem, seu rumo e seu poder tivessem sido alterados. (Maquiavel, 1979, p.16)

Em seu livro *Ensaios*, Montaigne (1972, p.221) também não deixou margem para dúvidas quanto a isso, ao observar que "Idêntica é a natureza e inalterável o seu curso; e quem haja penetrado suficientemente o presente poderá com segurança conhecer as leis do passado e do futuro". Já Voltaire, certamente mais bem aparelhado do que os autores quinhentistas para a reflexão teórica sobre a história, dado que encarapitado em andaimes mais elevados da tradição, de fato contribuiu decisivamente para a sua renovação. Mas o inovador Voltaire deixara mesmo de conceber a história como fonte privilegiada de ensino? As provas

---

3 "É exatamente o contrário do que hoje denominamos consciência histórica. Para a consciência histórica, nada na história se repete" (Jaeger, 2003, p.447).

negativas quanto a isso são abundantes, inequívocas, e se acumulam por sua extensa produção de textos históricos, não se constituindo em uma ou outra assunção isolada.

Mas o que levou o autor do ambicioso *Essai sur les mœurs* a não se afastar dos exemplos das coisas passadas como orientação dominante de sua narrativa histórica? Simplesmente, a sua concepção de que o passado permite uma espécie útil de aprendizado.[4] Segundo Voltaire, o conhecimento do passado permite, sobretudo, evitar algumas repetições que embaraçam o aprimoramento do gênero humano. É por isso que a história deveria desvencilhar-se do anedótico como o seu fundamento lúdico, sempre solícita em agradar a futilidade das damas. Pelo contrário, a história deveria investir no que é útil para a reflexão e a organização da vida em comum, vida essa projetada por um novo modelo de príncipe, administrador eficaz dos negócios de sua nação.

Com o Voltaire historiador a narrativa histórica encontrava-se no plano de uma forma de escrita modernizante, já que o autor propunha superações em alto nível, e mais ainda quando situadas as limitações de seus predecessores na seara de Clio. Mas mesmo a narrativa histórica voltairiana ainda se erguia sobre os fundamentos de antigas moralidades, dominada de ponta a ponta pelos vícios e virtudes de personagens ilustres. E então há de se indagar acerca dos fatores que guiam um autor de alta criatividade a passar ao largo daquilo que fora essencial em seu próprio questionário para uma nova escrita da história. O problema que se formula é da seguinte ordem: por que um resultado tão discrepante diante de intenções tão audaciosas do Príncipe das Luzes? A resposta de que a tarefa era ampla demais para ser executada por uma individualidade solitária é a que se mostra mais à mão, principalmente quando se avalia a vastidão das fontes históricas, e sua dispersão por vasto espaço territorial.

Mas há de se pensar também no desajuste das novas reflexões diante de tradições consolidadas de se escrever a história. A inovadora história filosófica voltairiana cedeu diante da circunstância de ter de aplicar novos postulados em um espaço de difícil cobertura, acomodando-se em trafegar por territórios já desbravados. *Mutatis mutandis*, dificuldades de tal natureza cercearam a capacidade inventiva de autores da

---

4 Ver, por exemplo, a opinião de Croce (1953, p.204), que frisa em Voltaire a múltipla utilidade dos erros do passado como prevenção de outros crimes e desgraças a ocorrer no presente.

Época Moderna, que se revelaram incapazes de operar os princípios de suas próprias teorias na prática de pesquisa. Maquiavel, por exemplo, quando confrontado com a aridez de registros públicos para a composição da *História de Florença*, viu-se aturdido pela imensa dificuldade em servir-se de exemplos seguros e certeiros para ilustrar o seu pretensamente novo discurso histórico, o que era factível em discursos de teoria política, diante das circunstâncias cambiantes da longa história de sua cidade.[5]

Enfim, a realidade complexa que Maquiavel encontrou na consulta dos registros públicos da história contrariou o emprego prático das máximas prudenciais aplicadas ao sabor das ações dos grandes homens que percorrem *O príncipe* e *Comentários sobre a primeira década de Tito Lívio*. Desse modo, a *História de Florença* é antes epítome de erudição do que síntese das lições úteis e de proveito prático aos governantes. Dito de outra forma, em sua *História de Florença* Maquiavel parece ter provado a si mesmo que algumas circunstâncias históricas podem ser tão datadas e tão particularizadas em dado contexto que, quando situadas em outro, soariam como exemplos próprios de lunáticos míopes. Ele havia vasculhado o passado de sua cidade, mas sem encontrar os exemplos cabíveis para a sua espinhosa atualidade.

Esse exclusivismo de protagonistas individuais gerava nos autores de narrativas históricas do Antigo Regime o dever de celebrar glórias, ainda que tivessem de fabricá-las em boa medida. Na era dos príncipes, o prestígio do historiador em muito dependia de sua disposição em distribuir laudas e loas àqueles que o mantinham na confortável condição de valido. Por isso Maquiavel se conteve em dirigir críticas mais ácidas aos Medici de Florença, em sua nova condição de historiógrafo da comuna politicamente dominada pela ilustre estirpe de Cósimo e de Lorenzo, o que se deu a partir de 1521, após longo período de ostracismo desde a queda da República, em 1512. Tempos depois, Bodin se mostraria um simpatizante mais discreto de algumas ações da política religiosa de Henrique III. Na Espanha dos inícios do século XVII, Luís Cabrera de Córdoba (1948, p.108) concebia, em seu vibrante tratado acerca da arte histórica, um sem número de recomendações com o propósito de conter os discursos tendentes à amplificação de bagatelas. Ele conta a história de Emílio Probo, que se tornou conhecido como Encomiastes, porque dos

---

5 Ver Bruce Haddock (1989, p.25 e 34).

príncipes cujas vidas narrou, gastou mais tempo em elogiá-los do que em descrever as suas realizações práticas.

Já clérigos áulicos seiscentistas como o jesuíta Vieira e o oratoriano Bossuet não pouparam seus cabedais retóricos para incensar a Dom João IV e a Luís XIV, respectivamente. No caso de nosso superimaginativo Vieira, a louvação foi a uma maior altura, chegando à própria ressuscitação do governante lusitano, a quem o jesuíta ilustre destinou a governação do Quinto Império do mundo em seu escrito inacabado, a *História do futuro*. Afora as homenagens obrigadas e as louvações espontâneas e sinceras, o fato é que a possibilidade de "reaproveitamento" das ações políticas exemplares fez das narrativas históricas modernas um manancial de atitudes elevadas, sobretudo quando se tratasse de abastecer os governantes de boa artilharia em meio às suas cada vez mais complexas experiências governativas, a partir do advento dos Estados nacionais em competição permanente por prestígio e por hegemonia na Europa absolutista. E não deixa de ser notável o fato de que concepções de história exemplar – que se tornaram padrão mais alto de referência ao longo dos Tempos Modernos –, surgiram em um mesmo espaço social: os palácios ou as suas proximidades.

Constitui um princípio elementar que as narrativas históricas dos séculos XVI, XVII e XVIII dependiam de quem as concebesse e compusesse com certa frequência e maestria em termos de artes de ditos e feitos de gente incomum, como também de quem as apreciasse como objeto habitual de consumo cultural, isto é, como um artefato para fruição literária e instrumento de aprendizado moral. Nas culturas literárias do Antigo Regime europeu os livros de história ficavam sob abrigos seguros, e isso tanto pelo empenho de seus transmissores regulares quanto pela disposição de seus receptores. Esses agentes culturais interagiram em padrões reconhecidos de linguagem e de estilo e, por consequência, criaram as condições de continuidade do gênero, sem flutuações sensíveis da tradição de se escrever história.[6]

Com efeito, por séculos vigorou a crença de que as grandes ações do passado poderiam ser fonte de orientação dos homens no presente, como se se tratasse de uma bússola moral destinada a estabelecer a melhor forma de conduta de personagens ímpares em seu próprio

---

6 Sobre o estilo na escrita da história ao longo do Antigo Regime, ver especialmente: Paul Hazard (1974) e Anthony Grafton (1998).

espaço de experiências (Gumbrecht, 1999, p.459ss). E isso muito provavelmente porque as narrativas históricas eram escritas sob a frequente inspiração de interesses dos governantes. Em boa proporção, tais narrativas eram encomendadas por reis ou príncipes, prestando-se a justificar e a legitimar parte de seus interesses mais imediatos. Ao longo dos séculos do Antigo Regime foi muito comum o fato de alguns autores de narrativas históricas integrarem a elite política e intelectual de uma república aristocrática, ou de uma monarquia, para proveito das quais compunham seus textos. O florentino Maquiavel e o francês Bossuet são figuras bastante expressivas desses casos. Em ambiente escasso de liberdade criativa, nem sempre era possível preservar uma consciência crítica, dados os compromissos e interesses mútuos dos intelectuais e do poder.

Nessas ocasiões esperava-se da história, sobretudo, lições de edificação moral, para ilustrar e orientar os passos dos homens de escol em suas lides definidoras dos rumos de toda uma coletividade. Talvez por isso seja representativa a definição oferecida por Antoine Furetière (1690) em seu *Dictionnaire Universel*: "A história é uma moral reduzida à ação e ao exemplo. É preciso mostrar aos homens na história, como num espelho, as imagens de suas culpas". O próprio Descartes (2011) – um dos mais expressivos fundadores da ciência moderna – reconheceu, nos meados do século XVII, que as ações memoráveis narradas nas histórias, quando lidas com discernimento, estimulavam o espírito e, portanto, eram fontes úteis para estabelecer julgamentos de como proceder com propriedade. Mas se manteve bastante cético diante da história como campo do conhecimento. Acerca das relações de Descartes com a história, Ernst Cassirer (1997, p.272ss) considerou que:

> O cartesianismo, com sua orientação estrita e exclusiva para o 'racional', mantivera-se estranho ao mundo histórico propriamente dito. [...] Daí resulta que a dimensão da história fica inteiramente fora do círculo do ideal de saber cartesiano. [...] Em suma, a dúvida cartesiana apenas comporta um caráter negativo a respeito da história: ela rechaça e recusa.

Mas persiste como saliência incontornável que, dos tempos heroicos da Guerra do Peloponeso à era revolucionária da Filosofia das Luzes, a exemplaridade de feitos passados memoráveis constituiu-se num dos pilares do pensamento histórico ocidental (Jaeger, 2003, p.57). "No passado", lembra a propósito da dinâmica vida da linguagem o historiador

Carlo Ginzburg (2002, p.136), "a palavra *exemplum*, assim como o seu correspondente grego, *paradeigma*, denotava um modelo no sentido moral. Mais recentemente, 'modelo' e 'paradigma' adquiriram uma dimensão cognitiva". Aliás, como refletiu Werner Jaeger, o valor dos exemplos remonta a tempos imemoriais, a uma época bem anterior às obras ímpares de Heródoto e de Tucídides.

Em seu sentido de pedagogia para a ação, o exemplo já se fazia presente na cultura grega desde a época arcaica (*c.* séculos IX-VIII a.C.), remotos tempos em que o pensamento histórico sequer havia surgido, quando ainda não existiam leis compiladas nem sistematização das primeiras reflexões éticas. Nessas antiguidades profundas, os exemplos já se constituíam como guias eficazes, como bússolas seguras para orientar as atitudes dos grandes homens, normalmente os heróis da aristocracia envolvidos em combates, uma vez que a guerra sempre foi o fator das transformações capitais, de Homero a Voltaire.[7] Nas palavras de Jaeger (2003, p.57), acontecimentos do passado "Desempenhavam na estrutura social do mundo arcaico um papel quase idêntico ao que entre nós cabe à história, sem excluir a história bíblica".

Como assinalou Arnaldo Momigliano (2004, p.38), em regra os historiadores gregos acreditaram na relevância dos sucessos passados para a compreensão do futuro; os acontecimentos ensinavam, pela via da provisão de exemplos, muitas lições úteis para a mais correta orientação dos assuntos de interesse. E François Hartog (2005, p.51) também pontuou que o exemplo na arte histórica antiga era um recurso na argumentação, constituindo-se em expediente de persuasão, por meio de personagens e acontecimentos notáveis, todos apelativos de precedentes modelares propícios à imitação. Sobre o valor das tradições intelectuais herdadas e perpetuadas pelos autores afirmou Thomas Carlyle (1963, p.97), em sua avaliação do valor e do lugar da obra de pensamento na cultura:

> É sempre assim. O artífice, o ferreiro com o seu metal, com suas ferramentas, com seus métodos engenhosos – quão pouco de tudo o que ele faz é sua própria obra! Todos os homens inventivos do passado trabalham ali com ele. Como de fato, com todos nós, em todas as coisas.[8]

---

7 Ver sobre o assunto as considerações de Arnaldo Momigliano (1993, p.144ss).

8 Sobre as concepções do escritor escocês acerca das figuras emblemáticas na história, são esclarecedoras as reflexões de François Dosse (2009, p.163ss);

A imitação constituiu-se também em doutrina estética, e isso desde os primeiros tempos da cultura humanista. Imitar é, entre outros motivos, reconhecer a diferença e a grandeza impressas em um modelo contraposto à singularidade de um sujeito qualquer situado à distância significativa do objeto visado; imitar é apreender os sentidos impressos em outra realidade e, de alguma maneira, inseri-los no seu próprio mundo histórico, preservando-lhes as características de origem. Dessa capacidade respeitosa pela singularidade das coisas remotas, do zelo pelos valores característicos do passado impressos em textos e artesanias provêm os efeitos da admiração pela cultura e ostentação pouco comedida de seus ancestrais. A história se antepõe, portanto, a exigir e a impor o senso do passado. A atitude reverencial da cultura renascentista pelas excelências da Antiguidade ancorou-se nesse ponto de apoio. No tempo, a Antiguidade estava distante, mas se encontrava colada em espírito à época dos humanistas. E os laços de identidade eram tantos e tão visíveis que, na Itália, todos esbarravam cotidianamente nos numerosos vestígios de seu passado comum.

Ainda no século XVII, e até mesmo ao longo do XVIII, houve quem se esforçasse por imprimir aperfeiçoamentos à *imitatio*, como é caso representativo o historiador e metodólogo espanhol Luis Cabrera de Córdoba. Com efeito, ele definiu a imitação como "companheira da eloquência" e "mestra da ignorância", uma arte que conduz os aprendizes esforçados ao encontro daqueles que escreveram com perfeição, para colher benefícios imensos como a própria proeza de se fazerem eminentes em estilo. Ao imitar, afirma o autor espanhol, adquire-se com menor trabalho aquilo que não se poderia alcançar contando apenas com o próprio e reduzido talento. E prossegue o historiador da casa dos Habsburgos: de maneira hábil e competente é válido tomar dos outros não apenas as sentenças, mas ainda as palavras, e seguir no modelo aquilo que parecer admirável. Para alcançar a perfeição assim procederam os gregos e os latinos (Cabrera de Córdoba, 1948, p.148ss).

Evidência bem documentada, o esquema de escrever história exemplar com estofamentos retóricos chegou ao seu término somente a partir da entrada em cena de fenômenos culturais novos e desestabilizadores de sua hegemonia, o que se deu de modo mais perceptível ao

---

bem como o ensaio intitulado "A vertigem da história", que integra o livro de Sabina Loriga (2011, p.49ss).

longo do século XVIII, a ponto até de se falar na dissolução do longevo lugar-comum *Historia magistra vitae* (Koselleck, 1990). Para Ernst Cassirer, a maturidade do conceito de história alcança sua máxima plenitude com Vico e Herder. Apesar dos significativos avanços em procedimentos técnicos verificados no século XVII, no plano da alta reflexão filosófica a história sofreu o impacto de ciências como a matemática e a física, impacto que estancou o seu brilho e bloqueou as suas possibilidades de constituir-se como um campo de saber de maior relevância.

Naquele momento, o da grande Revolução Científica, ideias de verdade sobre o mundo natural e o universo ganharam a cena principal, colocando à sombra as demais áreas do saber. Em suas orientações mais inovadoras, diz ainda Cassirer, ao Século das Luzes é que se deve reconhecer a primazia, mesmo diante de argumentos que tenderam a demonstrar que este mesmo século fora essencialmente anti-histórico. Para o filósofo teutoamericano, essa concepção é enganosa, uma vez que toda a cultura do Iluminismo dependia de análises historicamente fundadas. Mas o autor reconhece a convivência dos aspectos de inovação com os elementos da tradição, o pensamento histórico conservando o grosso de sua persistente orientação pragmática. O arremate de tal análise: um conceito inteiramente inovador e contemporâneo de história não floresceu na cultura europeia antes do alvorecer do século XIX, não antes dos trabalhos de Ranke e Niebhur, para desde então expandir-se e estabelecer influência sobre todos os campos da cultura (Cassirer, 1944).

De toda maneira, a intensidade persuasiva do antigo senso de que a história deveria ser um reservatório de sabedoria para a vida prática revela, sem qualquer sombra de dúvida, uma enorme capacidade de durar (Oakeshott, 1967).[9] Curiosamente, é possível vislumbrar a persistência de referências à história como mestra da vida mesmo ao longo do século XIX, em que a análise do passado carregava, ainda, juízos e impressões morais. No século de Ranke, de Michelet, de Burckhardt e de Fustel de Coulanges, o gênero *Historia magistra vitae* não perdera por completo o seu vigor, ainda que o historicismo de Ranke, por exemplo, tenha se constituído, em largas medidas, contra a vocação preceptiva e as máximas prudenciais.

---

9 Ver também Michael Oakeshott (2003).

2
ESCOLA DE EXPERIÊNCIAS

Não existe nenhuma espécie de homem que não possa tomar como exemplo a história. [...] porque a verdadeira história não deixa nenhuma virtude sem louvor e nenhum vício sem repreensão [...]. Ela testemunha contra os maus e aprova os bons, sendo guardiã de grandes virtudes e feitos.

Sebastián Fox Morcillo, *De Historiae Institutione Dialogus*, 1557

[...] vida da memória, mestra da vida, anunciadora da antiguidade [...]. És nobre pela dignidade dos que a utilizam, pois são príncipes, imperadores, reis, governadores de Repúblicas e capitães, aos quais, para a imitação, és necessária.

Luis Cabrera de Córdoba, *De Historia, para entenderla y escribirla*, 1611

Ao longo da Época Moderna, e cada vez mais a partir do século XVIII, apelou-se para construções narrativas nas quais o convencimento obtido pela eloquência escrita lentamente perdeu espaço para a exposição lógica e refletida, agora amparada no exame de corpos documentais.[1] A presença da eloquência escrita no discurso histórico – a introduzir o seu ouro falso nas narrativas – passou a ser inversamente proporcional ao desenvolvimento da empiria e da crítica. Sendo assim, poder-se-ia falar da própria transformação da natureza retórica nos textos históricos, pouco a pouco livres dos moldes ornamentais típicos, por exemplo, do gênero da história galante ou romanesca seiscentista, ao qual faria oposição a história filosófica iluminista.

Em sua extensa obra, o suíço Eduard Fueter (1914, p.305ss) aponta quatro grandes gêneros históricos dominantes no século XVII: o eclesiástico, dos clérigos historiadores; o etnográfico, dos padres que percorreram Ásia e Américas em catequeses de gentios; o antiquário, dos juristas e eruditos; e o romanesco, dos literatos em geral. Já Claude-Gilbert Dubois (1977, p.158ss) apontou as seguintes categorias: as histórias universais (eclesiásticas), as histórias naturais (genéricas), as histórias particulares (das nações ou dos povos) e as histórias individuais (biográficas).[2] Entretanto, o nascimento de um novo regime de escrita da história já pode ser detectado na recusa de Voltaire aos modelos vigentes de se compor o texto histórico, recusa pela qual o autor de *O século de Luís XIV* expressou a reivindicação de uma crítica sobre os testemunhos, além da busca por evidências empíricas.[3] No julgamento de Koselleck (2013, p.136), a Filosofia das Luzes fundou uma História científica, separando dela a Retórica e a Filosofia moral, no que ainda rompeu os laços de uma antiga subordinação à Teologia e à Jurisprudência.

O cuidado maior nesse trabalho de crítica e interpretação residiria, ao menos em tese, no combate às ideias distintas dos originais e na ênfase sobre a compreensão do passado, que não mais serviria para oferecer modelos ao tempo presente. Em suas nascentes perspectivas historicistas, a partir do século XVIII, os historiadores passaram a insistir cada vez mais em acentuar as diferenças havidas entre os homens do passado e do presente. Seguindo essa nova e ainda um tanto indefinida

---

1 Tal alteração de perspectivas foi notada por uma série infindável de autores. Ver, especialmente: Wallace Ferguson (1950); Eugene Rice Jr.; Anthony Grafton (1994); e George Huppert (1973).

2 Sobre a convivência de diferentes gêneros de história ao longo da Época Moderna, ver as análises de Wallace Ferguson (1950, p.24s).

3 Basta ver as recomendações de Voltaire, tanto no verbete "História" do *Dicionário filosófico* (1978b), quanto em *Essai sur les mœurs* (1990 [1756]).

ESCOLA DE EXPERIÊNCIAS | **37**

trilha – então aberta nos campos da história por autores tão díspares como Montesquieu, Voltaire, Hume e Gibbon – é que se verificou, nas raízes do historicismo, o desenvolvimento de uma história científica, campo autônomo do saber apartado dos estudos filosóficos ou literários, e triunfante ao longo do século XIX (Meinecke, 1982). Como afirmou a propósito do declínio da escrita ornamental um especialista nas artes do bem dizer,

> Finalmente o romantismo, em nome da sinceridade e da espontaneidade, exigiu de todo artista digno desse nome, que deve compor com a mesma naturalidade com que os pássaros cantam, rejeitou a retórica como técnica de composição e de ornamentação estilística, papel ao qual fora progressivamente reduzida já no século XVII. (Perelman, 2004, p.179)

Ao longo do século XIX assistiu-se ao encolhimento do uso e do apreço pelas formas da *História magistra vitae*. Na França, por exemplo, o rompimento com as antigas maneiras de se conceber e escrever história foi categórico. E é bem conhecido o interdito lançado por grandes historiadores franceses oitocentistas aos excessos literários e filosóficos presentes nos textos históricos, entre os quais se destaca o anteriormente referenciado Fustel de Coulanges e sua rígida concepção da história como ciência pura, como a física e a geologia. Mesmo para os historiadores românticos do século XIX, a história não poderia esquivar-se de pesquisas fundadas em sólidas bases empíricas, ainda que alguns deles mantivessem vivo o apreço pelo estilo eloquente. Como ocorre com outras formas de discursos antigos, os discursos históricos da Época Moderna passam a ser significativos para o historiador quando se tornam inteligíveis no interior de uma cultura que não mais existe.

De fato, a inteligibilidade da arte histórica de autores do Antigo Regime dependia da compreensão de que eles prestavam tributo às convenções explícitas ou tácitas vigentes em seu tempo. Em vista disso, Maquiavel, Bodin e Bossuet – assim como tantos outros autores de narrativas históricas dominadas por conteúdo de vocação político-pedagógica – podem ser provocativos como mestres do passado, no sentido mais literal da expressão: o de nos permitir alcançar as dimensões pouco usuais e seguramente menos atuais do pensamento histórico, mormente quando situadas em seus lugares próprios de elaboração. Por isso o interesse pelas concepções do tempo histórico como posteridades encadeadas, cada qual a representação de um elo não rompido com a melhor tradição do "eterno ontem", segundo a expressão utilizada por Bossuet para caracterizar o valor pedagógico das ações decorridas nos virtuosos tempos bíblicos, para ele uma dimensão exemplar do passado.

Para um observador do cenário intelectual de época como o historiador alemão Horst Günther (2013, p.110), a obra histórica de Bossuet não foi além de uma "representação grotesca" desprovida de senso histórico, uma "teologia primitiva" destinada a converter o mundo antigo em catecismo católico. Essa atitude de Günther integraria aquela "estranha e arrogante convicção de que o presente historiográfico é preferível e superior" ao passado?[4] É possível que a predisposição em reformular antigas alegorias católicas com óculos luteranos seja um critério ineficaz diante de autores imersos até os gorgomilos em inflamadas controvérsias religiosas, e que se serviam da teologia como veículo de expressão, com a naturalidade própria a seu tempo e à sua cultura.

Em suas mãos de conversor de almas para a fé católica, as Sagradas Escrituras eram instrumentos de luta e, sempre que possível, coadjuvadas por ações mais concretas do poder político, como a revogação do Edito de Nantes (1685). Seu pensamento histórico pouco reconhecera acerca dos distanciamentos de valores entre os povos da Antiguidade bíblica e os franceses seus contemporâneos. Ele percebera nas variações das igrejas reformadas os traços daquelas formas de rebelião já combatidas pela Igreja nos tempos primevos do cristianismo. Para ele, as controvérsias com os calvinistas eram uma realidade muito parecida com as de Santo Agostinho e os pelagianos, estes concebidos como os huguenotes de outras eras. Um clérigo seiscentista, trajando a pesada indumentária da Igreja Galicana, imbuído das responsabilidades de ser o primeiro paladino de uma instituição milenar contra os assaltos do agressivo e desafiador calvinismo, entregava ao público a história teológica que julgava a mais persuasiva ao grande círculo fechado ao redor da tradição católica. Nesse caso, a referida ausência de senso histórico é apenas a forma de senso histórico peculiar ao tempo de Bossuet, forma esta expressa pelas noções do eterno ontem, das afetividades transpostas, ou mesmo da contemporaneidade do não contemporâneo.

As projeções ou transferências de valores no tempo verificáveis nos textos históricos e políticos de Bossuet se deviam, conforme a reflexão

---

4 O problema é formulado por Sabina Loriga (2011, p.15).

de Philippe Ariès (1989, p.100), aos valores do homem da Idade Clássica, que tendia a conceber as idades da história de uma maneira sempre embaçada pelas lentes da similaridade. "Nada vale o que já foi", escreveu o historiador francês, e "uma falta contra o antigo costume é uma inovação perigosa". Daí todos os justificados temores de novidades, de cujas infiltrações imprevisíveis poderiam derivar a ruína de uma estabilidade confortável. Daí também o fechamento das sociedades do Antigo Regime em uma "carapaça de costumes" – a expressão é de Georges Duby (1976, p.133) –, sociedades conservadoras abrigando-se sob o manto apaziguador de tradições assentadas em séculos, das quais os mais velhos eram os guardiões reconhecidos.

Em suas demandas por autoridade e verdade que não admitiam réplicas, o agente histórico desconhecia os traços ou as barreiras de individualização de seu mundo. Interpretava os textos de autoridade fundando-se na técnica de apropriar-se apenas dos materiais que lhe prestassem um serviço imediato. Assim, sentia-se à vontade para lançar mão dos recursos mais persuasivos. Livre para se apoderar alegoricamente dos argumentos de maior autoridade com vistas a vencer as ferventes controvérsias do tempo, segundo o bispo de Meaux, Platão era Moisés se expressando em grego (Desden, [s.d.], p.39s). Nas considerações do historiador holandês Sem Dresden (ibidem, p.63):

> Durante séculos, alegorizar foi a mais excelente e perfeita maneira de ler, a única maneira de prestar justiça a tudo o que o texto tinha para dizer. [...] Cada palavra, cada frase, além do seu sentido imediato que lhes é lícito conservar, podem ser interpretadas de modo diferente.

Como afirma Jacques Le Brun, na França, à época de Bossuet, não era incomum procurar grandes exemplos de vida nos *Testamentos* para se escrever obras de natureza histórica e política. Na introdução crítica da *Politique* de Bossuet, Le Brun afirma que não se poderia apreciar com propósito a reflexão de Bossuet sem indagar se a utilização deste ou daquele trecho não é um lugar comum. Ele buscava nos textos sagrados os preceitos e os exemplos, retendo os textos didáticos, as lições de política e os exemplos, as histórias dos reis e as atitudes dos primeiros cristãos. Para Le Brun, Bossuet não concebia uma interpretação da Escritura que não fosse moral e histórica, constituindo-se, a um só tempo, revelação de verdades atemporais e espelho de grandes exemplos de vida.

Sendo assim, qualquer outra forma de abordagem do texto sagrado lhe parecia falsa e desprovida de solidez. Sob essas condições naturais de temperatura e pressão comuns a um personagem do século XVII, é pouco surpreendente que a teologia de Bossuet esteja tão distante de satisfazer as exigências de nossa apreciação quanto ao bom tratamento de matérias bíblicas (Le Brun, 1967, p.xxvss).

O fato é que essa notável expressão do pensamento clerical na época de maior esplendor do absolutismo monárquico era, assim como parte considerável dos homens de cultura do tempo, um grande desconfiado das mudanças provocadas por mãos humanas, pelos efeitos deletérios que elas normalmente desencadeavam. Se o mundo tem de mudar em alguma coisa, que a Providência tome as rédeas soberanas, que Ela escreva o enredo e dirija as personagens. Pelo ângulo ortodoxamente clerical do bispo de Meaux, as variações provocadas por homens inconformados com a ordem dada por Deus só poderiam ser tomadas com extrema desconfiança, sobretudo pelos horizontes de imprevisibilidade que desencadeavam. Guerras civis como as de conteúdo religioso da época dos Guise e dos últimos Valois, bem como as revoltas da Fronda, ainda estavam frescas na memória dos franceses de seu século. Por isso mesmo tudo o que era mudança, e que equivaleria a uma alteração artificial no curso da história, seria tomado como "sinal do erro e marca do mal", reflete Guy Palmade (1988, p.44).

PRESENÇA DOS ANTIGOS

À época dos historiadores humanistas as linhas de transmissão da cultura histórica eram formadas pelos traços mais eminentes da tradição clássica, naquilo que a cultura antiga conseguira colocar-se ao abrigo das ações corruptoras do tempo, conforme se referiu Maquiavel acerca dos fragmentos que ele mesmo utilizara da obra de Tito Lívio para tecer os seus comentários. Além da influência dos autores clássicos antigos, os historiadores humanistas entretinham uma série de experiências ocupacionais sendo, de um modo geral, "laicos, homens de negócios, juristas, diplomatas ou políticos experientes" (Ferguson, 1950, p.14). De fato, Maquiavel declarou resolutamente algumas de suas intenções ao compor uma das peças centrais de seus textos históricos e políticos. Conforme afirmou, estava resolvido a salvar os homens do erro, julgando assim necessário redigir, "a propósito de cada um dos livros de Tito Lívio que resistiram à injúria do tempo, uma comparação entre fatos antigos e contemporâneos, de modo a facilitar-lhes a compreensão" (Maquiavel, 1979, p.18).[5]

Aliás, complemento esse depoimento de Maquiavel com a avaliação de Horst Günther (2013, p.92), para quem o historiador florentino seguiu fiel ao repertório humanista, "recorrendo ao conceito de imitação dos *exempla* retirados das obras históricas (*Istorie*) dos antigos", assim fundando seus juízos na perene identidade da natureza humana, o que autorizava um padrão de ações. Se de fato a natureza humana se afigurava aos escritores humanistas como um incontestável fator de permanência histórico-social, por que não derivar deste fundamento uma vocação magisterial para a história? E por que não desdobrar, dessa superior característica de ensino prático, funções extremamente úteis de previsão para ações eficazes (Koselleck, 2013, p.161.)?

Agindo pelo método analógico, Maquiavel supunha proporcionar a seus leitores algumas vantagens conferidas pelos livros de história. Para ele, o estudo histórico não era mera recreação para mentes ociosas, mas uma atividade útil.[6] Por meio de histórias repletas de ações heroicas de grandes personagens históricos ou até mesmo entes lendários, Maquiavel celebrou o valor das ações humanas concertadas entre expedientes e objetivos bem ajustados, ações estas que se constituíam na casa de força da fundação e da estabilidade dos regimes políticos, estivessem eles constituídos em formas republicanas ou principescas. Ora, na Antiguidade, Heródoto narrara os eventos para que não caíssem no esquecimento. E Tucídides (2003, p.15) os arranjara de forma a que se prestassem como fontes de sabedoria, posto que acontecimentos voltam "a ocorrer em circunstâncias idênticas ou semelhantes em consequência de seu conteúdo humano", sendo necessário aprender com eles. Depois de distinguir as credenciais de uma história narrada por quem assistiu ao desenrolar dos fatos, constituindo-se, portanto, em alguém digno de expô-los ao escrutínio da posteridade, Tucídides fiou-se no

---

5 A propósito do tema, ver o esclarecedor conceito "Imitar (*Imitare*)", definido como uma matriz do pensamento histórico maquiaveliano por Thierry Ménissier (2012, p.34ss).

6 Sobre o imperativo da utilidade da história, ver o artigo de Marie-Rose Guelfucci (2009).

diferencial superior de sua história como relato útil aos leitores, o que, para ele, constituía premiação suficiente de seu árduo trabalho. Essa crença no aprendizado proporcionado por lições exemplares dos acontecimentos embalaria as penas de gerações e gerações de autores de livros de história. Na análise de Momigliano (2004, p.60 e 68):

> Como qualquer outro grego, Heródoto estava preocupado com o caráter efêmero das ações humanas. Como muitos outros gregos, ele acreditava que a memória das ações passadas era o único (imperfeito) remédio que o homem tinha contra a sua própria mortalidade. [...] Se compreendêssemos o presente, compreenderíamos o funcionamento da natureza humana. [...] as diferenças entre épocas eram mais quantitativas do que qualitativas. A natureza humana permanecia fundamentalmente a mesma.

Segundo a concepção do autor da *História da guerra do Peloponeso*, a história desempenharia duas funções essenciais: primeiramente, preservaria os feitos humanos notáveis do passado, impedindo-os de cair no esquecimento, e, mais relevante ainda, forneceria os exemplos que se mostrassem mais úteis à atuação dos homens no presente. Essa forma de entendimento do passado permaneceu como a compreensão modelar da história no Ocidente, sendo preservada nas narrativas históricas até os fins da Época Moderna e, de modo residual, nos livros de história ao longo do século XIX. Conforme registrou o escritor oitocentista Gervinus (2010), a narrativa de Tucídides consistia no enquadramento individual e muito particular de uma guerra, episódio corriqueiro na história das sociedades.[7] Mas Tucídides concebeu a sua guerra como uma ocorrência paradigmática. O evento descrito por ele estava dotado de um valor sem paralelo com outros acontecimentos e, portanto, não se tratava apenas da história de mais uma guerra; o caso era o da história de uma guerra ilustrativa de um mundo inteiro. "Assim", diz o autor ateniense,

> apesar de os homens estarem sempre inclinados, enquanto engajados numa determinada guerra, a julgá-la a maior, e depois que ela termina voltarem a admirar mais os acontecimentos anteriores, ficará provado, para quem julga por fatos reais, que a presente guerra terá sido mais importante que qualquer outra ocorrida no passado. (Tucídides, 2003, p.14)

---

7 O texto original data de 1837.

A guerra do Peloponeso formaria o proscênio de um teatro preparado com antecipação para encenar vários lances de eventos cruciais. A sua guerra suplantaria todos os grandes eventos já vistos e faria cair no esquecimento até mesmo as guerras pérsicas que, apesar de importantes, tiveram rápido desenlace, resolvendo-se em "dois combates navais e duas batalhas terrestres". O conflito que engolfou Atenas e Esparta como protagonistas irreconciliáveis era, segundo o comandante ateniense, uma culminação da experiência humana "em face da qual as anteriores parecem brincadeiras de moleques" (Jaeger, 2003, p.445). Então, haveria razão para que toda a grandiosidade daqueles sucessos fosse esquecida? A tradição do pensamento histórico responderia negativamente à questão e as antigas aspirações tucididianas foram bem acomodadas na literatura histórica ao longo do Antigo Regime.

Como se pode crer, desde a Grécia antiga que a história precisava não ser vazia de conteúdo político ou meramente contemplativa em seus propósitos, e ser útil em seus fins, pois se destinava ao planejamento de ações em meio a horizontes de previsibilidade. O papel central e mais condizente da história, segundo a modelar proposta de Tucídides, era o de instruir os homens acerca das ações passadas. O conhecimento adquirido a partir dessa atitude intelectual deveria gerar um comportamento prudente quanto ao presente, e um comportamento previdente quanto ao futuro. Como observou Pierre Vidal-Naquet (2002, p.104), ao lançar mão do vocabulário médico "Tucídides faz, a partir dos sintomas, um diagnóstico e um prognóstico que lhe permitem até predizer o futuro". Utilizando-se pela primeira vez da linguagem naturalista e biológica para retratar as causas de uma guerra, Tucídides desejava alcançar uma máxima objetividade, argumentou Werner Jaeger (2003, p.451).

E séculos adiante, Cícero transformou as declarações de Tucídides na preceptiva da história como escola das experiências, verdadeira usina geradora de lições para a vida.[8] Se o grande orador da Antiguidade romana tinha em mira apenas coordenar ações que levassem à maior glória de Roma, pouco importa, porque a consequência de sua máxima *Historia magistra vitae* foi a de ser apropriada pelas sucessivas posteridades, que a transformaram no *topos* por excelência da história como fonte de paralelismos e máximas prudenciais para uma série de casos

---

8 Ver, a propósito dos sentidos de exemplaridade da história ciceroniana, as considerações de Horst Günther (2013, p.112).

decisivos. É preciso considerar que por *topos* (lugar-comum), entendem-se os aspectos que se apresentam de maneira regular em dado gênero de discurso. Os *topoi* formam uma reserva de assuntos que garantem o fluxo dos argumentos.[9] No discurso histórico, por exemplo, a ideia de originalidade ou de revelação de uma descoberta era um desses aspectos e foi expressa pelo *topos* "trago novidades". De fato, a influência da cultura greco-romana fazia com que, do Sul ao Norte da Europa Moderna, os temas fossem servidos em pratos de retórica clássica, esta sempre respeitável velha senhora do *trivium*. Como bem recorda Gabriella Albanese,

> [...] torna-se necessário antes de tudo esclarecer que a própria definição de historiografia, entendida como *ars* da escrita da história, no Renascimento e na Época Moderna é rigorosamente dependente da teorética historiográfica fixada pela retórica grega e latina, de Aristóteles a Luciano, de Cícero a Quintiliano.[10]

IMPREGNAÇÕES CICERONIANAS

Os livros de história são reveladores quanto à notável presença ciceroniana, aliás, bem fácil de ser distinguida também em outros gêneros literários do Antigo Regime. Nas letras históricas, a presença de Cícero pode ser destacada tanto no plano das exigências morais exibidas pelos historiadores dos séculos XVI, XVII e XVIII quanto pelas necessidades de modelar o discurso histórico com o ferramental precioso da arte do bem dizer. Ele fora o modelo de latinidade, explicou um autor português do século XVIII, porque todo lugar era teatro para a retórica; e a história carecia de sua direção (Luís António Vernei, 1954, p.43ss). No plano dos imperativos estilísticos, decerto que Cícero não estava sozinho como influência cultural nos livros de história, mas era uma referência de alto relevo, talvez a fonte mais caudalosa de citações diretas e de remissões oblíquas.

---

9 Ver as múltiplas definições acerca dos lugares-comuns desenvolvidas por Ernst Robert Curtius (1996). Para uma definição mais detalhada dos *koinoi topoi*, ver Henri-Irénée Marrou (1998, p.223); e Nicole Loraux (1994, p.254ss).

10 Gabriella Albanese (2009, p.279). Acerca das relações entre a história e retórica em período anterior à época dos humanistas, ver o ensaio de Odilo Engels (2013, p.77ss).

A ocupação de espaço tão proeminente nas narrativas de conteúdo histórico vinculava-se à utilidade real do estilo e dos recursos verbais do grande orador. E o lugar-comum *Historia magistra vitae*, esta orientação tornada regra de ouro no Ocidente moderno, ligava-se muito estreitamente aos referidos recursos do ilustre personagem, mesmo que textos históricos modernos fundamentados nos exemplos buscassem também algumas referências anteriores à formulação clássica ciceroniana. Como afirma bem a propósito François Hartog (2003, p.55), Cícero nada mais fez do que formalizar em língua latina uma definição lapidar do que há muito vinha sendo concebido como história, e que haveria de assim resistir até os Tempos Modernos.

Autores quinhentistas, seiscentistas ou mesmo setecentistas de livros de história tendiam a encarar o mundo real a partir dos juízos estabelecidos pelos antigos, fundando as até então raras inovações do conhecimento moderno em uma sólida base de tradição. Deu prova consistente dessa dependência intelectual o escritor quinhentista Thomas Morus. De maneira evidente, sua história de um país imaginário foi inspirada em outra idealização de um mundo perfeito: a república platônica descrita em uma obra de reflexão política. Com efeito, a *Utopia* é a imaginativa recriação de um diálogo platônico – mas sob as coordenadas sociais e políticas de um mundo tornado muito mais complexo do que o quadro das antigas cidades-Estado gregas –, o que coloca Morus na condição de um emulador de autores antigos, antes que um mero imitador desprovido de capacidade inventiva. Com efeito, a arte da imitação que emergiu dos *studia humanitatis* desde os primeiros ventos do Renascimento italiano pressupunha reticências quanto às novidades em si mesmas, ao passo que valorizava a atitude de insuflar vida aos artefatos culturais já cobertos pelos veneráveis sedimentos do tempo. A antiguidade de um texto ou de uma escultura era vista como superior aos frutos dos novos talentos, talvez pela convicção bem assentada de que o novo, como tal, seria bom apenas por um curto espaço de tempo.

De todo modo, os escritores da Época Moderna, explica um especialista em século XVI, depositavam suas expectativas em fazer figura de dependentes da cultura clássica, porque essa era uma condição honrosa.[11] As letras clássicas ensinaram aos historiadores do Renascimento o

---

11 *"C'est que les hommes de ce temps mettaient leur ambition, leur plus grande ambition, à demeurer tributaires des Grecs et des Romaines"* (Febvre, 1968, p.425).

valor da cultura histórica antiga. Junto com Heródoto, Tucídides dominou a narrativa histórica nos séculos XVII e XVIII, principalmente por ser fonte de um incontornável acento tônico lançado sobre as temáticas políticas.[12] O encanto narrativo de Heródoto, diz Santiago Montero Diaz (1948, p.XIII), a agudeza de espírito de Tucídides, o racionalismo prático de Políbio e os inúmeros méritos da percepção realista de Tácito foram aspectos distintivamente virtuosos recolhidos e bem aproveitados pelos historiadores renascentistas.[13]

Contudo, essa forma de concepção alterar-se-ia progressivamente, pois a própria noção de Antiguidade haveria de ser esticada em diferentes direções conceituais pelos Modernos, aspecto acerca do qual dá inúmeros exemplos o historiador espanhol José Antonio Maravall (1986, p.285). Aliás, a extrema longevidade do culto à Antiguidade foi observada por Arnaldo Momigliano (224, p.154 e 182) em termos muitíssimo elásticos, ao ressaltar que a necessidade de comparações feitas por historiadores do Antigo Regime com Lívio, Plutarco e Tácito não havia sido rompida, ao menos de uma maneira definitiva, até uma época relativamente recente.

> Seria interessante [disse Momigliano] discutir em que data os historiadores modernos começaram a sentir que a comparação com os latinos e com os gregos não era mais compulsória. Talvez no século XVIII, talvez apenas no XIX. [...] no decorrer do século XIX, tornou-se cada vez mais difícil falar sobre problemas modernos como se fossem questões romanas.

De qualquer forma, a escola humanista de história elegera a retomada das coisas antigas como o selo de sua própria modernidade. Os historiadores humanistas foram imitadores aplicados de Tucídides,

---

12 Sobre a reputação e a influência relativa do pensamento dos dois historiadores gregos ao longo da Época Moderna, ver as análises de Arnaldo Momigliano (2004, p.53ss). Vale conferir o perfil intelectual que, no século I a.C., Dionísio de Halicarnasso traçou de ambos, em Jacyntho Lins Brandão (2009, p.216). Interessante também a análise paralela que deles fez Werner Jaeger (2003, p.440s); e Kenneth Waters (1996, p.158). Também as *lectures* setecentistas de Adam Smith (2008) estão recheadas de paralelos entre os dois historiadores gregos.

13 Acerca da originalidade do pensamento histórico de Heródoto, Tucídides e Políbio, e de suas respectivas difusões pela cultura histórica do Ocidente, ver o ensaio de Christian Meier (2013, p.41ss).

de Tito Lívio e de outros grandes nomes das antigas letras históricas, a começar do elevado estilo de eloquência escrita, composto por períodos amplos e solenes, dignos do próprio Cícero, estilo este voltado para a produção de efeitos persuasivos quanto à retidão moral dos estadistas e líderes militares. Como se desejassem extrair efeitos sonoros de seus textos, os historiadores do Renascimento aliavam-se às técnicas sugeridas pelo reputado professor de eloquência Marco Fábio Quintiliano (1916). Em sua *Intituciones oratoria*, ele ensinava como inventar longos discursos fictícios, além da arte de dramatizar ações inexpressivas.[14]

Montero Diaz demonstrou, para a Espanha dos séculos XVI e XVII, a forte presença da tradição humanística nos estudos históricos específicos, ou na reflexão sobre a escrita da história em geral. Ao estudar o pensamento histórico de autores como Juan Luis Vives, Sebastián Fox Morcillo, Luis Cabrera de Córdoba, Jéronimo de San José, dentre outros nomes importantes do tempo, Montero Diaz (1948, p.XXIS) encontrou em seus textos elementos suficientes para caracterizar os traços de uma história já concebida como ciência embrionária, mas ainda muito marcada por exigências artísticas, que requeriam elegância de formas e outros cabedais suficientes para amenizar a narrativa, de modo que nem espantasse tampouco aborrecesse o leitor.

E se ainda estamos no plano dos legados antigos e de sua recepção por parte de seus modernos tributários, ao longo da Época Moderna Cícero talvez tenha sido a figura filosófica mais visitada. É possível que essa alta frequentação de sua obra se deva, em boa medida, ao fato de ter sido ele o escritor que mais dialogou com – e também melhor traduziu –, os conceitos e os sistemas das tradições culturais do mundo antigo, constituindo-se no principal ponto de contato com os resíduos que restaram de ideias perdidas. O historiador teutoamericano Paul Oscar Kristeller (1995, p.25) acrescenta que a maior admiração dos modernos por Cícero – entre uma série de outros escritores antigos de valor, como Plutarco e Luciano, por exemplo – deve-se aos exemplos literários presentes em abundância em suas obras, sobretudo o seu favorecimento da eloquência gráfica, o que permitiu aos escritores modernos escrever em estilo solene e suntuoso.

---

14 Especialmente Livro V do Primeiro Tomo, e Livro VIII do Segundo Tomo, que se referem aos adornos a que cabe adicionar aos argumentos.

A expansão do gênero biográfico com amplo apelo ao recurso da exemplaridade da história, gênero este enriquecido pela funcionalidade ornamental da retórica ciceroniana, acentuou em alguns graus a influência do escritor antigo (Dosse, 2009, p.155). Entretanto, não se deve perder de vista que a frequentação dos textos ciceronianos ao longo da Renascença prendia-se ainda a fatores de ordem moral e ao consolidado lugar comum da história como guia para uma vida bem-sucedida. Quanto a isso, são célebres as imagens de leitores anônimos retratados com livros de Cícero em punho, como a significar que detinham entre seus dedos as linhas moralizantes definidoras de uma vida correta e plena de êxito.[15] O historiador da Renascença italiana Lauro Martines (2011, p.28) retrata o processo de alfabetização de Girolamo Savonarola que, seguindo orientações férreas ditadas pelo gosto da época, iniciou seu roteiro lendo precocemente Cícero; quando mais tarde e de modo autônomo ao dirigismo de seu preceptor passou a apreciar São Jerônimo e Santo Agostinho, e alguns outros pais fundadores da Igreja, tal atitude representou uma ruptura, fruto inesperado de uma carolice afrontosa à moda do tempo.

Na companhia de Cícero (2010, p.31), seus leitores modernos gozavam de vastos horizontes, ainda que ele mesmo pouco tivesse a oferecer de original, e se reconhecesse como alguém que noticiava coisas já bastante conhecidas, mesmo sob a aparência de novidades atraentes.[16] Entre os seus admiradores modernos encontram-se personalidades como o francês quinhentista Michel de Montaigne[17] e o escocês setecentista David Hume. Hume (2004) situou Cícero como o grande vulto da retórica e da oratória antigas, em pé de igualdade com o próprio Demóstenes. O historiador Quentin Skinner realçou a enorme influência das técnicas discursivas ciceronianas, vastamente utilizadas em manuais de retórica durante a época elisabetana e, inclusive, ao longo do século XVII inglês, tanto entre os escritores que continuaram compondo em latim quanto para os adeptos do inglês moderno.[18]

---

15 Ver a respeito o quadro *Um menino estudioso*, em John Hale (1970, p.24).

16 Acerca das credenciais de Cícero e sua influência na Renascença em Itália, ver Jacob Burckhardt (1983).

17 O Filósofo da Torre cita-o em numerosas passagens. Cf. Michel de Montaigne (1972).

18 Cf. Quentin Skinner (1999). Acerca da influência dos autores antigos na cultura moderna, ver o estudo de Ernst Robert Curtius (1996).

E não é demais dizer que a língua latina, mesmo nos países que abraçaram as variações do protestantismo, persistiu como o idioma da erudição por tempo considerável. Contudo, o latim era também a língua da Igreja Católica como instituição supranacional europeia, com todas as implicações políticas estratégicas de tal realidade. Como afirmou Stephen Gaukroger (1999), o *status* do latim era o de uma "língua sagrada" no interior de uma comunidade confessional concebida como uma família chefiada por uma autoridade central, com moradia em Roma. Daí um compromisso mais prolongado com o latim nos territórios em que o catolicismo persistiu dominante.

3
DOUTRINA DOS
HOMENS ILUSTRES

Imolando-se pela pátria, adquiriram uma glória imortal e tiveram soberbo mausoléu, não na sepultura em que repousam, mas na lembrança sempre viva de seus feitos. Os homens ilustres têm por túmulo a terra inteira.

Péricles, *Oração aos mortos de Atenas*

É por isso que, em todos os aspectos, Plutarco é meu homem. [...]. Pois sou tão desejoso de conhecer os destinos e a vida desses grandes preceptores do mundo quanto de conhecer a diversidade de suas opiniões e ideias.

Michel de Montaigne, *Ensaios*

Oculto à forma fez com que quase nunca se desconfiasse da eloquência escrita nas narrativas históricas do Antigo Regime, até porque o objeto visado eram as palavras, e não propriamente os fatos. Palavras escolhidas para abastecer discursos sobre ações memoráveis vestindo roupagem de gala, bem como para alimentar debates triviais ao redor de homens e feitos sempre grandiosos, ao menos quando observados da

52 UM GUIA SEGURO PARA A VIDA BEM-SUCEDIDA

fachada. Assim sendo, o tom literário estabelecido como padrão dominante tomava o colorido mais intenso como critério balizador para a consagração dos prosadores exímios, razão pela qual o expediente preferido era o panegírico de notáveis, gente recrutada tanto no passado quanto no presente, espelhos autênticos dos melhores valores. Num quadro assim estabelecido o rosário de palavras suplantou os esforços de compreensão da realidade. A simplicidade discursiva e a precisão analítica não figuraram nos horizontes dos homens de letras nos primeiros tempos da Modernidade. Nas considerações um tanto ácidas de Descartes (2011, p.42) sobre as habilidades dos historiadores de seu tempo,

> [...] mesmo as histórias mais fiéis, se não alteram nem aumentam o valor das coisas para torná-las mais dignas de serem lidas, pelo menos omitem quase sempre as mais baixas e menos ilustres circunstâncias. [Segundo o autor, o que sobra] não se mostra tal como é, e os que regulam seus costumes pelos exemplos tirados dessas fábulas estão sujeitos a cair nas extravagâncias dos paladinos de nossos romances, e a conceber projetos que vão além de suas forças.

Com efeito, na ficção literária do século XVII raramente se encontram referências que assimilaram algum espírito crítico em face do culto ao heroísmo. Um registro digno de nota é o grande livro de aventuras escrito por Grimmelshausen. Ambientada no contexto da Guerra dos Trinta Anos, um dos aspectos mais salientes da obra é o de desvendar a face pouco retratada dos "maravilhosos feitos heroicos", para o autor a fonte mais segura de ruína da humanidade.[1]

PEÇAS DE REPOSIÇÃO DO TEMPO

Voltaire, um historiador que se declarava de linhagem diversa, do mesmo modo que Descartes e Grimmelshausen, também reagiu às "extravagâncias dos paladinos". Nutrido em exigências filosóficas, impacientava-se com as patranhas e os devaneios de fabulistas. Exigia, portanto, os fatos em primeira ordem. A imaginação poderia aparecer em algum momento, mas ficaria em um plano secundário, pois o

---

1 Ver Hans Jacob Christoffel von Grimmelshausen (2008), especialmente o Capítulo X do Livro II.

conhecimento histórico trabalha com margens de verossimilhança. A verdade é como uma muralha intransponível e "Toda certeza que não encontre uma demonstração matemática é uma simples probabilidade. A certeza histórica é dessa espécie", proferiu (Voltaire, 1978c, p.208). Sua *História de Carlos XII* (Voltaire, 1957a)[2] está repleta de reflexões sobre as vicissitudes do historiador como sujeito que tencionava ao menos aproximar-se da verdade.

Assim, o historiador não deveria misturar em suas tintas as cores de seu afeto. No texto intitulado "Carta a Milorde Hervey", ele afirmou, com o orgulho do historiador independente e já consideravelmente desembaraçado das teias das obrigações hierárquicas do Antigo Regime: "Pellisson escreveu mais eloquentemente do que eu; mas ele era cortesão e era pago. Eu não sou nem um nem outro; cabe a mim dizer a verdade" (Voltaire, 1957c, p.612). Pellisson fora historiógrafo de Luís XIV e, de modo natural, sua arte na eloquência escrita deveria ser irrigada pela amplificação das atitudes do príncipe. Por isso mesmo o historiógrafo régio, qual o Aristóbulo descrito por Luciano, deslocava-se com os pelotões aos campos de batalha, fabricando *in loco* uma boa arenga de façanhas, como a travessia do Reno pelos exércitos do Rei Sol. Aqui a referência a Luciano ilustra a que altitude pode chegar o incenso dos aduladores a soldo. O escritor sírio descreve a ira de Alexandre para com os seus panegiristas mais entusiasmados, que o descreveram matando elefantes com um só dardo (Samósata, 2009, p.45)![3]

De fato, as guerras eram a oportunidade de louvar os grandes homens que, aliás, instituíam pensões aos cronistas de seus feitos. No mundo antigo, Luciano de Samósata (2009, p.33) notara esse aspecto, ao observar que os historiadores se multiplicavam com celeridade em ocasiões de conflitos militares, no afã de se distinguir ou de obter prêmios. Outra indicação do gênero de preocupações voltairianas com a narrativa histórica em novo estilo foi estabelecida no ano de 1764, e pode ser localizada no verbete "História", do *Dicionário Filosófico*, livro em que o autor exprimiu suas expectativas para a afirmação de outra concepção da história. O padre Gabriel Daniel julgou ser historiador porque transcrevera

---

2 Sobre essa obra, ver as ponderações contrastantes de Hayden White (2008, p.77) acerca do anti-herói voltairiano.

3 Acerca dos aduladores, e de "sua missão" na arte de fabricar grandezas, ver as observações de Jacob Burckhardt (1993, p.265).

algumas datas, além de ter feito descrições de batalhas incompreensíveis, disse Voltaire. Mas, antes de empilhar fatos memoráveis, ele deveria ter informado algo acerca dos direitos da nação, alguma coisa sobre os direitos dos corpos centrais dessa mesma nação, algo ainda acerca de suas leis e costumes, em meio a suas alterações no tempo. Isso porque a nação possuía o legítimo direito de inquiri-lo solicitando sua própria história, antes que a narrativa da vida de Luís, o Gordo, ou a de Luís, o Briguento (Voltaire, 1978b, p.207).

A propósito do alcance das realizações do Voltaire historiador, Ernst Cassirer ressaltou que ele foi o primeiro pensador setecentista a dar vida à obra-prima histórica. *O século de Luís XIV*, apenas um dentre os grandes livros de sua extensa grade de obras históricas, consagrou o modelo clássico de narrativa. No dizer de Cassirer (1997, p.297), Voltaire desembaraçou a história do cipoal de aparatos eruditos, aliviando-a ainda do discurso obscuro e excessivo dos cronistas. Como se referiu Arnaldo Momigliano (2004, p.38), o emprego de fundamentos empíricos consistentes é o maior distintivo que pode apresentar um historiador, sendo que a utilização equivocada da linguagem é seguro indicativo de "tráfico ilícito com a ficção". Voltaire soube lidar bem com ambos os princípios, mesmo quando se considera que, como historiador, elegeu para si tarefas bem acima do que poderia realizar com os recursos à sua disposição.

Mas os panegiristas régios da estirpe de Pellisson narravam certos episódios selecionados, na intenção de impactar a imaginação de restrito e seleto público. O maior interesse concentrava-se na grandeza moral que se poderia explorar nos eventos dignos de memória da nobre linhagem. Daí derivavam as alianças com a arte retórica, comumente invocada como um recurso destinado a polir e a embelezar a matéria da exposição. Na França dos séculos XVII e XVIII, mesmo com a presença de uma crescente erudição, seguia-se ainda a tradição renascentista de escrita da história. Constituindo-se a história "uma arte retórica", refere-se François Cadiou (2007, p.57), a excelência estilística deveria ser ressaltada como o seu ponto mais alto. O compromisso do historiador era o de manter acesa a atenção de seus leitores. Para tanto, além de aventuras apimentadas pelo heroísmo de seus personagens, servia-se à larga da eloquência dos homens notáveis.

Se o apuro da forma literária poderia obscurecer compromissos de veracidade e verossimilhança, isto não era fonte de real preocupação uma vez que o dogma do estilo ornamental como elemento concorrente da verdade não se formulava como princípio constituinte da narrativa. Comprometimento com a verdade vinha já da Antiguidade, com autores como Tucídides, Cícero, Luciano e outros. Luciano de Samósata (2009, p.41), por exemplo, admitia de bom grado que a história poderia se comprometer em algum grau com a beleza da exposição. Mas não abriria mão de sua razão última: "a publicação da verdade".[4] Louvaminhas de heróis, as narrativas históricas da Época Moderna eram, de um modo geral, ensaios morais idealizados e demonstravam, à saciedade, a excelência e sublimidade de um grande passado vivido por personagens célebres dignos de imitação. Aos autores interessava produzir efeitos semelhantes aos fogos de artifício, encantando a imaginação pela complexidade de matizes flagrados em uma grande cena. Assim, se fosse alcançado êxito em tal empresa, o resultado certo seria a edificação moral, para o proveito das pessoas instruídas em esferas centrais da vida. Nessa arte os modernos reproduziam as estratégias de autores antigos consagrados em louvores. A obra de Cornelius Nepos domina esse cenário como pioneira no gênero. Nepos tomava como propósito elevar em alguns graus os feitos de armas de homens já vastamente celebrados, como os valorosos Temístocles, Alcibíades, Aníbal, dentre outros generais de destaque. Exaltando as virtudes dos homens extraordinários, tencionava entregar aos romanos de seu tempo – os da época de Cícero – um guia prático de formação moral, razão suficiente para prender seu texto aos imperativos da eloquência (Cornelius Nepos, 1936, p.5ss).

Distante cerca de um século de Nepos encontra-se Suetônio (c. 65-130 a.C.) que, além de os *Doze césares*, entregou também as vidas dos *Gramáticos* e ainda as dos *Retóricos ilustres*. Todos esses textos de Suetônio são pequenas biografias e, no círculo dos especialistas, há muitas discussões sobre a autenticidade de tais escritos. Mas fica fora das especulações eruditas o espaço que o gênero "vidas" possuiu na cultura do tempo, além do elo que Suetônio representa na linha de transmissão deste culto aos grandes homens, ainda que com as suas evidentes limitações. Entre elas, conta-se a natureza voo de pássaro de seus escritos, com uma tendência à dispersão no desenvolvimento dos temas, sendo, no entanto, admirado pela fertilidade em produzir detalhes da intimidade dos antigos romanos (Suetônio, 1951).

---

4 Tal preceito fora apagado quase por completo na época clássica do Absolutismo.

Maquiavel foi paradigmático na consolidação de matizes como os anteriormente descritos, e Castruccio Castracani enquadra-se como modelo do grande homem a quem a indumentária marcial dispensava ajustes. Para o autor, o fundamento da realeza passou a ancorar-se na eficácia do feito heroico, na capacidade do grande homem irromper de uma posição periférica, abalar a ordem consolidada pela tradição acumulada, para culminar na fundação de um novo cosmo político estável e capaz de resistir às deformações naturais do tempo. Talvez por esses motivos Eduard Fueter tenha argumentado que, nessa história romanesca sobre a vida e os feitos de Castruccio, Maquiavel ressaltara ficcionalmente um personagem sem berço, sem parentes nem descendentes, pois se tratava de idealizar um herói fundador da unidade nacional italiana, pouco importando os tradicionais laços dinásticos.

Em tal gênero de escrito, a veracidade dos fatos é indiferente ao desenrolar da trama, pois se parte da necessidade de provar uma teoria previamente arranjada. Assim, pouco importa se as façanhas guerreiras dos mestres de armas e estratégias são cavalgadas sobre o abismo. Abandonado como Agátocles, o tirano de Siracusa – escreveu Fueter (1914, p.76s) –, o tirano de Lucca teria de fazer o seu caminho a partir de um grau zero. E não resta dúvida, definições do grande homem mereceram extensos desenvolvimentos de Maquiavel. Tanto na biografia romanceada que intitulou *Vida de Castruccio Castracani* (um exercício literário para retratar os feitos de armas de um capitão célebre dos inícios do século XIV), como em *O príncipe* (livro no qual as astúcias mais sagazes ficam por conta de outro homem formidável, Cesare Borgia), Maquiavel tratou de reconhecer que o direito de sucessão dinástica poderia ser legitimamente desfeito por ações de conquista. Utilizou-se, para tanto, do exemplo do personagem Castracani, ainda que em outros de seus escritos não tenha deixado de nomear vasto plantel de fundadores da própria linhagem. Seu livro *Comentários sobre a Primeira Década de Tito Lívio* estampa uma legião de romanos antigos fora de série; também sua *História de Florença* revela provimento respeitável desta nobre matéria-prima, de Teodorico e os ostrogodos na época das invasões germânicas aos talentosos Medici na Florença republicana do século XV. Nesse livro que escreveu como historiador oficial de sua cidade, nenhum perfil biográfico agrega mais adornos à moda *viris illustribus* que o de Cosimo, antepassado do cardeal Giuliano de

Medici (papa Clemente VII), então mecenas do autor pelas alturas dos anos 1520.[5]

Esses homens célebres que emergem na história a partir do valor pessoal mobilizado com argúcia diante de circunstâncias por vezes julgadas de impossível contorno conquistam justo reconhecimento, fazendo-se merecedores dos favores da fortuna. É assim que o grande homem de Maquiavel poderia muito bem surgir do esterco de currais, a exemplo do valoroso Castruccio, criança abandonada ao relento por supostamente ter sido o fruto de uma geração clandestina, e que realizou proezas a ponto de se tornar senhor de cidades. Em louvor de Castruccio, diz Maquiavel, seu virtuosismo em realizações militares o deixaria em condições de exceder figuras do porte de Filipe da Macedônia e de Cipião, caso tivesse vindo a este mundo em circunstâncias similares às dos vultos da Antiguidade. O relato que traçou das superações empreendidas por um desvalido na idealizada *Vida de Castruccio Castracani* reúne os elementos essenciais ao cultuado gênero das homenagens obrigadas aos varões insignes.

> Caríssimos amigos, [diz o autor], os que refletem sobre o assunto se maravilham de que todos – ou quase todos – que realizaram grandes feitos neste mundo, fazendo-se notar dentre seus contemporâneos, tiveram origem obscura e humilde, tendo sido submetidos pela sorte a todo tipo de provações, ou estiveram expostos às feras ou seus genitores foram tão vis que a vergonha os levou a tomar como pai a Júpiter ou a alguma outra divindade. Seria fastidioso referir-lhes os nomes; muitos deles são conhecidos, e ao leitor seria inoportuna tal repetição, que por isso omitiremos. Estou convencido de que a sorte, para demonstrar que é ela que dá grandeza aos homens, e não a prudência, começa a exibir sua força antes que esta última tenha ocasião de revelar a sua, de modo que se lhe reconheça o maior poder. (Maquiavel, 1982, p.45)

Da época de Maquiavel até os tempos de Voltaire, às narrativas históricas caberia a função predominante de preservar os bons exemplos, para assim conservar o seu valor instrutivo, por se tratar de uma

---

5 Sobre os traços delineadores da incomparável estatura do ilustríssimo Cosimo, ver Nicolau Maquiavel (1998, p.329ss). Acerca do protagonismo da família Medici na Florença republicana do século xv, e da própria cidade como centro dinâmico do humanismo, ver o texto de Anthony Grafton (2010, p.25s).

aquisição para emprego e utilidade das gerações sucessivas. Dessa propriedade particular das ações passadas resultou uma compreensão de unidade natural dos tempos históricos. Os exemplos das coisas passadas seguiram como referências obrigatórias no interior da cultura histórica do Antigo Regime. Assim, recorria-se tanto a Tucídides quanto a Tito Lívio, ou a Heródoto e a Plutarco, todos eles fontes alimentadoras de um mesmo manancial de narrativas históricas, adotando-se seus livros como textos modelares, estabelecendo com suas lições os melhores contrapontos e analogias. No presente caso, analogia era o recurso que permitia empregar, de maneira muito livre, situações ocorridas em diferentes realidades históricas. O objetivo central era persuadir por meio de uma lição elevada vinda diretamente das biografias de protagonistas memoráveis. A respeito de Tucídides e a narrativa da derrota ateniense, François Hartog (1999, p.98) destaca a tradição de uma história dedicada a narrar grandes sucessos, que os transformara em eventos dignos de memória eterna.

> Levando-se em conta o que são os homens, [analisa Hartog], outras crises análogas não deixarão de irromper no futuro. É essa permanência da natureza humana que funda, para Tucídides, a exemplaridade desse conflito. Dito isso, ele não se projeta no futuro, nem considera a história como um processo, mas propõe simplesmente fazer de seu presente um 'exemplo' para sempre, esse presente que jamais foi tão grande.

Ora, Tucídides vem sempre a propósito em uma abordagem da história analógica, pois a sua presença na história do moderno pensamento histórico europeu permite uma melhor avaliação da permanência de elementos como a analogia e a exemplaridade nos livros de história do Antigo Regime. A recuperação de feitos expressivos no passado com vistas ao estabelecimento de atitudes ideais no presente permite compreender as razões do tempo histórico não ter sido concebido como um fluxo promotor de transformações e diferenças. Por sua similaridade e pelas relações entretecidas com desejos humanos supostamente sempre semelhantes, os acontecimentos ocorridos em épocas remotas não eram apenas objeto de comparações úteis, mas peças de reposição para as quais sempre se encontraria novos usos no tempo, de um ponto de vista de sua grandeza e, portanto, de seu valor para a ação. As idades da história, mesmo quando consideradas as suas grandes épocas em separado, possuiriam fortes laços de solidariedade umas com as outras, o que permitia aos autores modernos realizar transposições e repetições de exemplos com tanta naturalidade. Ao tempo dos reis absolutistas e das sociedades aristocráticas do Antigo Regime dominava a compreensão de um encadeamento natural dos acontecimentos. É precisamente o que diz Luis Cabrera de Córdoba (1948, p.11), historiador da monarquia espanhola na época dos Habsburgos, em texto de 1611. Os que olham atentamente a história dos tempos antigos, e registram na memória o que ela ensina possuem esclarecimento para distinguir as coisas futuras. As coisas no mundo não se alteram e tudo o que foi retorna, ainda que sob outros nomes, outras figuras e outras cores que os estudiosos sabem identificar.

Portanto, no plano das concepções modernas da história exemplar – fosse na Espanha, na França, na Inglaterra ou em outras regiões europeias de cultura avançada –, o mundo era um estado de coisas tendente à perpetuidade, jamais um laboratório de experiências vivas e dinâmicas que se processavam sem previsões quanto a resultados. Praticamente todos os autores se deliciavam em distinguir, na história, coordenadas fixas que faziam das oscilações visíveis apenas um simulacro de mudança perante as leis universais da fixidez. No gênero de história romanesca ou galante do Antigo Regime cada vez mais se atribuiu valor a vultos cuja excepcionalidade demandava os justos louvores. Noções antigas como glória e fama – coladas às proezas de heróis greco-romanos – entraram em circulação para premiar a memória de personalidades diferenciadas por seus merecimentos (Delumeau, 1983, p.43).

Crônica de episódios pitorescos protagonizados por notáveis – cuja estratégia de consagração aferrava-se a vitórias em combates, conquistas amorosas, compaixão pelos inimigos derrotados, generosidades cavalheirescas e exibição de outras enormidades de caráter –, a história romanesca se traduz pelo empenho autoral de fazer colar às ações que narra um volume considerável de dramaticidade. Ela se traduziu ainda em um conhecimento das continuidades, caracterizando-se por um saber sobre permanências de coisas sempre semelhantes entre si. Fundada no princípio de uma natureza humana estável, a história não poderia ocupar-se em distinguir e compreender as diferenças culturais provocadas pela passagem do tempo. Seus cabedais bastavam apenas para captar semelhanças e assimilar os princípios compatíveis, tirando partido de recursos como, por exemplo, as formas alegóricas

UM GUIA SEGURO PARA A VIDA BEM-SUCEDIDA

que produzem as conversões e as acomodações necessárias de valores em criativos recursos de transposições afetivas. Na ausência do sentido de fluxo temporal transformador, vicejou a noção de uma circularidade restauradora da ordem do mundo natural e do mundo histórico.

MODELADORES DA HISTÓRIA

O próprio Gibbon, exemplo notório de historiador moderno – e, portanto, já quase inteiramente liberto das concepções tradicionais ainda arraigadas na cultura histórica pelos fins do século XVIII –, deu provas de não ter se desvencilhado da teoria da grande época e do grande homem, além de se vincular, por outros modos, aos arcaísmos da tradição. Hayden White (2008, p.68) apreende-o em suas facetas de historiador à moda antiga, que se moveu em direção à história para "entreter e divertir" leitores, depois de observar monges fanáticos oficiarem cerimônias sobre um antigo templo pagão. E Friedrich Meinecke (1982, p.203) percebera em seu estilo de escrita da história uma recorrente dramatização teatral, além de considerável esforço para produzir brilho retórico. Segundo a análise de John Pocock (2003, p.188), Gibbon foi um "produto espiritual do Iluminismo". Como tal, era conservador em política, mas radicalmente moderno em suas reflexões filosóficas e religiosas. A sua erudição em parte pertencia a uma geração anterior à sua própria, aquela de Oxford da época da querela de Antigos e Modernos. Também se vinculava à Paris dos grandes anos da Académie des Inscriptions et des Belles Lettres.

Mesmo que de maneira tênue, há indícios das moralidades típicas do Antigo Regime presentes em sua narrativa clássica sobre a crise e o colapso do Império Romano. A presença de varões insignes forma o recheio da gloriosa história de Roma em sua fase áurea. Se em suas análises daquele longo processo político não há propriamente uma colheita de lições exemplares como regra da narrativa histórica, destinada a orientar comportamentos para a sua atualidade, o componente moral marca uma forte presença em *Declínio e queda do Império Romano*. Tal componente moral está refletido pelas ações de imperadores por ele julgados de grande vulto, notadamente os que viveram entre o fim do governo de Domiciano e o advento de Cômodo. Segundo seus próprios argumentos, "Se um homem fosse incentivado a definir a época na história do mundo ao longo da qual a condição da humanidade foi mais feliz e próspera ele apontaria, sem dúvida, o tempo que decorreu da morte de Domiciano à ascensão de Cômodo" (Gibbon, 1891, p.104).[6]

De modo inequívoco, a ideia da grande época e a doutrina do homem notável são claramente identificáveis nessa passagem do historiador setecentista inglês. Também o setecentista Adam Smith (2008, p.292) deixou testemunho marcante ao considerar que mesmo as dimensões mais corriqueiras da vida dos grandes homens ainda eram "disputadas com avidez" em seu tempo. "Os ditos e as máximas dos grandes deleitam-nos profundamente, e aproveitamos toda oportunidade para usá-los, e ainda que os que nos são próximos nos digam coisas melhores, estas nos passam despercebidas". Ora, os mais autênticos desígnios da história era fazer o relato dos acontecimentos singulares que se desencadearam em diferentes nações, assim como recolher as motivações de homens notáveis em cada tempo, e que com elas guardem relações. Isso porque esses são os dados que conferem inteligibilidade às transformações significativas no curso da história, afirmou (ibidem, p.180).

E o escritor escocês prossegue em seu exercício de vincular a participação do grande homem ao desencadeamento de atitudes memoráveis a serem registradas pelo historiador. Nas *Conferências sobre retórica e belas-letras* ficou estabelecido que "Serão, portanto, as ações dos homens, e dentre elas as mais importantes e notáveis, a base das descrições que abordaremos" (ibidem, p.215). As motivações de Smith vinculam-se às concepções dominantes quanto à vocação da história como uma espécie de gênero literário destinado bem antes à informação instrumental do que ao entretenimento e deleite. O fundamento da exemplaridade em uma concepção de história vinda de um homem de alta cultura nos meados do século XVIII é encontrada sem quaisquer traços de fadiga nos materiais que a integram. Nas considerações de Smith, a vocação da história persiste em selecionar eventos grandiosos para que se possa reproduzir "os bons feitos ou evitar os maus" (ibidem, p.223). A história é um gênero de relato que, em verdade, constitui-se numa contribuição para condutas futuras. Ao informar sobre ocorrências

---

6 *"If a man were called to a fix the period in the history of the world, during which the condition of the human race was most happy and prosperous, he would without hesitation, name that which elapsed from the death of Domition to the accession of Comodus".*

verídicas do passado, a narrativa histórica produz recursos úteis para evitar ou ensejar outros acontecimentos. Então, a história propicia informações de qualidade para comportamentos previdentes quanto às atitudes na preparação do futuro.

Segundo o escritor quinhentista Paolo Giovio, autor de *Vitae illustrium vivorum* (*As vidas de homens ilustres*, 1561), o elogio literário é um artigo de primeira necessidade na existência dos varões insignes; e tanto assim que os põe em movimento no esforço de assegurar os préstimos das trombetas mais sonoras (Chastel, 1991, p.190). Texto ilustrativo da teoria do grande homem – esta síndrome da diferença singular presente no pensamento histórico moderno –, e que reflete o padrão médio de tais concepções, é também o ensaio de Cabrera de Córdoba (1948, p.117ss). Na Inglaterra elisabetana, Thomas Blundeville compôs uma *ars historica* intitulada *A verdadeira ordem e método de escrever e ler histórias* (1574), com o propósito de demonstrar que o principal objeto de uma narrativa histórica deveria ser as ações dos homens célebres, para oferecer aos leitores as lições úteis tanto para incorporar virtudes como para repelir vícios.[7]

Já fora da corrente dos textos propriamente históricos, a obra do humanista Baldassare Castiglione (1997, p.13) é particularmente rica nesse tratamento e pode ser sintetizada pela figura de Federico di Montefeltro, duque de Urbino, de quem se dizia ter vencido todas as batalhas, até mesmo quando o triunfo era bem mais do que improvável.[8] No século XIX, o culto do grande homem encontrou quem o elevasse a alturas nunca antes vistas. Thomas Carlyle distinguiu a mais nobre forma do homem na figura de seres acima do comum (o "homem máximo"!), as verdadeiras forças motrizes da história. "Os grandes homens eram para ele, pelas palavras e pelas ações, os textos inspirados desse livro divino de revelações, cada capítulo do qual se completa de época para época, e a que alguns chamam história", explica Ernst Cassirer (2003, p.248). Ao discutir o conceito de grandeza na história, isto é, aquilo que poderia ser descrito como único e insubstituível, Jacob Burckhardt afirmou ser o grande homem o ente que conseguiu elevar a outro patamar as condições de vida de seus contemporâneos. A diferença contraposta à

---

7 Sirvo-me das informações colhidas no livro de Bruce Haddock (1989, p.32s).

8 Também um autor antigo deixou um imponente registro desse tema. Ver Luciano de Samósata (1944, p.19).

humanidade comum estaria na constatação de que, sem essa figura e as marcas de sua passagem, o mundo pareceria menor.

O grande homem é quem determina a diferença qualitativa dos tempos históricos e realiza, dentro das limitações que sua época lhe impõe, aquelas empresas inconcebíveis e, portanto, fora da alçada das pessoas comuns. E o historiador suíço conclui o seu argumento relativizando o ditado de que ninguém é insubstituível. Os raros homens insubstituíveis, afirmou, são precisamente os grandes homens (Burckhardt, 1993, p.266). Eles são necessários para que o movimento da história dê saltos e, de tempos em tempos, se desembarace dos modos já ultrapassados de vida. Mas nem todas as épocas encontraram o seu grande homem, assim como os vultos diferenciados nem sempre tiveram a seu favor as propriedades impulsionadoras de seu tempo. A relação que entretecem com o seu mundo histórico é algo semelhante a um "matrimônio sagrado". Para Burckhardt (ibidem, p.287), o grande homem é um mistério da história, e sua verdadeira identidade se revela em contextos de crises agudas.

Os homens incomuns, fossem líderes políticos, profetas, escritores, etc., fizeram a história deslocar-se em sua contínua marcha desde os primeiros tempos. Essa é a já tornada proverbial sentença de Carlyle. Sem a presença de tais lideranças, a história da humanidade seria uma enfadonha paisagem estática. "O culto dos heróis, admiração cordial e prostrada, submissão ardente e ilimitada a uma mais nobre e divina forma do homem – não é o germe do próprio cristianismo?", indagava Carlyle (1963, p.18). Na concepção do escritor oitocentista, os grandes homens formam a "própria medula da história". "A história do mundo não é mais do que a biografia dos grandes homens" (ibidem, p.34).

Eles foram os condutores, os modeladores e os verdadeiros criadores de tudo o que a massa geral de homens comuns imaginou realizar; eles encarnam a muito ilustre figura dos "procuradores do gênio do Universo", como também os designou prestigiosamente outro autor oitocentista, Hegel. Segundo Hegel (1979), os "homens históricos" possuem uma estatura e uma têmpera de tal modo superior que não se pode aplicar a eles o juízo que normalmente se utiliza para avaliar os demais seres que preenchem a vasta escala do gênero humano. A começar das normas morais, que todas fossem afastadas em um julgamento dessas personalidades. Do contrário, corria-se o risco de se recair no moralismo anacrônico dos professores de história, criaturas ressentidas que retratavam

Alexandre, o Grande, como um infeliz consumido pela paixão de conquistas. Esse argumento deve significar que apenas à história é dado atuar como tribunal digno de julgar as reputações de tais entidades, recolhendo-se o professor de história a seu estrabismo, que se curva à necessidade de demonstrar a inadequação do grande homem, fazendo crer que ele foi um estorvo à humanidade. No fundo no fundo os avaliadores dos grandes homens não passavam de invejosos inconformados com a própria estatura. Porque conheceram muito de perto Alexandre, César e Napoleão, porque lhes tiraram as botas e lhes serviram uma bebida, fizeram crer no provérbio de que não há herói para os criados de quarto. Não eram mais do que "valetes psicológicos" a exibir falsa moral.

Sendo assim, parece mais do que positivo a Hegel e a Carlyle o papel central da utilidade desses "motores da história", algo que já ficara registrado em antigas concepções, como em Sêneca (2008, p.122). Segundo o conselheiro de Nero, a virtude e a honra dos varões do passado incrustavam-se no espírito dos homens de bem. "Pensa no quanto nos são úteis os bons exemplos", escreveu a Lucílio, "e saberás que igualmente úteis são a presença e a memória dos grandes homens". Desse entusiasmo por entidades supremas resultou a análise de que o culto do grande homem é uma crença perene, e que não pode esgotar-se, sob pena de colocar em risco a própria continuidade do gênero humano. Nesse ponto, o idealista escocês Carlyle (1963, p.9ss) dialogava com as concepções liberais já predominantes em seu tempo.[9] Assim também fez Nietzsche, em sua crítica aos movimentos por democracia na Europa oitocentista, movimentos que, para ele, criaram deploráveis "homens de rebanho". O teor de seus lamentos contra a efervescência de tais ideais pode ser diagnosticado em diferentes escritos seus, mas soa mais pronunciado em *Além do bem e do mal*, no hino entusiasta à estirpe dos grandes homens e, em especial, de Bonaparte. Para Nietzsche, "a história do surgimento de Napoleão é quase que a história da superior felicidade que este século alcançou em seus homens e momentos mais preciosos" (2010a, p.86).[10]

---

9 A entronização do grande homem na história pode ser acompanhada na série de seis conferências que o autor proferiu em Londres, em 1840.

10 Páginas adiante o autor expressa a experiência dolorosa de perceber quando homens extraordinários começam a falhar em suas embaixadas superiores, perdendo o ímpeto de sua grandeza.

A extrema longevidade dos homens ilustres no discurso histórico transparece em tempos até mais tardios, como na crítica dirigida por François Simiand (2003) ao primado do particular sobre a espécie, das individualidades excepcionais sobre as coletividades, das motivações singulares sobre as movimentações de massas. Juntamente com o "ídolo político" e o "ídolo cronológico", o "ídolo individual" era, ainda nos inícios do século xx, uma das três usinas de força da narrativa histórica.[11] Antigo patrimônio da república das letras, a figura do varão insigne povoou a imaginação dos grandes talentos literários, e isso numa corrente nada desprezível que tem em Suetônio-Plutarco e Carlyle-Nietzsche alguns de seus elos mais salientes. Ao que parece, foi ao longo do século xx que a referida corrente sofreu os trancos que conduziram a reflexões críticas restritivas, depois que alguns grandes vultos exploraram mais a fundo suas vocações de liderança. Com efeito, as máquinas genocidas que Hitler, Mussolini, Stalin, Pol Pot e outros líderes de semelhante estatura dirigiram sofregamente foram determinantes no processo de resfriamento da longeva tradição das louvações derramadas às singularidades da história.

Em um extenso ensaio intitulado "A Idade Heroica", capítulo integrante de seu *O desafio biográfico*, François Dosse define a idealização do que foram os homens ilustres no terreno das concepções filosóficas e literárias dos europeus entre os séculos xvi e xviii. A fama era naturalmente o traço distintivo dessas criaturas excedentes em grandeza. Ainda que os feitos de armas fossem sempre o meio mais certeiro para o isolamento simbólico de um personagem histórico concreto no panteão dos varões insignes, o conceito de heroísmo sofreu algumas mutações. Disso deu testemunho o autor de *A anatomia da melancolia*, quando considera em seu livro que a reputação de Aristóteles como inventivo criador de cultura fez dele alguém muito mais destacado que o seu pupilo Alexandre. Do conquistador temos apenas o rol de suas façanhas já evaporadas pelo tempo, diz Burton (2011, v.iii, p.122), ao passo que, de Aristóteles, temos os seus escritos, o que faz dele um ser vivo em suas obras. De igual teor é a argumentação do humanista Jacques Amyot ([s.d.]a, p.23), ao comparar os bons livros de história em geral e a obra de Plutarco em

---

11 No tocante às individualidades excepcionais, isto é, à presença "deletéria" dos homens ilustres no discurso histórico, atente-se para as restrições dirigidas à concepção de Simiand por François Dosse (2009).

particular, "a mais segura guarda e o mais duradouro monumento que os homens podem deixar de seus feitos neste mundo, para consagrarem seu nome à imortalidade".

Frente a uma eloquente história, não há qualquer espécie de artefato sólido (estátuas, colunas, troféus, sepulturas etc.) que lhe exceda em sua capacidade de se propagar no tempo. Desse modo, a já exuberante fauna dos varões insignes povoada por manequins em armadura passou a ser integrada por figuras de feições diversas, como os homens dados à inovação nas ciências e nas artes (que Burckhardt [1993, p.269] denominou os "representantes do espírito"), os frequentadores mais talentosos das emergentes sociedades de corte, os especialistas em leis e jurisprudência, e os aventureiros desbravadores e conquistadores de novos mundos. À margem dessa estirpe de primazes ficaram os responsáveis pelo comércio e as finanças, por alinharem-se a princípios contrários aos valores morais consagrados pela religião (Dosse, 2009, p.156).

Na avaliação de François Dosse, todas essas personagens importantes distinguir-se-iam do herói de linhagem homérica, um tipo agora visto como destrutivo e progressivamente reduzido a uma condição anacrônica no interior de uma cultura cada vez mais voltada para a exaltação de indivíduos promotores do bem comum. Para Dosse (ibidem, p.161-166), no que se apoia nas considerações de Daniel Fabre, o conceito tradicional de heroísmo sofreu uma reforma sensível de sentido no século XVIII:

> As Luzes cederão espaço a outra noção, que aos poucos irá substituir a do herói: trata-se do "grande homem" [...]. A figura do herói sofre uma crise no curso do século XVIII. Seu caráter semidivino passa a ser contestado, em nome da razão, pela filosofia das Luzes. Os valores guerreiros que o herói encarna vão aos poucos sendo tidos como coisa ultrapassada numa sociedade desejosa de paz.

São os efeitos de inovação promovidos pelas ondas de modernidade. A propósito de tais ondas, Jean-Marie Apostolidès considerou que, ao decidir-se pela "modernidade", os franceses alargaram seus horizontes intelectuais ao campo do mundo contemporâneo. A nação repensa o passado não mais meditando na fortuna dos heróis antigos. A Modernidade consistiu em conferir vida às figuras nacionais. "Este interesse pelo herói francês", diz Apostolidès (1987, p.118), "marca uma etapa intermediária em direção a uma concepção da história que é a nossa desde o século XIX".

Segundo o juízo de Jacob Burckhardt, a "pintura de pessoas" ou a moderna concepção das vidas de homens ilustres – com diferenças em relação aos modelos antigos – surgiu no mundo moderno no interior da cultura florentina do Quatrocentos. A descoberta do indivíduo e a valorização dos ideais de fama e glória a ele circundantes foram elementos essenciais nos remates da emergente literatura. "O primeiro escrito original, a primeira obra-prima no gênero", escreveu o historiador suíço, "é a vida de Dante por Boccaccio" (Burckhardt, 1983, p.254). A singularidade dos grandes indivíduos, segundo Benedetto Croce (1953, p.190s), definiu o estilo de todos os historiadores da Renascença, como se os povos dependessem da vontade e da genialidade de tais luminares. O efeito desse excesso de valor foram biografias em que o indivíduo apresenta-se em desconexão com o seu mundo histórico.

Em primeiro plano, importava que o autor fizesse uma celebração das realizações dos personagens, tarefa para a qual nem precisava de muito encorajamento, pois este gênero de exposição há tempos se afirmara como uma tendência dominante, escreve Wallace Ferguson (1950, p.27). Na literatura histórica, o grande homem constituía a mais nobre matéria, espécie de essência e "causa perpétua dos escritores", cujos livros seriam esquecidos na ausência deste "nobre sujeito", conforme as palavras de Castiglione (1997, p.70). E não há dúvida: os exemplos de vultos notórios em suas glórias superfaturadas eram os ingredientes mais picantes das narrativas históricas, pois a *Historia magistra vitae* abastecia-se de ações políticas dotadas do diferencial da excelência. Assim, o homem incomum se distinguiria do vasto formigueiro de uma humanidade opaca e uniforme. No amplo cabedal de suas virtudes, esses entes deveriam notabilizar-se, primeiramente, pela capacidade de realização dos ideais de uma coletividade. Mas o destemor em realizar feitos individuais fora do alcance de outros homens também era fator suficiente de distinção e louvor, o que remete às façanhas do gênero de Ulisses. Como elemento comum ao heroísmo coletivo e ao personalizado, o grande homem deveria fazer-se o empreendedor do gênero de Aquiles, que caminha com plena consciência para o autossacrifício, por mostrar-se incapaz de privar-se da glória.[12]

---

12 Acerca das concepções que compõem a imagem dos grandes homens na cultura ocidental, é de interesse o texto introdutório de Lucy Hugues-Hallett (2007, p.13ss).

Ao longo da Época Moderna, esse foi um postulado dos círculos aristocráticos. A partir do século XVIII, após a consagração hagiográfica e cavaleiresca dos grandes personagens, a figura do homem de letras ganhou impulso. O supercompêndio de Diógenes Laércio (século III d.C.) – único tratado antigo em história das doutrinas filosóficas a chegar praticamente íntegro à cultura moderna, no que preservou importantes fragmentos de textos perdidos por meio de suas citações – ganhou os contornos de obra canônica (Laércio, 2010). Projetos biográficos versando os ditos e feitos de homens de alta sabedoria entraram na pauta do Século das Luzes em distintas regiões europeias, aliás como bem ilustra o plano de trabalho do aristocrata Giovanni Di Porcia. Em 1718 o conde Di Porcia teve a ideia de juntar em uma grande coletânea os perfis das eminências eruditas italianas de sua própria época, em narrativas de louvores sobre aqueles vultos que elevaram a ciência de sua terra. Assim agindo, instruía as novas gerações, do mesmo modo que inaugurava um modelo novo de abordagem acerca do homem de alto valor. Como escreve Françoise Waquet (2010, p.31),

> O projeto de Porcia respondia ao apelo de Francis Bacon aos eruditos, convidando-os a escrever uma história do saber. [...] A biografia dos eruditos entrava nesse programa: não se tratava de elogiar, mas expor um homem trabalhando, seu itinerário, instrumentos, resultados, erros.

À parte ao novo prestígio do homem de letras nas obras históricas de uma série considerável de autores modernos, a política sempre ocupou um louvável primeiro plano. O inspirado Voltaire, que com suas inovações críticas abalou os pilares do Antigo Regime, frequentemente desponta como prova irrefutável de tal argumento, ao colocar em desfile uma galeria de heróis civilizadores, "homens representativos"[13] do vulto de um Henrique IV, de um Luís XIV e de um Pedro I, o Grande. E isso sem deixar de lado figuras igualmente exemplares de contra heróis régios de grosso calibre, como o ultra destemido Carlos XII, da Suécia, epítome do inferno, composto pestilento de insanidades, o maior escavador de precipícios que a história humana conseguiu produzir em todos os seus

---

13 A expressão é-me sugerida por Ralph Waldo Emerson em seu título homônimo. Ver, especialmente, a elaboração desse conceito no ensaio de abertura "A utilidade dos grandes homens" (Emerson, 1996, p.11-31).

milênios; enfim, "o mais inflexível e renitente soberano que jamais esteve sobre o trono" (Voltaire, 1957a, p.513).[14]

Em sua infância, o pequeno Carlos desejara conquistar mundos, tomando Alexandre Magno como modelo; entronizado, jactava-se com as vastas extensões de terra revolvidas por suas tropas. Nas impressões de Voltaire – em sua movimentada história dedicada aos malfeitos do príncipe nórdico –, é possível perceber que o perfil de Carlos XII encontra traços de exemplificação no conceito de vanglória expresso por Thomas Hobbes, e que consiste no anseio de realizações formidáveis. Ora, ao longo de sua vida Carlos aspirara ao reconhecimento, à admiração e à fama. Vestindo os trajes dos homens ilustres do passado, imaginava-se cometendo ações semelhantes às que lera nos livros em sua juventude. Mesmo que suas colheitas fossem armazenando os frutos do insucesso, ainda assim julgava-se desempenhando o protagonismo dos generais renomados. A vanglória impeliu-o ao olvido da grande lei natural que consiste em buscar a paz para o gênero humano, e a peça interminável dos movimentos heroicos do guerreiro Carlos faz lembrar a imagem da mosca da fábula de Esopo, citada por Thomas Hobbes.[15]

O temperamento ímpar do rei da Suécia demandava sensações bem distintas daquelas que moviam o czar Pedro. Por isso, Voltaire integrou o rei sueco à linhagem inferior dos heróis marciais, conferindo a Pedro a dignidade superior do homem ilustre. Ora, Carlos XII da Suécia tinha ninguém menos do que Alexandre, o Grande, por espelho. Foi assim que a ansiedade funesta por glória, que o rei perseguiu por toda a vida, ficou restrita à sua pessoa. Voltaire observara em todas as direções, mas sem encontrar uma realização concreta de Carlos. O biógrafo lamentou-se: não há evidências do bem que ele tenha feito a seu povo. Se o grande Carlos fora uma máquina de produzir desatinos, o grande Pedro fora um adestrador da natureza. Se ambos sulcaram a terra com as suas tropas, moviam-nos motivações opostas. Carlos fora um "homem inquieto", Pedro um "homem profundo". E prossegue Voltaire (1957a, p.523) em suas vidas paralelas: "Pedro era o apoio de todos os príncipes, como Carlos havia sido o terror".

---

14 A primeira versão da obra, bem incompleta em relação à derradeira edição, foi publicada em 1731.

15 O autor se refere a uma pequena mosca "pousada no eixo de uma roda, dizendo para si mesma 'quanta poeira eu levanto!'" (Hobbes, 2010, p.36).

70 | UM GUIA SEGURO PARA A VIDA BEM-SUCEDIDA

Pelo visto, há homens comuns de grande valor que, para reinar, apenas carecem de um reino (assim declarou Maquiavel [2008] acerca de Hiero de Siracusa), do mesmo modo que há reis hereditários que teriam sido muito melhores se nunca tivessem reinado (recorda um autor inglês acerca de Nero e de outras harpias do gênero) (Burton, 2011, v.III, p.230). Para Voltaire, decerto que o rei sueco se enquadraria nessa segunda definição. Mas qual seria o sentido de uma história completa acerca do cenário de injúrias perpetrado por Carlos XII? É que a insensatez e o desejo de grandeza também podem servir como fontes privilegiadas de ensinamentos úteis para a vida. Nesse nível narrativo é provável que Voltaire replicasse lições consagradas pela tradição moralizante dos estadistas como, por exemplo, o muito conhecido Jacques Amyot (a mais importante caixa de ressonância de Plutarco nos Tempos Modernos), que afirmara encontrar na história os expedientes para "castigar os maus pela nota de infâmia perpétua com que lhes marca a memória" (Amyot, [s.d.]a, p.25s).

Diversos são os trechos deixados por Plutarco quanto à presente matéria. Em termos de sua influência nos Tempos Modernos são especialmente ilustrativas as reflexões na vida de Demétrio, quando o autor grego compara as ações de maus governantes à música de baixa qualidade, que nenhum aprendiz desejaria imitar. Contudo, é ouvindo uma canção mal executada que se alcança maior prazer quando diante de exímios musicistas. Ao que lhe parece na analogia entre música e poder, "[...] nós nos animaríamos mais à leitura da vida dos homens virtuosos e à sua imitação, depois de termos conhecido também a vida daqueles que por suas faltas e vícios com muita razão são censurados" (Plutarco, [s.d.] b, v.VIII, p.165).

Voltaire tinha consciência de que em seu século os protagonistas da grande política ainda detinham a faculdade de causar impressões favoráveis sobre os espíritos, pois até comportamentos viciosos frequentemente levavam às reformas morais. Disso derivou sua iniciativa de incluir alguns abusadores das licenças limitadas que o poder confere por algum tempo aos governantes, que se tornaram tristemente célebres justamente por romperem as barreiras do razoável, do aceitável, do concebível na escala do padrão ético vigente nas sociedades do Antigo Regime. A apresentação desses comportamentos insensatos e desaconselhados pela história permitiria um enquadramento objetivo das situações inadequadas nos protocolos de regência da ordem política, animando os leitores a buscar a leitura da vida dos homens de virtude, bem como a sua imitação.

Operando com personagens ilustres, ora como paladinos, ora como vilões, Voltaire punha em funcionamento as engrenagens retóricas da persuasão e da identificação afetiva com os grandes homens, segundo ele os dínamos da história. E isso apesar de suas pretensões exibidas e, diga-se de passagem, não cumpridas, quanto à proposta de escrita de uma nova história, ao menos da forma diferenciada como tencionou fazer no *Ensaio sobre os costumes*. Nessa obra, a política, ao lado dos heróis civilizadores, continua a constituir a matéria central de sua história filosófica, mesmo diante de declarações contrárias do próprio autor (Voltaire, 1990).[16] Seus leitores mais atentos não deixaram de experimentar algo de frustração ao comparar o seu programa inovador para os estudos históricos com a modesta execução da obra delineada. O desiderato fora tão espantoso em propostas ousadas que seria necessário uma legião de mestres para executá-lo, em seu devido tempo.

De fato, o *Ensaio sobre os costumes* é sua obra mais ousada, em termos de realizações almejadas para a renovação dos estudos históricos. Apesar de suas tinturas de vanguarda, a presença recorrente dos grandes homens e de seus feitos não pode ser ignorada. No curso de uma de suas reflexões, com vistas a avaliar as formas de história produzidas em sua própria época, Voltaire chegou à seguinte especulação: ao longo da história humana apenas os reis teriam existido? Em tantos séculos de história da França nada teria havido além de príncipes, ministros e generais? Vemos nesse trecho que ele se defrontara destemidamente com uma tradição até então capaz de reconhecer somente as realizações de personagens notáveis, os modeladores dos episódios dignos de serem chancelados pela pluma do historiador. Mas, a bem da verdade, Voltaire historiador combateu velhos cânones? Decerto. Mas não conseguiu desprender-se deles. Realmente, ele desejou inserir-se em uma nova seara, e sua visita a Sénones demonstrou sua ótima disposição quanto a isto. Sua sincera pretensão foi escrever a história de homens comuns e de seus modos de vida. Contudo, enveredou sempre pela história dos reis

---

16 Obra concebida ao longo de mais de uma década, o trabalho de criação estendeu-se de 1740 a 1756. Já o processo de composição de *Le siècle de Louis XIV* durou um pouco mais, prolongando-se de 1732 a 1751. Esse último foi publicado em Berlim.

72 | UM GUIA SEGURO PARA A VIDA BEM-SUCEDIDA

e de seus movimentos de superfície. Sob a faceta de Voltaire como historiador do tradicional homem ilustre, considerou Lucien Febvre (1994, p.85), ele era um

> [...] fiel contador dos altos feitos do rei, do príncipe, do general vencedor e do ministro triunfante. [...] incumbia-lhe o dever delicado de trocar as derrotas por ficções triunfais, e os tratados desfavoráveis em atos de equidade. O rei, o príncipe, o general, o ministro: a história não existia senão por eles, senão para eles.

Com efeito, a galeria histórica voltairiana está fartamente abastecida pelos varões insignes e por ela circulam vultos como Luís xiv, Carlos xii, Pedro i, Henrique iv e Luís xv, para citar somente os notáveis que fornecem seus nomes a títulos de narrativas históricas e/ou épicas do célebre escritor francês. Aliás, como indagara Robert Burton (2011, v. iii, p.228) um século antes acerca da necessidade de valorização das pessoas comuns: "Se todos forem Cresos e Darios, todos ociosos, todos igualmente afortunados, quem lavraria a terra?". Inspirador de um programa audacioso de estudos a requerer uma palheta multicor para a história, Voltaire vestiu a indumentária dos historiadores tradicionais. Ora, ele manteve intacta a figura dos homens ilustres em alguns de seus títulos centrais de conteúdo histórico. A epopeia de um grande rei foi louvada na *Henriade* (Voltaire, 2008). E o maior de todos os soberanos foi por ele entronizado em *O século de Luís xiv*. Mas restavam ainda personalidades que não deviam passar ao largo de uma distinta projeção biográfica. Entre Pedro, o Grande e Carlos xii da Suécia a história voltairiana toma como eixo narrativo o confronto de duas personalidades emblemáticas, cada qual a representação de dois projetos distintos de mundo. Um feixe de valores morais entra na construção dos personagens, pois, no essencial, tratar-se-á de saber – entre os predicados encarnados por estes dois superatletas marciais – quem verdadeiramente se adequa aos princípios do herói civilizador, o personagem exigido pelo autor para atuar como a potência criadora do novo cosmo político.

Excelente no exercício da crítica dirigida ao primitivismo romanesco dos historiadores de seu tempo, a palheta do grande artista da palavra alterna-se apenas entre as tradicionais tonalidades de preto e branco: justamente os tons habituais dos grandes homens e de suas realizações. Ao Voltaire que se fez historiador apraz a liturgia dos eventos memoráveis, recuando diante dos dramas da fé de uma nova escrita da história por ele mesmo concebida como promotora de novidades construtivas. Um dos mais reputados comentadores da obra de Voltaire, René Pomeau (1957, p.11), distinguiu nesses impulsos voltairianos o predomínio de uma "estética de dramaturgo", cuja faceta de maior visibilidade era atribuir uma relevância central aos heróis que abrem os caminhos da civilização.

No dizer de Nietzsche (2005b, p.138), Voltaire foi o último dos grandes dramaturgos, por ter conseguido a proeza de sujeitar com virtude grega seu espírito múltiplo e muito capaz de promover grandes "tempestades trágicas". No "tratamento da prosa oratória teve ouvido grego, consciência artística grega e simplicidade e graça gregas". E a síndrome dos homens ilustres do Antigo Regime – a distinguir-se ou pelas letras ou pelas armas, conforme as malogradas expectativas de Cervantes sobre si mesmo –, teve uma longa existência. Em formas remodeladas e atenuadas, a referida síndrome sobreviveu de modo a fazer carreira nos estudos históricos oitocentistas. Até os anos 1820, a história da França persistiu, no essencial, uma narrativa das cabeças coroadas. São as crônicas dos príncipes em suas façanhas militares e feitos de alcova, argumentam Delacroix, Dosse e Garcia (2012, p.36).

Ao longo da Época Moderna os historiadores refletiram sobre a história focando predominantemente as ações humanas pelo prisma dos ensinamentos contidos em ações célebres de grandes personagens. No plano das expectativas dos homens ilustres perseguia-se o antigo ideal do feito glorioso com alto risco, por oposição a uma existência longa, porém apagada. Na república europeia das cabeças coroadas o sonho de heróis como Carlos XII – cujo modelo fora o intrépido Alexandre –, tornava preferível viver pouco, mas com muita nobreza, a envelhecer sem qualquer distinção. Na balança das moralidades consagradas pela tradição monárquica do Antigo Regime equilibra-se uma numerosa comunidade de príncipes remontando às antiguidades bíblicas. Por isso mesmo Carlos decidiu-se pela execução de feitos de armas dignos do renome de gigantes, alheio às insignificâncias cometidas em série por governantes conformados com suas estaturas naturais. A julgar pelos anos de guerras que promoveu, o ideal de *gloriae cupido* (cupidez de glória) exerceu influência sobre Carlos XII. O perfil do rei da Suécia faz lembrar a narrativa de Plutarco na vida de Teseu, herói cheio de razões belicosas. Eis essa história: aconselhado por sua mãe Etra a seguir rumo a Atenas para conhecer seu pai, Egeu, o jovem recusou prontamente o itinerário traçado com o destemor daqueles que vieram ao mundo apenas para gravar na memória dos homens efeitos impactantes. Em vez de seguir por mar como recomendado – justamente pela maior segurança deste roteiro –, o bravo se esquivou da recomendação. A via marítima era garantia certeira de monotonia, itinerário no qual Teseu se via impedido de realizar feitos de armas ou gestos de bravura. Seguiria por terra em caminhos que sabia bem providos de malfeitores e vasta gama de vilões. Seu propósito era o de imitar Hércules, destroçando todo gênero de inimigos com que se deparasse. Sua escolha foi para lá de bem sucedida: encontrou ação suficiente para estabelecer atitudes memoráveis pelos séculos (Plutarco, [s.d.]c, p.56ss). Ora, esse gênero de narrativa era o texto mais atrativo eficiente para atiçar a imaginação dos homens de poder ao longo da Época Moderna, e Carlos XII participou intensamente do culto a tal modelo de história, pois, como se sabe, o campo de ambições dos heróis não pode ser preenchido por conforto e comodidades. Muito antes, completa-se nos perigos imprevisíveis das confrontações com os inimigos, em batalhas e em triunfos. Talvez por isso tanto tenha se exasperado o jovem Alexandre, quando das sucessivas vitórias de seu pai Filipe: "Meus amigos, meu pai vai tomar tudo; e não deixará nada de grande e de glorioso para eu fazer um dia convosco" (Plutarco, [s.d.]a, p.30).

Desde pequeno, o príncipe escandinavo fora atraído pela reputação de Alexandre Magno. Ainda criança, perguntaram-lhe sobre o que pensava de Alexandre. "Eu penso que eu gostaria de lhe ser semelhante", respondeu. Mas lhe disseram que Alexandre tivera uma vida curta, morrendo com apenas trinta e dois anos. "Ah! Isto não é o bastante quando se conquista reinos?", considerou (Voltaire, 1957a, p.62). Já adulto, o rei sueco ouvia leituras de entretenimento feitas por seu secretário. Numa dessas sessões de literatura, rasgou a página de um livro de Boileau-Despréaux – autor de quem era admirador –, por ter retratado Alexandre como um rei louco e furioso (ibidem, p.175). Em seus anos de glória, o próprio Voltaire arriscou a analogia: "Ele era tão jovem quanto Alexandre, igualmente guerreiro, igualmente empreendedor, mais infatigável, mais robusto e mais temperante" (ibidem, p.144).

Especialmente emblemática é a trajetória de outro grande homem. Como lembra bem a propósito Koselleck (2006, p.39), Napoleão Bonaparte enxergava a si próprio como paralelo histórico natural de

Alexandre Magno, o que o levou a empreender a missão histórica de salvar o Império. Para a realização de seu ideal, casou-se com a filha do imperador que ele mesmo destronara. Seguia o exemplo de Alexandre. Há dois mil anos, o rei da Macedônia havia desposado a filha de Dario. Thomas Carlyle (1963, p.228) não deixou de recordar que, após ascender meteoricamente na hierarquia militar, o Tenente de Artilharia corso se fez Cônsul, em seguida Imperador, colhendo ainda uma sequência de vitórias nos campos de batalha. Ao avaliar o conjunto de sua própria obra, deduziu ser muito natural "julgar-se o maior de todos os homens que há muitos séculos tinham vindo ao mundo".

Ainda cabe ressaltar que o respeito solene ao passado foi uma coordenada muito bem demarcada pela cultura histórica ao longo da Época Moderna. Era nessa dimensão do tempo histórico que se encontravam as melhores matérias-primas, isto é, os comportamentos mais ilustrativos a se garimpar entre as personalidades de alta reputação. De tais possibilidades moralizantes e nobilitantes derivou a sublimidade dos tempos de outrora, fonte incontornável dos exemplos significativos para a vida. O maior valor dos tempos idos é o que move os homens de hoje a elogiar as coisas de ontem, disse Baltasar Gracián. Ora, notara o arguto jesuíta, os pontos culminantes da história sempre foram distribuídos com extrema economia e, em seu próprio tempo, a escassez se fizera a regra.

Como a fênix solitária, havia em todo o mundo um guerreiro valoroso, um excelente orador, um homem de sabedoria, um príncipe virtuoso. Se as mediocridades abundam por este mundo, as preciosidades escasseiam; os vultos cimeiros são verdadeiras raridades, pela dificuldade de se alcançar as dimensões do sublime. Mas como muitos desejaram erguer ao seu redor uma glória sem merecimentos, deram a si mesmos os nomes de César e Alexandre. Recipientes inflados de ar, pois que os grandes vultos sempre foram raros (Gracián, 2011c). Em nossos dias, e expandindo mais livremente as reflexões do agudíssimo Gracián, a procura por famas efêmeras tornou-se uma corrida desenfreada, fundamentando-se em princípios muito distintos da glória (*eccellenza*) clássica e humanística, esta a ser conquistada por méritos insofismáveis.

Com efeito, os meios atuais de comunicação têm sido eficazes em fabricar celebridades instantâneas em massa. O fenômeno gera uma comédia estranha: a de notoriedades a exibir musculatura conquistada com o auxílio da moderna indústria química e seus ramos adjacentes, mas que quase sempre convencem bem pouco quanto à presença discernível de espírito em seus corpos tonificados. E se de um modo surpreendente as pessoas de hoje em dia prestam culto a notoriedades fugazes estofadas em vento, nas sociedades aristocráticas de antigamente seria previsível que a eloquência ativa própria das ações heroicas atiçasse a imaginação de todos. Como bem disse um especialista em Renascença italiana, "Mesmo as pessoas mais democráticas sentem atração pelos eminentes e célebres. Então, o que é dito sobre eles merece mais atenção" (Martines, 2011, p.226). Talvez por isso derive um interesse que nunca se encerra.

4
A GESTÃO DA GLÓRIA

> *[...] de todas as tolices do mundo, a mais aceita e mais universal é a preocupação com a reputação e a glória. [...]. Imagino facilmente Sócrates no lugar de Alexandre. Alexandre no lugar de Sócrates não consigo.*
>
> Michel de Montaigne, *Ensaios*

> *Que príncipes ocupam os catálogos da fama senão os guerreiros? A eles se deve, com propriedade, o renome de magnos. Enchem o mundo de aplauso, os séculos de fama, os livros de proezas, porque o belicoso tem mais de plausível que o pacífico.*
>
> Baltasar Gracián, El héroe

Acanhados quanto à percepção das diferenças impostas pelas alterações e mudanças proporcionadas pela passagem do tempo, no filosoficamente adiantado Século das Luzes autores de livros de história ainda julgavam suas questões fundamentando-se na unidade do tempo histórico. A célebre Querela de Antigos e Modernos ocorrida na parte final do reinado de Luís XIV – e que fora fomentada por interesses régios, já que o centro da polêmica era saber quem teria sido o maior governante de todos os tempos – é reveladora da revolta dos modernos contra seus antepassados culturais. Segundo a concepção dos modernos, os antigos nem eram os mais velhos muito menos os mais sábios na história da cultura; em verdade, por questões simples como as da própria ordem cronológica, foram eles mais jovens e inexperientes. Assim, reservava-se aos modernos a dignidade de amadurecidos e experientes, constituindo-se legitimamente como os genuínos antigos na história (Croce, 1953, p.199). Por isso mesmo talvez se possa afirmar que, atacando os pontos fracos dos antigos, em verdade os modernos usavam lanças de palha. Os ferimentos que abriram em seus adversários não lhes tiraram a força. Certamente, a referida Querela foi o primeiro foco de fissura a romper com a unidade dos tempos de uma história filiforme e teleológica, uma vez que ajudava a distinguir com maior nitidez as diferenças entre as épocas e culturas.

E não é demais lembrar que, já no século XVI, várias pequenas ondas de revolta opuseram os modernos contra os antigos. Maquiavel (1979; 1998) deu mostras desse temperamento crítico em relação a uma suposta superioridade dos antigos sobre seus contemporâneos. De fato, Maquiavel exortava para que não somente se admirasse como também se imitasse os antigos, o que não significa que tenha reconhecido nestes um valor a encobrir as virtudes dos homens de seu tempo. E também não se pode esquecer quanto a isso Jean Bodin que, em seu *Methodus ad facilem historiarum cognitionem*, considerou os antigos como fautores de notáveis descobertas, destacando-se particularmente em astronomia.

Mas as pesquisas e as invenções de seu próprio tempo eclipsaram as conquistas da Antiguidade, conforme aponta Beatrice Reynolds (1969, p.XIIS) ao analisar o seu famoso livro sobre a história que, segundo ela, constitui-se no primeiro grande trabalho do humanista, fruto de uma maturidade intelectual que já estava consolidada aos trinta e seis anos de idade, quando a obra foi publicada. Naturalmente que em seu tratado sobre a história Jean Bodin incluiu a política como tema capital. Por isso mesmo não desconsiderou o valor pedagógico das biografias, por serem excelentes guias para a conduta, ao contribuírem com julgamentos de elevação moral. Segundo a tradutora da obra latina de Bodin para a língua inglesa, as Guerras Religiosas do século XVI alteraram sensivelmente suas concepções políticas, fator que entre os anos de 1566 e 1576, contribuiu para gerar um Bodin supostamente bifronte.

De todo modo, seja em autores tão distintos como Maquiavel, Bodin ou Voltaire, fica evidente que o discurso político era uma das vocações da história, conforme acentuou Philippe Ariès (1989). Dito em outros termos, conhecer a história é uma necessidade para os que prezam a boa atividade política, e não há como constituir uma ciência política abrangente da realidade dos povos sem buscar o conhecimento histórico, que possui valor formativo para a práxis virtuosa dos líderes. Em tal esquema discursivo, a nota fundamental era sempre o grande homem, o que faz da narrativa histórica um desfile de sublimações em torno de personagens concebidos como paradigmáticos por seus esforços para a promoção do bem público. Maquiavel (1979, p.53) deu uma curiosa definição da rede hierárquica dos grandes homens, conferindo aos líderes fundadores de religiões a primazia desta, digamos assim, distinta "cadeia alimentar". Depois deles vinham os fundadores de Estados, os comandantes militares, os escritores e, na sequência, uma nuvem indistinta de homens talhados nos moldes da mediania, mas nem por isso isentos de valor. O próprio Voltaire tinha plena consciência do império exercido pelos homens ilustres. Curiosamente, sendo ele mesmo crítico acerbo da servidão dos escritores a tal regime, rendeu-se ao sistema. De todo modo, em livro de 1734, ele ironizava essa perspectiva ainda preponderante entre os letrados. E quando se tem uma passagem ilustrativa do próprio Voltaire (1978a, p.44) à disposição, o melhor que se pode fazer é concedê-la ao leitor sem mais delongas:

> Tudo que enxergo nesses discursos é que o novo membro, tendo assegurado que seu predecessor era um grande homem, que o cardeal Richelieu era um muito grande homem, que o chanceler Séguier era um bastante grande homem, que Luís XIV era ainda mais do que um muito grande homem, o diretor lhe responde a mesma coisa, acrescentando que o novo membro poderia também ser uma espécie de grande homem e que ele, diretor, não deixa de ter parte nisso.

Decerto que a tradição clássica dos homens ilustres, ao menos nas *Cartas inglesas*, passa por uma rigorosa inspeção. E a reação crítica do autor setecentista diz muito sobre a ainda bem preservada voga dos retratos de vultos formidáveis na história de seu tempo, retratos estes compostos na linha do *elogium* pagão celebrizado por Ariosto, para categorizar os homens que, por seus talentos, alcançaram incomparável nomeada: a natureza os fizera, quebrando o molde logo depois. Seja como for, ao espalhar incenso sobre perfis extraordinários, autores antigos e modernos tencionaram apontar a seus leitores que o espelhar-se nas medidas de seus retratados teria o condão de fomentar a própria grandeza. A estratégia de tal doutrina é fazer crer na excepcionalidade de personagens ancestrais, para extrair de tais grandezas uma maior dignificação dos grandes homens vivendo no tempo que transcorre sob as pálpebras dos narradores. A toada do acavalamento político dos Césares que aspiram ser Alexandres, dos Alexandres que se arriscam para ombrear-se aos Aquiles, guia-se pela simples intenção de deixar bem provado – por ditos e feitos anabolizados pela melhor retórica cortesã – em quantos terrenos o monarca reinante ultrapassa os seus congêneres que já passaram pelo mundo. Ao lançar réplicas incensadas sobre todas as grandes ações de governantes da história universal, os turiferários da realeza sempre tencionaram não deixar qualquer traço de interrogação sobre as culminâncias ocupadas por seu príncipe.

ADMISSÃO NA MEMÓRIA

Ao analisarmos mais detidamente as concepções de história dos historiadores do Antigo Regime, vemos que Philippe Ariès tinha razão ao ressaltar a sua vocação preponderante. No pensamento histórico de autores franceses de diferentes séculos – Bodin, Bossuet e Voltaire, por exemplo –, a política é matéria especialmente abundante. As formas de governo e a sucessão dos regimes políticos constituem um pilar estratégico de suas narrativas históricas. De modo bastante consequente, em tais discursos aparece o notável desempenho dos príncipes, eternos concorrentes em meio a suas jornadas pela competição do prestígio ante seus pares. Assim é que as virtudes de uns deveriam inspirar as atitudes de outros, numa infindável escalada rumo às conquistas e aos pináculos da consagração. Como se referiu o jesuíta espanhol Baltasar Gracián (2011c), aos varões instruídos cabia tomar "lições de grandeza", para reprisar feitos honrosos de personagens eminentes. No limite, um personagem decaído em reputação pelas circunstâncias movediças da vida poderia recuperar a condição perdida pela execução de atos memoráveis, frutos de uma severa reforma moral. Disso deu testemunho o escritor seiscentista inglês Robert Burton (2011, v.III, p.269), ao estimular seus contemporâneos a reaver uma reputação escoada ladeira abaixo:

> [...] recupera teu crédito com algum nobre feito, tal como fizera Temístocles, pois que fora um jovem muitíssimo debochado e vicioso, [...] mas que fez as pazes com o mundo praticando bravos feitos. [...]. Quem foge numa batalha, segundo Demóstenes, pode inda lutar novamente, e quem cai pode se manter de pé como sempre antes fizera.

Em tempos cultuadores de virtudes heroicas os homens poderiam adquirir prestígio pelo exercício das armas. Nos séculos XVI e XVII as armas implicavam a exibição de virtudes como a coragem e a força por parte do herói à procura de celebridade. Havia ainda uma sutileza a mais na definição das armas como um ofício dignificante. Em tempos de guerras recorrentes que estavam definindo a nova geografia política da Europa Moderna – os Estados territoriais emergentes –, o que poderia existir de mais elevado do que contribuir para a maior grandeza e glória do reino? Uma façanha nos campos de batalha, um ato de heroísmo em defesa da grandeza do príncipe reinante, e eis que se estava bem arranjado na vida, reconhecido na corte e premiado pelo rei em pessoa. Sem dúvida, o guerreiro deveria saber que não há triunfo sem sacrifício. Ainda que ocorra ao soldado cair em combate pela causa de seu príncipe, seria sempre belo morrer de armas na mão, como os heróis de Homero.

Numa cavalaria da segunda metade do século xv, *Tirant lo Blanc*, do escritor catalão Joanot Martorell, o ideal homérico é replicado de modo a não deixar dúvidas quanto a esse vivo culto aos atos de valor. Estímulo à consciência dos valentes, as conquistas perigosas reviveriam eternamente na memória dos povos. Nas considerações do conde Guilherme de Varoic (personagem de Martorell), um homem estará morto desde o dia de seu nascimento quando se perde numa vida sem perspectivas de alcançar reconhecimento; o viver do homem precisa ser interrompido antes que se tome conhecimento de sua obscuridade voluntária e de seu alheamento em não fulgurar na memória dos séculos, porque estes homens acovardados são menores que as pedras e as árvores. Aliás, pedras e árvores são muito mais estimadas, por suas propriedades naturais e pela doçura de seus frutos. Ao retirar o próprio filho de onze anos dos braços de uma mãe chorosa que teme por sua morte precoce na guerra que se trava contra os mouros invasores da Inglaterra, o conde de Varoic (agora camuflado sob a pele do rei eremita, como convém à fantasia cavaleiresca) pondera à condessa sobre o esforço incontornável de alcançar renome e fama, para transmissão à posteridade: "Oh, que glória para a mãe cujo filho jovem e disposto tem oportunidade de se ver em batalhas, dignas de fama gloriosa! Impõe-se, pois, venha ele comigo, e amanhã farei dele cavaleiro, a fim de que possa imitar os atos valorosos de seu pai" (Martorel, 2004, p.34).

Adotado pelo rei Henrique, o pequeno guerreiro haveria de se tornar condestável da Inglaterra, vencendo em justas os maiorais da Cristandade. Aos quatorze anos já se destacava em torneios, mesmo que participando às escondidas de seu padrinho, o rei da Inglaterra. Flagrado e repreendido em atos de bravura, na sequência de uma vitória gloriosa diante de um adversário muito mais forte, triunfo este obtido em honra às bodas do rei, o jovem Varoic replicou ao monarca: não se pode impedir que um bravo tome armas depois de ter sido sagrado, porque a um cavaleiro compete realizar cavalarias. Se o rei não admitisse que passasse pelos perigos inerentes à sua condição, que o vestisse então como mulher, colocando-o entre as donzelas da rainha (ibidem, p.78). Eis a abordagem modeladora dos personagens de valor, que inscrevem seus nomes na história. Tal concepção atravessou outros séculos de mentalidade heroica, por vezes se confundindo na dialética entre pena e espada, conforme dá testemunho a tortuosa vida de Miguel de Cervantes, em que o talento literário acabou por sobressair, aliás para a satisfação da cultura universal.[1] Mas a referida dialética é coisa bem antiga, e os exemplos emblemáticos aparecem numerosas vezes na história, como no caso de Alexandre, o Grande, que era leitor aplicado e considerava a *Ilíada* o patrimônio mais precioso do mundo para se guardar (Plutarco, [s.d.]a, p.48). Ainda nesse terreno há também a história de César. Conta Plutarco que ele nascera com uma notável disposição para a eloquência, e que cultivara este talento natural com extremo afinco. Em Roma, nas artes do bem dizer, vinha atrás apenas de Cícero. Segundo o mesmo Plutarco, César não foi o primeiro orador romano em seu tempo apenas porque renunciara de bom grado a competir por este posto. Centrara seu espírito em perseguir a glória facultada pelas

---

1 Um grande testemunho da dialética da pena e espada foi dado por Jean Canavaggio (2005).

armas. Assim, distinguiu-se bem mais por seus trabalhos militares, que lhe conduziram ao topo dos negócios políticos, píncaro almejado pelos varões de nomeada (ibidem, p.98). Passava das palavras aos fatos sem rodeios, colorindo seus discursos à soldadesca com ações frequentemente vitoriosas. De passo em passo, o destemido guerreiro vencia os inimigos com as armas dos romanos, ao mesmo tempo que conquistava os romanos com o dinheiro dos inimigos. Seu virtuosismo fora de tal ordem que não eram homens e mulheres que entravam em correria com as guerras de César, mas cidades inteiras saiam de seu lugar em fuga, daí o "dilúvio de populações" que acorreram a Roma durante as guerras civis, anotou Plutarco.

No "Preâmbulo" de seu *Método* (1566), Jean Bodin informa que César derramara lágrimas quando, diante de uma estátua de Alexandre Magno – que avistara no sul da Espanha (na época desempenhava a função de questor romano) –, percebera não poder exibir conquistas dignas de reputação. Nas palavras de Plutarco – que certamente estão na base da reflexão de Bodin via tradução das *Vidas paralelas*, por Amyot –, César respondera a seus amigos quando indagado sobre seu abatimento súbito ao ler, num dia de folga, a história da vida do grande macedônio: "Não vos parece justo motivo de dor que Alexandre, na idade em que eu estou, já tivesse conquistado tantos países, ao passo que eu nada ainda fiz de memorável?" (ibidem, p.105).

Dos inigualáveis portentos de Alexandre, e de sua vontade de ir sempre além, conta Castiglione (1997, p.34) que ainda bem jovem ele havia chorado ao ouvir um filósofo especular sobre a existência de infinitos mundos, porque até então não lograra a conquista de nenhum deles. De acordo com Jean Bodin, o príncipe Selim da Turquia era leitor atento das narrativas de César e, imitando seu herói romano, em pouco tempo abocanhou uma grande porção da Ásia Menor, além de partes da África. E o que dizer daquele que fora sempre o maior entre os incomparáveis, o primeiro entre todos os heróis, Alexandre da Macedônia?! Ele despertara para suas conquistas por meio da narrativa dos portentos de Aquiles na *Ilíada*. Ali Alexandre percebera o modelo perfeito do general que desejaria ser. Dos tempos mais próximos a si mesmo, Bodin (1969, p.13) saca o exemplo de um vulto que ensombreceu todos os seus contemporâneos: Carlos v. Lendo as *Memórias*, da autoria de Philippe de Commynes (1447-1511), entre os príncipes modelares da história europeia Carlos v descobrira Luís xi da França, exemplo a inspirar suas próprias ações.

Não há como negar: as narrativas históricas importavam muito aos grandes homens, sobretudo como fontes de lições para realizar conquistas e promover o bom governo, sedimentando assim o terreno para instalar-se na galeria dos personagens dignos de memória. Por isso mesmo o historiador seiscentista Luis Cabrera de Córdoba, em sua extensa *Historia de Felipe ii*, esforçou-se por embelezar as façanhas de seu herói régio. Escrevendo para Felipe iii (1619 é a data do primeiro dos cinco volumes de sua obra), neto de *el-rey Perfecto*, Cabrera de Córdoba (1876) estampou algumas lições acerca das "excelências da virtude e preceitos da vida na paz e na guerra" adotados pelo grande monarca espanhol. Tudo segundo a sábia conduta do príncipe, "que fez coisas admiráveis sempre atento à grandeza e à prudência". Ao historiador da monarquia caberia a tarefa de fazer a história grandiosa de Felipe ii trabalhar como fonte de sabedoria para a vida, para exemplo de seu sucessor.

De maneira semelhante a Bodin e a Cabrera de Córdoba procedeu, tempos depois, o clérigo setecentista Mably. Em seu *De l'étude de l'histoire*, obra dos finais do século xviii (mais exatamente do ano de 1794), ele dava lições ao príncipe de Parma, ensinamentos estes voltados para esclarecê-lo quanto a procedimentos úteis acerca da validade intemporal das leis, dos costumes, dos vícios, das virtudes, enfim, de todas as tradições humanas concebidas como eternas fontes geradoras dos mesmos efeitos. Vejamos um trecho de sua preceptiva no capítulo primeiro justamente intitulado "Que a história deve ser uma escola de moral e de política". Aqui se aplicam algumas reflexões típicas dos preceptores régios, sempre empenhadas em moralizar a vocação magisterial da história. Nas palavras de Mably (1794-1795a), "De que interessa conhecer os erros de nossos pais se eles não servirem para tornar-nos mais sábios? [...] A história deve ser durante toda a sua vida a escola onde serás instruído acerca de vossos deveres".[2]

Isso soa perfeitamente natural na narrativa já fim de século do escritor setecentista, porque os princípios morais seriam fixos em todas as idades, uma sabedoria a ser apropriada com serventia à luz das necessidades do príncipe para a realização de um governo justo e estável e em

---

2 Ver também Mably (1794-1795b). A história como "espelho de virtudes e vícios" é apresentada por Koselleck (2013, p.120) em autores alemães setecentistas, o que autoriza crer na persistente universalidade do gênero em meio à sua própria crise.

perfeita conformidade com o perfil de um soberano regrado em virtudes elevadas. Sendo assim, qualquer ação política estaria assegurada em seu êxito projetado, bastando aprender com os exemplos das coisas passadas. A principal conclusão das lições de Mably a seu aluno: ao príncipe caberia descobrir na história os princípios eternos que regem a política. Estudando a história, a política perderia para ele todos os seus mistérios, passando a constituir um campo de ações previsíveis e controláveis. Mas como lograr êxito em tal empresa? Mably respondia com a presteza de arguto leitor de história: aprendendo com os *exempla* de figuras emblemáticas em valor pessoal, o que, aliás, já compunha o plano temático de Maquiavel, de Bodin e de outros autores modernos que lhe precederam no tradicional ofício de conceber a história como reservatório de lições para a boa gestão dos projetos dos homens de vulto.

De novo em cena os feitos de notáveis dos quais Plutarco, o reconhecido narrador das virtudes e vícios, deixou vasta galeria em suas biografias intituladas ora *Vidas paralelas* ora *Vidas dos homens ilustres*, e que os autores modernos não perdiam de vista.

> Devemos ao período renascentista, a eclosão de um verdadeiro furor por Plutarco, com o aparecimento de sua obra completa. Os governantes da época fazem dele seu preceptor, seu guia em matéria de conduta no âmbito das responsabilidades políticas. [...] É lido como um contemporâneo pelos homens da Renascença, um companheiro, um exemplo a seguir. (Dosse, 2009, p.126)

As célebres *Vidas* plutarquianas, considera François Hartog, moldaram tanto os modos de escrever como ainda delinearam as formas de utilização da história na vida social, e isso por um período de vários séculos. O valor atribuído à história plutarquiana condensava-se em sua capacidade formativa dos príncipes cristãos, sem deixar de estender seus contornos éticos a outros homens de importância. Assim, conclui Hartog a partir das lições do autor setecentista Rollin em seu *Traité des études*: pela nobre função cumprida, estudar as lições de história consignadas por autores pagãos como Cícero e Plutarco não é apenas permitido, fazendo-se de grande utilidade o seu aprendizado (Hartog, 1988, p.198).

A sistemática plutarquiana de contrastar dois personagens ilustres de épocas e regiões distintas dera ensejo à controvérsia de ter sido ou não Plutarco o real inventor do paralelo, ou "emparelhamento" ou "ajustamento", segundo os termos de Amyot. Os especialistas divergem um pouco sobre o tema, mas há quem se lembre de argumentar que o gênero da comparação era corrente nas escolas de retórica ao tempo do autor, constituindo-se em "exercício preparatório" (Flacelière, 1957, p.XIX). E nem mesmo o gênero biográfico lhe é conferido como criação original, ainda que no interior desta seara tenha realizado muito, constituindo os contornos de maior inovação na literatura grega da Antiguidade. Isócrates e Xenofonte figuram como predecessores inquestionáveis.

Curiosamente, tendo sido o infatigável autor de mais de meia centena de biografias, o célebre escriba de Queroneia não encontrou quem se dispusesse a retratá-lo, lembra Robert Flacelière (ibidem, p.XIX). Mas essa lacuna fora remediada por ele mesmo que, nas *Œuvres Morales* e nas *Vies*, fala de si com alguma frequência. O tradutor espanhol de Diógenes Laércio também parece lamentar-se de que praticamente nada se saiba da vida "de quem salvou para a memória as de tantos outros" varões insignes (Bredlow, 2010, p.18). Sem o odor da santidade e sem as condecorações heroicizantes dos feitos de armas, o gênero biográfico praticamente desapareceu no Ocidente, e isso desde o advento e afirmação do Cristianismo (Dosse, 2009).

Nas considerações de Gérard Walter, *Vidas paralelas* foi uma das primeiras obras-primas da literatura grega a serem traduzidas pela erudição do Renascimento, desde 1470, sob o mecenato dos Medici. Na França, nos meados do século XVI, a partir da célebre tradução de Jacques Amyot, as *Vidas paralelas* tornaram-se o "breviário" de toda uma sociedade, refere-se Walter (1951, p.XV). Em sua epístola introdutória – homenagem obrigada a Henrique II –, o próprio Amyot ([s.d.]b, p.19) expressou em que grau de relevo ele e sua geração tomavam a obra do autor grego, definindo-a como a "coleção abreviada" de todos os ditos e feitos memoráveis dos maiores reis, homens sábios e capitães que Grécia e Roma deram ao mundo, razão suficiente para não deixar de ser louvada como raro "utensílio de sapiência" pelas pessoas de bom discernimento.

Para se formar uma ideia do grau de influência da obra do autor antigo entre escritores do século XVI os especialistas lembram que, em seu livro *Ensaios*, Montaigne serve-se dele por cento e quarenta vezes. Rousseau, por sua vez, confessou que ele fora a primeira leitura de sua juventude, e a última de sua velhice. E não custa lembrar que, no campo dos estudos históricos, o Sábio de Queroneia ultrapassou em muito os limites da Época Moderna. Nos inícios do século XIX os varões de Plutarco faziam ainda muita autoridade: em 1819 fora defendida na Sorbonne uma tese de doutorado sobre o autor das *Vidas paralelas*. Tratava-se de um jovem destinado a um grande futuro. "O candidato tem questão", lembra Gérard Walter (1951, p.XXIII), "chamava-se Jules Michelet".[3] Plutarco estabelecera, de uma vez por todas, a consciência de que a ausência de grandes personagens na história obscurecia a razão de ser dos escritores. Se apagas os empreendedores das coisas dignas, disse ele, não terás objeto para compor a narrativa. Se não houvesse Péricles, Tucídides não existiria! De fato, essa influência foi marcante, e os historiadores modernos cobriram Plutarco de louvores. Em numerosas entronizações, eles o tomavam como um dos pontos referenciais uma vez que podiam extrair de seus textos o exemplo literário e o esquema dos eventos políticos, por meio dos homens empreendedores.

Como afirma Claude-Gilbert Dubois (1985, p.11), a história moderna fora inspirada pelos livros de Plutarco, sendo composta por toda ordem de grandezas: os grandes homens, os grandes acontecimentos, os grandes séculos; e tudo de modo a ressaltar modelos em perspectiva moralizante. E ainda que muito vinculada aos antigos e bastante limitada a um gênero de história política, lembra Wallace Ferguson, a inovadora expressão que os historiadores humanistas deram ao seu próprio presente, bem como ao passado, permanece demasiado significativa para que se admita ignorar tal perspectiva. Isso porque os historiadores humanistas miraram em três alvos novos perante as narrativas medievais precedentes, até então marcadas pela ação dirigente da Providência divina. Primeiramente, eles passaram a nutrir o gosto pela escrita, explorando todas as possibilidades que a estilística clássica poderia propiciar; havia também o relevo do conteúdo pragmático no exercício da arte histórica, pois dela brotavam em profusão os ensinamentos morais e políticos a seguir sob condições adversas; por fim, e tão importante quanto os dois critérios anteriores, a história era o gênero mais propício para a celebração das grandezas do passado e do próprio presente, fosse da cidade natal ou do Estado em que se vivia (Ferguson, 1950, p.14s).

Essas coordenadas sofreram um processo rápido e duradouro de naturalização, estendendo-se pelos séculos XVII e XVIII. Além do anteriormente

---

3 *"Le candidat en question s'appelait Jules Michelet."*

referido Mably, mas ainda no interior da tradição moderna da história como oficina geradora de lições, é possível destacar as reflexões de outro clérigo da república das letras na França absolutista, François Fénelon. Autor célebre por *As aventuras de Telêmaco, filho de Ulisses*, livro escrito na tradição "espelho de príncipes", a obra desagradou em cheio a Luís XIV, sobretudo pelo largo emprego de referências oblíquas apimentadas ao sensível paladar régio, como as que ensinavam a arte de bem governar como um contínuo aprendizado da paz e uma busca do amor dos governados. O jovem Telêmaco é um aprendiz de rei em suas deambulações pelas ilhas do Mediterrâneo à procura do pai que não conseguiu retornar a Ítaca ao término da guerra de Troia. Nesse livro, Luís XIV parece surgir em figurações do tirano Pigmaleão, o monarca da ilha de Tiro, em lições como as que demonstram que "Os reis que pensam apenas em ser temidos e em subjugar seus súditos são o flagelo da espécie humana" (Fénelon, 2006, p.20).

E prossegue Fénelon com o mesmo ímpeto em diversas passagens, como a do Livro Terceiro, na qual radicaliza na moralização política ao retratar os "desejos ferozes" dos governantes que, podendo fazer o bem, acabam por se distinguir como modelos de déspotas. "Parece o senhor de todos os demais homens", arremata Fénelon, "mas não é senhor de si mesmo, pois possui tantos senhores e carrascos quanto são os seus desejos violentos" (ibidem, p.35). A rigor, em suas reflexões intituladas "Projet d'un traité sur l'histoire", percebe-se também o quanto suas considerações – na qualidade de preceptor do duque de Borgonha – carregavam em preceitos de ordem moral e pedagógica. Segundo ele, se um homem esclarecido se dedicasse a escrever sobre as regras da história, poderia acrescentar exemplos de virtude aos preceitos morais; poderia, inclusive, julgar os historiadores de todos os séculos. Assim sendo, seria levado a perceber que um excelente historiador é talvez ainda mais raro do que um grande poeta, como também observará, tempos depois, o alemão Gervinus. Mas, se de fato existem poucos historiadores que sejam isentos de defeitos, isso não deveria desencorajar a escrita da história, afirma Fénelon em seu plano. Os exemplos na história dos povos e dos sistemas políticos também não poderiam faltar numa narrativa histórica de real proveito, conforme se pode perceber no seguinte trecho de exortação do moralista francês: "A história é, contudo, muito importante: é ela que nos revela os grandes exemplos, que exibe os vícios dos maus para que os bons os conheçam, que explica as origens e que ensina por qual via os povos passaram de uma forma de governo a outra" (Fénelon, 1897, p.79).[4]

De modo recorrente, e isso na pedagogia régia de Mably, no tratado de virtudes políticas e máximas prudenciais de Fénelon, como em muitos outros textos da Época Moderna, a presença das preceptivas de matriz clássica sempre soa como referência maior. E não somente pelo conteúdo político das experiências (note-se que quase sempre há a excelsa presença de um vulto da política em processo de formação intelectual e de caráter), mas ainda pelo pragmatismo das ações necessárias, ações a serem desencadeadas por parte daqueles a quem couber a responsabilidade da governação. Por meio de Maquiavel, de Bodin, de Fénelon, de Voltaire, de Mably e de muitos outros autores modernos, nota-se como os efeitos de exemplaridade dos eventos dirigidos por alguns próceres do passado preenchiam o núcleo da narrativa histórica.

Os acontecimentos descritos por narrativas à *Historia magistra vitae* destinavam-se a ser incorporados como aspectos de sabedoria, com o fito de gerar as atitudes recomendáveis e efetivar um programa eficaz de ação para a vida. Assim procedeu Luis Cabrera de Córdoba (1948, p.47), ao comparar a história com a ciência médica. Segundo ele a medicina aponta o que é salutar para que se possa fazer o melhor emprego quanto à cura; aponta também o que é venenoso, para que dele se possa fugir. Já a história mostra os efeitos que a natureza do bem e do mal pode produzir. As posteridades extrairiam dos grandes episódios do passado as lições referenciais, devendo para isso encontrar as formas adequadas de sua utilização. Ora, um dos fundamentos da história mestra da vida é a concepção de uma natureza humana previsível haja vista ser dotada de traços permanentes. A natureza humana seria semelhante em qualquer parte e em todas as épocas. Por isso mesmo a história tornara-se o gênero narrativo destinado a ser "testemunha dos tempos" e "mensageira do passado", segundo as expressões imortalizadas por Cícero no livro

---

4 "*L'histoire est néanmoins très importante: c'est elle qui nous montre les grands exemples, qui fait servir les vices mêmes des méchants à l'instruction des bons, qui débrouille les origines, et qui explique par quel chemin les peuples ont passé d'une forme de gouvernement à une autre*". Sobre o pensamento político de Fénelon e seus fundamentos de exemplaridade, é de grande proveito o estudo de Tarcilla Couto de Brito (2013).

segundo de *Do Orador*.[5] Com a passagem do tempo os homens alternam-se e as gerações se sucedem posto que são mortais, mas não a essência da história. Os regimes políticos e as formas de governo também podem experimentar erosões, mas de uma forma ou de outra serão restaurados após percorrerem as etapas naturais de seus ciclos.

Em padrão constante, o discurso histórico desdobrava-se em incensar vidas veneráveis, alçando-as a uma condição mais vasta do que a sua dimensão real. E os homens ilustres sempre foram sensíveis ao coro de louvores acerca de si. Como lembra Jacob Burckhardt (1983), a busca por uma reputação capaz de resistir ao tempo foi um traço recorrente na Antiguidade greco-romana. No ano 350 a.C. Heróstrato incendiou uma das sete maravilhas do mundo: o templo de Artemis, na cidade de Éfeso. O propósito que o moveu? Imortalizar seu nome com um gesto significativo, algo grande que o instalasse para sempre na recordação. Nos primórdios da cultura humanista, sobretudo no século XIV, com o florentino Petrarca e o seu *De viris illustribus*, este anseio por reconhecimento sofreu algumas remodelações e atualizações significativas.[6]

O elemento de continuidade foi que os homens persistiam sendo movidos pela expectativa de notoriedade e desejavam sobreviver ao tempo em que nasceram, confiando aos feitos e às palavras a que deram curso uma admissão na memória, para muito além do simples trânsito de uma vida efêmera. No limite, eles buscavam a imortalidade, que julgavam alcançável tanto aos que protagonizassem feitos marcantes quanto aos que os narrassem com proeminências épicas.[7] Numa cena de *Júlio César*, Shakespeare (2006, p.312) descreveu o anseio universal por imortalidade no diálogo de Brutus e Cassius. Movidos pelo fervor cívico à República, ambos participaram das punhaladas fatais desferidas contra César. À primeira vista, um assassinato brutal. Mas aquela ação sangrenta desencadeada por intensa virtude republicana teria o condão de livrar Roma da tirania. Banhados no sangue daquele que caíra nas graças do povo por seus feitos memoráveis, e já a caminho do mercado

---

5 Citado por François Hartog (1999, p.181).

6 Uma esclarecedora análise sobre "o caminho da glorificação mundana" dos humanistas, que dialoga criticamente com as reflexões de Burckhardt, foi desenvolvida por Silvia Patuzzi (2002, p.95ss).

7 De um ponto de vista filosófico bastante crítico, o conceito de glória foi desenvolvido por Thomas Hobbes (2010, p.35s).

para explicar à multidão a excelência do ato interposto à ascensão de um ditador, Brutus e Cassius refletem acerca da repercussão da própria coragem na memória dos séculos: em futuro distante, considerou Cassius, aquelas adagas vingadoras de uma usurpação haveriam de ser lembradas e celebradas em representações teatrais por povos e línguas que ainda estavam por vir a este mundo.

Quanto à palavra como o instrumento que abriria o caminho da imortalidade Homero é prova consistente de que os homens ilustres sempre tiveram a sua imagem futura ligada à eloquência dos que manejam a pena. Em *Os seis livros da república* Jean Bodin testemunha com alguns exemplos o esforço dos príncipes pela continuidade de sua memória. Os livros seriam esse instrumento perpetuador das marcas da realeza, por ele confundidas com o exercício virtuoso do poder político. Bodin endossa seus argumentos com os exemplos de governantes como Demétrio, que promoveu o bem a seus súditos pelo cálculo de uma reputação premeditada, almejando assim ser honrado em seus futuros escritos. Demétrio tinha convicção, argumenta Jean Bodin (2011, v.I, p.53), "que a cidade de Atenas era como um farol da Terra inteira, o qual imediatamente faria reluzir pelo mundo todo a glória dos seus feitos, como um fogareiro que arde no topo de uma torre alta".

Mas nem sempre há premeditação nos empreendimentos voltados à consolidação da própria glória, considerou o escritor quinhentista. Isso porque há monarcas que nunca se entregam aos vícios e às vilanias típicos de seu espinhoso ofício. Cantado em laudas e loas em vida, depois de sua morte Demétrio foi espezinhado pelos escribas, por ter perdido o prumo nas relações tecidas com seus governados. Exemplo contrário dera Ciro, cuja memória extenuou as penas de escritores como Xenofonte, que muito se empenharam em amplificar aos pontos mais extremos o valor de um príncipe que seria como uma máquina modeladora de governantes virtuosos, pela eficaz tutela de seu Estado, pela honrosa defesa de seus apoiadores (ibidem, p.54).

Ainda que não se desconsidere a relevância de pintores, de escultores e de outros artistas na empresa de perpetuação dos vultos emblemáticos através dos tempos – conforme acentua André Chastel (1991) –, a retórica atuou com maior grau de eficácia na gestão da glória dos *viris illustribus*. A corrida em busca de glória e sua constante valorização torna-se compreensível, pois esta chave de transferência de alto prestígio traduzia-se no reconhecimento de uma nomeada universal, pelo decorrer das gerações. Como observou Ragnhild Hatton (1971, p.231), a glória está acima do louvor e dele se distingue, posto que este é uma forma de reconhecimento reduzida a um pequeno círculo, no que também gera apenas efeitos de pouca duração. Célebre quanto a isso foi a exclamação de Alexandre, por ter Aquiles encontrado um talentosíssimo escriba como caixa de ressonância de seus merecimentos: "Ó afortunado mancebo que tivestes um Homero por pregoeiro do teu valor!" (Cícero, 1961, p.95).[8] Mas de tal sentença houve quem extraísse consequências um tanto distintas, porque na questão estava implicado um tema sempre central: o do prestígio das letras e das armas no processo de formação do varão insigne.

A interpretação que fez Baldassare Castiglione acerca do assunto acresce a temática de alguns pontos de complexidade. Segundo a sabedoria comum, Alexandre teria invejado o herói de Troia não propriamente pelos feitos de armas que empreendera ao longo de sua existência heroica, preferindo ressaltar a bela narrativa que das mesmas façanhas fizera o autor antigo. Essa apreciação dera a entender que Alexandre apreciava as letras, à frente dos instrumentos de seu próprio ofício. O fato de Alexandre invejar Aquiles pelos eloquentíssimos elogios de Homero pode dar a entender o seu amor maior pelas letras, como de fato Cícero levara a crer, no que arrastara a convicção da maioria. E assim realmente poderia ter sido se Alexandre não estivesse convicto de que os seus próprios méritos ombreavam ou mesmo ensombreciam os do grande Aquiles. O problema de Alexandre era bem outro, refere-se Castiglione pela boca de um dos personagens dos quatro famosos colóquios no palácio de Urbino: a sua convicção ancorava-se no fato de que seus próprios escribas eram pulgas desnutridas diante da excelência literária de Homero, não se contando dentre eles alguém capaz de apregoar o louvor de si. Alexandre desejou outro "milagre da natureza para que fosse a gloriosa trombeta de suas obras" (Castiglione, 1997, p.71). Eis o objeto oculto a ocupar o fundo da antiga questão: o desejo de ter a seu serviço "a suprema excelência de um escritor", virtuosismo este que lhe perpetuasse a imagem através dos tempos. Afora o tema político, aproveita-se o autor de tal crítica para desmistificar outra crença enraizada na tradição humanista, que dava como certa a superioridade literária

---

8 Sobre essa sentença do antigo orador, ver Luis Cabrera de Córdoba (1948, p.32).

dos antigos sobre os modernos. Negando o que parecia ser a própria evidência, Castiglione (ibidem, p.83) avalia que, se verdadeiramente os homens do passado fossem mais valorosos, "como se o mundo sempre piorasse", há muito que se teria ultrapassado os limites da capacidade de deterioração.

OUTRO CONCEITO DE HEROÍSMO

A administração da glória dos homens eminentes foi uma atividade que teve vida longa nos séculos do Antigo Regime. Mas o seu desfecho foi de notável rapidez quando se leva em consideração a sua longevidade milenar. O advento de fenômenos como o capitalismo e o liberalismo giraram as travas de segurança que guardaram uma tradição fundada na teoria da imobilidade das coisas. O grande Michelet seria testemunha da nova mobilidade do mundo. Ele, que nascera nos últimos anos da grande Revolução, assistira no curso de sua vida a várias outras revoluções sociais de vulto. Todas elas, com os seus pesos relativos, também contribuiriam para alterar as antigas fisionomias de uma França por séculos fechada em suas mitologias aristocráticas, imersa em tradições anacrônicas baseadas nos tempos remotos de suas origens santificadas.

Aos olhos de Michelet – bem como aos de outros observadores do cenário francês na quadra das revoluções liberais que varreram a Europa no século XIX –, as tradições imemoriais cultivadas em passado ainda recente, e com vínculos nostálgicos também no presente, foram engolfadas por uma sequência de mudanças que, de tão recorrentes, fizeram descrer na permanência como a regra maior do tempo histórico. A história finalmente deixara de ser uma superfície uniforme. Pesadas bem as coisas, assemelhava-se muito mais a uma estrada irregular e continuamente interrompida por séries imprevistas de intersecções. Tais alterações, ocorridas primeiramente no plano das instituições políticas por força dos movimentos revolucionários, aguçaram a percepção dos primeiros historiadores liberais oitocentistas. A ampliação do campo de visão acerca do passado mostrou que a imobilidade da história fora apenas aparente, e que isso se devia muito à influência persuasiva dos discursos conservadores dominantes. "Contra a versão monárquica da história", escreve Sabina Loriga (2011, p.35), "Jules Michelet prega o heroísmo coletivo". Até então, os grandes homens foram em verdade pigmeus fraudadores atuando sobre o "bom gigante", a massa anônima que conduz a história.

Em uma posteridade imediata, a da primeira geração pós-Antigo Regime, a cadeia de eventos aberta pela Revolução Francesa – este limiar sangrento de guinada histórica mundial, esta "alquimia selvagem", segundo Carlyle – levou à concepção de novos pontos de vista sobre o passado. Como dissera Chateaubriand (apud Delacroix; Dosse; Garcia, 2012, p.27), o novo mundo erguido da Revolução de 1789 prestou-se aos historiadores como uma "escola retificada", que os alertou para a necessidade de novos modos de avaliar o passado. As revoluções sociais oitocentistas – réplicas reiteradas dos grandes eventos ocorridos na Inglaterra, nas Treze Colônias e na França, nas quais tomaram parte determinante as multidões – abalaram a velha concepção da unidade dos tempos. A sucessão desses movimentos substituiu um tanto bruscamente o objeto norteador das narrativas históricas antigas. A doutrina dos homens ilustres sofreu um desgaste severo, a ponto de sua desestabilização torná-la, doravante, cada vez mais um elemento residual na literatura histórica.

O tema da exemplaridade da história ainda era tomado na Alemanha da segunda metade do século XVIII, mas de uma maneira ritualística, reflete François Hartog (1988, p.198), já claramente marcado pela escassez de sentido. A nova ideia liberadora, e que fez com que essa antiga concepção se descolasse das formas de renovação do pensamento histórico, foi o princípio de relativização dos grandes vultos do passado. De fato, eles tiveram o seu relevo. Mas essas vidas heroicas foram bem menos decisivas do que uma tradição narrativa longamente repisada fizera acreditar. Em verdade, os homens ilustres do passado foram apenas singularidades-síntese de um tempo e de um povo. Se eles existiram no passado, foi porque se tornaram a expressão dos anseios de uma comunidade política, que os assistiu com os recursos necessários à sua grandeza, argumentaram os historiadores oitocentistas (para, diga-se de passagem, o inconformismo de Carlyle).

Como bem observara o filósofo russo Plekhânov, em seu ensaio intitulado "O papel do indivíduo na história", a figura do grande homem do passado fora justamente grande quando enquadrada pelas lentes de antigos entusiastas do indivíduo, não por uma presumida capacidade individual de imprimir uma marca a eventos importantes, ao ponto de sobrepor-se a eles. O personagem importante parece ter sido grande pela qualidade de suas intervenções em acontecimentos de cujo curso ele alcançara uma apreensão superior de sentido em face de seus contemporâneos. Porém, essas figuras "iniciadoras" (*beginners*) – que Plekhânov reconheceu como os heróis concebidos por Carlyle – de modo algum exerceram superpoderes como, por exemplo, o de orientarem o curso da história.

Em verdade, afirma Plekhânov (1980, p.110), o outrora incensado protagonismo do grande homem não se estenderia além de algumas ações para solucionar problemas pontuais, o que certamente não faria destas ações forças suficientemente determinantes do curso natural das coisas. Ao entrar em cena como uma energia capaz de liberar as barreiras impostas pelas sombras dos antepassados as multidões passaram a desempenhar o antigo protagonismo creditado aos heróis individuais. Doravante, elas assumirão os louros de um heroísmo coletivo, dignidade legítima que até então lhes fora usurpada pelos que, narrando a história, enxergaram apenas portadores individuais de cartas de nobreza. Essa nova condição das massas foi amplificada pelo movimento romântico, sobretudo ao longo da primeira metade do século XIX.

Esses seriam, então, os derradeiros suspiros dos homens ilustres, pisoteados em novo cenário histórico por homens em tamanho natural, agora alçados à condição de legítimos porta-vozes dos anseios nacionalistas emergentes? Fato é que o aparecimento do povo na cena historiográfica oitocentista, e a sua disposição em trafegar na contracorrente dos valores aristocráticos, deixou evidente aos historiadores que o mundo nunca estivera imóvel, nem mesmo nos passados mais distantes; que em todos os tempos as sociedades sofreram perturbações diversas, e que apenas as condições do presente proporcionaram a eles esta nova percepção. Ao entrar na política e tomar parte na definição dos projetos de nação as multidões decretaram o fim de legitimidades nobiliárquicas fundadas no exclusivo critério da tradição.

Historiadores como Augustin Thierry demonstraram a falta de propósito de se arrogar direitos consagrados pelo tempo. Ele foi mais fundo no trabalho de desconstrução do espírito fidalgo ao revelar a seus leitores o legítimo critério da justa antiguidade, a residir verdadeiramente nos homens comuns, porque na história não há nada mais antigo do que o povo, o único e verdadeiro construtor da grandeza e glória de uma nação. Assim, aparece no discurso histórico o legítimo herói, apresentado não mais por realizações épicas, mas pelo esforço disciplinado de sol a sol. Como bem notara Plekhânov (1980, p.23s), em sua conferência datada de 1901 ("Da filosofia da história"),

> A história do povo judeu, por exemplo, era para Holbach obra de um só homem, Moisés, que formou o caráter dos judeus e que lhes deu sua constituição social, bem como sua religião. Cada povo, acrescenta Holbach, teve seu Moisés. A filosofia histórica do século XVIII só conhecia o indivíduo, os grandes homens. A massa, o povo como tal não existia para ela. A filosofia da história de Augustin Thierry é, deste ponto de vista, justamente o contrário do que era a do século XVIII. [...] Em lugar de se ocupar dos feitos e façanhas dos grandes homens, os historiadores quiseram desde então ocupar-se da história dos povos.

O fanatismo patriótico do povo, facilmente distinguível ao longo da história, fora uma força bem mais decisiva do que as artes guerreiras dos reis e da nobreza, ecoaram alguns contemporâneos de Thierry. Sob esse novo ritmo do discurso histórico liberal, que se insinua a partir dos primeiros decênios do século XIX, a toada aristocrática dos direitos fundados na antiguidade de castas e o culto à potência dos varões supremos sofreu anulações importantes. Em poucas décadas seria desfeita a complexa teia dos costumes centenários então venerados nos textos dos historiadores. Moldadas pelas bruscas transformações sociais a ocorrer em escala de tempo cada vez mais apertada, as novas formas de percepção do passado histórico contrastaram o valor dos velhos e bons costumes, as velhas e cômodas mitologias ainda celebradas por escritores como Thomas Carlyle.

Se os tempos mudam com demasiada frequência, é justamente este fluxo contínuo a corrente renovadora da história. Em seu movimento o fluir do tempo carrega os germes das transformações necessárias aos povos. Esse fluxo dinâmico possui a virtude de atenuar, ou mesmo de abolir, as regras inadequadas de um mundo envelhecido a clamar por mudanças e aperfeiçoamentos. A força das tradições perdera o essencial de sua vitalidade. Algumas novidades passaram a conferir um valor maior a tudo que pudesse ser aferido como conquistas coletivas. Chegara a um término mais definitivo o mundo dos passadistas, que de algum modo ainda sonhavam com a restauração de velhas instituições, como a monarquia de direito divino e as entidades que atuam na Terra como legados de Deus. Descontente com uma época que apagara os grandes homens da história, e que interrompera bruscamente o culto dos heróis, o historiador escocês Carlyle (1963, p.19) entoava o seu lamento nos fins dos anos 1830:

> Mostrai aos nossos críticos um grande homem, um Lutero por exemplo, e eles começam por aquilo que eles chamam explicá-lo; não para venerá-lo, mas para tomar-lhe as dimensões, e reduzi-lo a uma pequena espécie de homem! Ele foi a 'criatura do tempo', dizem eles; o tempo foi quem o chamou, o tempo fez tudo, ele nada. [...] Foi o tempo quem o chamou? Ah, nós temos sabido de tempos que *chamam* bastante alto pelos grandes homens; mas sem os encontrarem quando os chamam!

No século de Michelet, a ideia de progresso, que já circulara de modo bem vigoroso na cultura histórica do século XVIII, recebeu a dignidade de doutrina libertadora da humanidade. Vestida por Comte com as galas insinuantes da nova religiosidade secular, substitutivo apropriado à idade do cientificismo, a doutrina do progresso viera demonstrar que a humanidade alcançara um ponto culminante na história. A nova percepção de que um mundo social móvel e em contínuos deslocamentos era qualitativamente muito superior à realidade estática à l'*Ancien Régime* deveu-se às evidências numerosas situadas na superfície da própria realidade: as transformações agudas vividas pelas sociedades industriais europeias, apesar de alguns efeitos colaterais do progresso, mostraram que elas haviam trilhado o sentido mais favorável ao seu aperfeiçoamento. O comtismo enxertou a cultura histórica liberal oitocentista de otimismo, mesmo que alguns dos principais historiadores do século XIX não tenham estabelecido relações diretas com a nova crença.

De todo modo, fora desfeita e superada pelo discurso histórico a memória saudosa de um passado pleno de tradições sagradas. Daí em diante algumas delas seriam redefinidas e até combatidas, por se constituírem em barreiras à presumível perfectibilidade do gênero humano, porque o mundo já dera provas de mudar constantemente sempre no sentido de superações. Encarar a realidade histórico-social com as lentes do progresso era como ampliar o campo de análise para uma avaliação séria das circunstâncias do presente e, assim, ter chances de encontrar os instrumentos adequados para avançar. Por algum tempo na cultura histórica ocidental a fórmula geral e abstrata do progressismo tornou-se a ortodoxia dominante. Na expressão de Ernst Cassirer (1944), a descoberta do sentido da história se assemelhou a uma espécie de fatalismo, um drama monótono que converteu a experiência dos homens no tempo em uma sequência fixa de três ou cinco atos. De um mundo onde até então reinara a crença no curso natural dos sucessos como expressão de uma Providência sempre atenta e reguladora – mundo no qual alterações artificiais eram fontes de intenso pavor de que provocassem abalos no curso natural das coisas –, a ideia do progresso lançou a humanidade num campo de possibilidades praticamente infinitas (Nisbet, 1985).

A título de breve fruição do leitor, aqui me ocorre uma passagem que, certamente, está muito distante dos livros de história, mas que nem por isso perde a pertinência nesta altura do texto, pela simples razão de refletir o que é, hoje, a concepção média da anteriormente consagrada figura do grande homem. Essa concepção vem das incomparáveis quadras de Manoel de Barros (2010, p.71), ao refletir sobre a figura clássica do cavaleiro:

> Estranhei muito quando, mais tarde, precisei de morar na cidade. Na cidade, um dia, contei para minha mãe que vira na praça um homem montado no cavalo de pedra a mostrar uma faca comprida para o alto. Minha mãe corrigiu que não era uma faca, era uma espada. E que o homem era um herói da nossa história. Claro que eu não tinha educação de cidade para saber que herói era um homem sentado num cavalo de pedra. Eles eram pessoas antigas da história que algum dia defenderam a nossa Pátria. Para mim aqueles homens em cima da pedra eram sucata.

Realmente, estamos a muitas léguas do fascínio renascentista por Plutarco e seus valorosos capitães, apesar das reticências quanto ao tema dos atos de heroísmo vindas da parte de homens de saber como Montaigne, que impôs algumas restrições de vulto ao ideal de busca por renome e fama nos campos de batalha.

5
CRISE E RUÍNA DE UMA TRADIÇÃO

Alguns dos autores modernos mais confiantes na vocação de exemplaridade da história conseguiram perceber indícios de alterações e transformações ocorridas no tempo, particularmente quando distinguiam os traços delineadores de uma grande época na história humana, aqueles oásis de incomparável vitalidade, como foram Atenas e Roma no mundo antigo, Florença e França na Modernidade. Exemplos excelentes de tal percepção foram historiadores como Maquiavel e Voltaire, que glamourizaram a experiência republicana de Roma e o Século de Luís XIV. Para utilizar um conceito de Montesquieu, a presença de homens célebres numa dessas idades de ouro – Péricles, César, Lorenzo e Luís XIV – atuara como a "mola" do surgimento de uma nova fase na história. Dos elementos de destacada evidência nas narrativas históricas modernas surgia recorrentemente o propósito de transmitir, aos contemporâneos e pósteros, a memória dos feitos passados.

Nessa intenção de perpetuar o conhecimento das atitudes memoráveis dos homens ilustres, e até as conquistas das grandes nações, infiltrava-se nos textos o espírito de rivalidade, pois se tratava comumente de ombrear, ou até ultrapassar em honras e merecimentos, os sucessos precedentes. O desejo de assemelhar-se a modelos notáveis pela imitação dos exemplos que deixaram à posteridade possuía uma evidente natureza competitiva. E não poderia ser distinto disso, pois a leitura da história estava orientada a selecionar ações que se mostrassem elevadas no plano das virtudes, admirando-se os leitores de qualidades quanto à força e justiça, coragem e prudência, generosidade e moderação de seus modelos. O humanista francês Jacques Amyot ([s.d.]a, p.25) recomendava os livros de história como fonte de iluminação do juízo e conselho para a ação previdente nas passagens mais complexas da vida, para se julgar ao certo negócios emaranhados e de difícil solução. A leitura da história soava-lhe como escola de prudência, como

> [...] advertência, para se moderar em prosperidade; e reconforto, para se repor e sustentar na adversidade. E assim o faz com mais graça, eficácia e destreza que os livros de filosofia moral, visto que os exemplos são mais aptos para comover e ensinar do que os argumentos e as provas arrazoadas [...].

Os aspectos de grandeza de personagens históricos como reis, generais, oradores, artistas, mártires e outras notoriedades inspiravam a descoberta de similitudes entre vultos passados e presentes, a serem niveladas pelo alto. Em tais confrontos de dignidade, parecer inferior em méritos era sempre difícil de aceitar, mormente por parte daqueles que podiam tirar maior proveito das lições do passado, conforme as demonstrações de sabedoria fundada em textos da Antiguidade. A leitura da história era um dispositivo estratégico para os homens ilustres, e ainda mais para aqueles primazes da política que, por vezes, experimentavam distúrbios melancólicos ou outras perturbações do espírito. Reconhecidamente, a história era terapia autopromotora para mentes régias acabrunhadas pelas intempéries da política. Talvez por isso seja apropriado recuperar o relato do escritor seiscentista Robert Burton (2011, v.III, p.125), ao considerar que "Fernando e Alfonso, reis de Aragão e da Sicília, foram ambos curados pela leitura da história, um pela de Cúrcio, outro pela de Tito Lívio, quando já nenhuma medicina prescrita lhes surtia efeito".

Confrontados aos infortúnios de seu ofício, os grandes homens encontravam nos livros de história as inspirações que os faziam recobrar o ânimo. Jacques Amyot ([s.d.]a, p.35s) espichou essa anedota contada posteriormente por Burton, ao lembrar que, desistindo o rei Alfonso de fazer uso de inúteis medicinas, decidiu que seus secretários lessem

CRISE E RUÍNA DE UMA TRADIÇÃO | **101**

para ele os feitos de Alexandre (*De rebus gestis Alexandri Magni*). E o prazer gerado nessa atividade recreativa foi de tal monta que Alfonso conseguiu superar a doença. Vendo-se curado, demitiu seus médicos, ralhando-lhes para que não mais fizessem de seu corpo algazarra para a sapiência ineficaz de Hipócrates e de Galeno, no que ainda saudou a Quinto Cúrcio, um real e competente curandeiro. Moral a ser extraída da lição régia: nenhuma medicina é mais soberana que a leitura dos feitos de varões destemidos. Como observou também aquele que ficou consagrado como o fundador do moderno conceito de homem, as vozes do passado confortam na solidão; os bons livros possuem poder curativo e libertam seus leitores de moléstias graves (Petrarca, 2001, p.225).

Da propriedade singular da história, a de ser matéria reutilizável para finalidades múltiplas, resultou a ideia da unidade dos tempos históricos. Assim, não se concebia o tempo histórico por meio da diferenciação de sociedades, mesmo que separadas por lapsos temporais consideráveis. Desde ao menos o século XVI, assentara-se na cultura humanista a percepção de ser o tempo histórico um tecido formado por amarrações e costuras diversas. Naquelas alturas, percebeu-se que a passagem do tempo era um fluxo capaz de promover alterações sensíveis no plano da cultura, das instituições sociais e do aprimoramento técnico. Então, diante da emergência de tantos fenômenos jamais vistos, alguns detentores de notória novidade, como a descoberta do Novo Mundo e o advento da Reforma, o *topos* história mestra da vida já não poderia seguir como uma referência incontestável, apesar de se manter como gênero hegemônico de narrativa histórica.

A força destrutiva de ineditismos constantemente replicados na realidade introduziu uma nota destoante no universo até então confortável dos analistas do fluxo da história. Os descobrimentos e a efetiva ocupação territorial da América, já dizia Fueter nos inícios do século XX, forçaram os historiadores modernos a encarar os problemas de uma história geral para os quais a tradição clássica mostrava-se desaparelhada. Coisas nunca vistas, e agora julgadas com o espanto dos que foram impactados pela sensação de confrontar-se com maravilhas, eram de muito difícil expressão por escrito, diz Stephen Greenblatt. As autoridades antigas nada haviam deixado, em termos de relatos comparáveis. E a experiência sensorial dos modernos europeus pelo Novo Mundo traduzia bem mal realidades tão inusitadas. Aqueles que as presenciaram *in loco*, delas pouco ou nada entenderam. O que dizer então das dificuldades em transpô-las na forma de textos para a apreciação de seus compatriotas?

Houve muita dificuldade em distinguir entre o extraordinário assombroso e o real corriqueiro nesses relatos sobrecarregados de imperialismo cristão. Os costumes dos ameríndios foram sempre tomados como a expressão cristalina de localismos bizarros, traço da miopia de uma cultura agressiva e incapacitada para distinguir fundamentos de alteridade. Com efeito, os europeus não lograram compreender as estranhezas da América. A centralidade de sua cultura interpunha barreiras a todas as novas espécies de barbarismos encontrados. O exotismo de alguns fenômenos naturais e o desconcerto causado por certas práticas sociais produziam ondas de estupefação. A compreensão das diferenças culturais foi obstruída, de tal forma a incapacitar a própria expressão narrativa dos fenômenos observados (Greenblatt, 1996, p.39ss).

As normas retóricas cultuadas ao longo da Renascença também atuaram como pontos de estrangulamento nas narrativas do tempo, aspecto também observado por Greenblatt (ibidem, p.159ss). Analisando os desníveis discursivos e, por acréscimo, as diferenças culturais detectadas entre europeus e nativos da América nos primeiros tempos da ocupação, Greenblatt avalia que "Antes de Colombo nada houvera de comparável à absoluta ruptura provocada pela travessia oceânica excepcionalmente longa, ruptura que suprimiu o processo de aclimatação, os gradativos sinais de distanciamento e diferença que caracterizavam as viagens anteriores" (ibidem, p.79). O que se assistiu naquela quadra de primeiras experiências mútuas, segundo o autor norte-americano, foi um encontro de interlocutores aturdidos, todos eles metidos em um autêntico diálogo de surdos. Sem nada compreender acerca da presença humana nas ilhas que tomava para os reis católicos, o conquistador genovês tomava posse de uma terra já apropriada, atitude comprobatória de sua incompreensão face aos fundamentos geográficos de suas expedições. Segundo Eduard Fueter (1914, p.361), uma compreensão mais dilatada do mundo histórico surgiu com os historiadores espanhóis das Índias:

> As descobertas e as conquistas na América apresentaram à historiografia um problema completamente novo. Elas lhe apontaram um tema diante ao qual não bastava os procedimentos da história clássica precedente. Os leitores ficaram insatisfeitos em ver a descoberta do Novo Mundo ser tratada segundo o modelo dos anais. Os detalhes da conquista os interessavam

CRISE E RUÍNA DE UMA TRADIÇÃO | **103**

menos que os povos e os países maravilhosos descobertos pelos europeus. Eles desejavam saber como viviam os homens que, pela primeira vez, apareciam nos horizontes da Europa, qual era sua organização política, sua religião, de que forma se alimentavam e se vestiam. Eles desejavam, no lugar ou em paralelo da narrativa, descrições e imagens. Os historiadores deveriam ater-se a temas acerca dos quais a história não havia abordado até então.[1]

Como acentuou Eugenio Garin (1991, p.131s) quanto ao mesmo tema, a verdade deixou de ser uma questão a ser procurada nos escritos sapienciais. Não que os livros devessem ser desprezados. Mas, de então em diante, a verdade deveria ser buscada "na experiência das coisas e na história dos homens". Ao avaliar os novos horizontes do mundo revelados pela linguagem original de François Rabelais, Mikhail Bakhtin fez uma reflexão de natureza assemelhada à de Garin. Ao dar-se conta das alterações introduzidas na cultura histórica europeia nos inícios dos Tempos Modernos, observou que é bem conhecida a massa imensa e variada de coisas inteiramente novas que penetraram os horizontes da humanidade de maneira inteiramente nova naquela época. Mas, segundo o teórico da literatura, "Convém sublinhar que não se tratava apenas de coisas novas, mas que estas tinham o poder de renovar à sua volta as outras coisas antigas, de dar-lhes uma nova forma; forçavam-nas a que se adaptassem a elas, como ocorre, por exemplo, com todas as descobertas e invenções técnicas" (Bakhtin, 1987, p.401s).

Entretanto, a história lavrada em moldes ciceronianos teve vida singularmente longa. Nem mesmo o desenvolvimento da história científica, a partir dos finais do século XVIII e inícios do XIX, foi capaz de superá-la de uma maneira definitiva. Literariamente falando, e segundo evidências apresentadas por François Hartog (2003, p.140s),

---

1 "*Les découvertes et les conquêtes en Amérique posèrent à l'historiographie un problème tout nouveau. Elles lui offraient une matière à laquelle ne suffisaient pas les procédés de l'histoire classique antérieure. Les lecteurs eussent été peu satisfaits de voir traiter la découverte du Nouveau Monde d'après le cadre des annales. Ce qui les intéressait, c'était moins les détails de la conquête que les peuples et les pays merveilleux découverts par les Européens. Ils voulaient savoir comment vivaient ces hommes qui paraissaient pour la première fois à l'horizon de l'Europe, quelle était leur organisation politique, leur religion, comment ils se nourrissaient et s'habillaient. Ils souhaitaient, au lieu ou à côté du récit, des descriptions et des peintures. Les historiens durent s'étendre sur des sujets auxquels l'histoire n'avait pas touché jusqu'alors.*"

uma marca significativa do término da *Historia magistra vitae* pode ser identificada no *Essai historique*, de Chateaubriand. Mas mesmo Chateaubriand, no texto publicado em 1797, ainda dava mostras evidentes de utilizar a antiga história analógica e seus paralelismos como uma referência central de seus argumentos. Ainda que a perda de espaço fosse perceptível, e tenha sido um tanto mais intensa ao longo do século XIX, alguns resíduos foram preservados e não se pode falar em termos de uma total dissolução ou extinção do antigo gênero (Gusdorf, 1960, p.190). François Hartog (2003, p.55) reforça essa constatação ao argumentar que a concepção da história como feixe de exemplaridades permaneceria válida, de um modo geral, até os finais do século XVIII e que, até depois deste século, continuaria a ser invocada, ainda que em circunstâncias especiais.

No Brasil, há registros de diálogos de Fernand Braudel com professores universitários brasileiros, ali pela quadra dos anos 1950, diálogos nos quais o historiador francês divertia-se um pouco ao responder a seus interlocutores que, ao menos na França, a "raça especial" dos grandes homens – anabolizada por Thomas Carlyle nos meados do século XIX (1840), em suas célebres conferências sobre as grandezas e excelências de pessoas extraordinárias – havia entrado em declínio, e que estava cada vez mais difícil insistir nos célebres varões insignes como objeto digno de escrita da história. Em seus ensaios de ego-história, o medievalista francês Georges Duby narrou as preocupações de que foi tomado nos anos 1980, ao escrever sobre a figura de um herói da cavalaria francesa. Mirando os críticos apressados frequentemente à espreita de encontrar novidades para cacarejar a própria argúcia, Duby (1993, p.139) se divertia, sobretudo pela possibilidade de ser acusado de traição ao espírito historiográfico firmado por Febvre e Bloch, escrevendo, em 1984, os feitos de um "grande homem". Mas o retorno ao autêntico gênero carlyliano não passaria de uma ilusão, já que "O verdadeiro tema do livro não é Guilherme, mas a cavalaria, seu ideal, os valores que ela afirmava respeitar". Duas décadas depois (2005), outro medievalista francês também abordaria a temática dos indivíduos extraordinários (Carlos Magno, El Cid, Robin Hood, etc.), mas igualmente sob a perspectiva do imaginário social. Segundo o autor da conhecida biografia do rei Luís IX, canonizado em 1296, o emprego em larga escala da figura do herói, sobretudo na dimensão política de suas intervenções, sempre fora um fenômeno da escrita da história (Le Goff, 2009, p.42). Como se percebe, Braudel acertara em cheio ao decretar a morte dos grandes homens tradicionais.[2]

A ampliação da experiência humana por meio da ocorrência de fenômenos impactantes – entre os quais a expansão europeia e a revelação de outras formas organizacionais de sociedades, o advento da imprensa e o incremento da circulação de informações, a revolução científica e a emergência de saberes desestabilizantes das tradições – concorreu largamente para alterar o panorama geral da reflexão sobre a história e os demais campos dos saberes. A partir das grandes navegações a Terra tornara-se uma imensidão estranha, notaram os humanistas do século XVI, evidência que abalou a cosmovisão fundada nos autores antigos. "Todos os dados tradicionais das ciências da natureza estabelecidas num programa e numa gnoseologia aristotélicas", acrescenta Marc Fumaroli (2004, p.XLVIII), "veem-se abalados como por um sismo da inteligência que desde então nunca cessou de se propagar".

O mundo moderno passou a ser uma arena de transformações numerosas e fugazes. As trincas surgidas das descobertas desestabilizaram a autoridade da tradição. O advento de Estados nacionais, cada vez mais aguerridos em torno do estabelecimento de uma nova geografia política europeia – estruturas econômicas crescentemente mais complexas e detentoras de densas engrenagens burocráticas –, constituiu-se em agente acelerador de mudanças na concepção e no controle do tempo histórico. O tempo histórico-social passou a ser objeto das projeções de uma instituição movida a realismo e a pragmatismo. Aos poucos, todo um universo de valores tradicionais foi saindo de cena, substituído por princípios fundados em experiências inteiramente novas. A cultura clerical, incontestavelmente hegemônica ao menos até os meados do século XVIII, passou a sofrer os efeitos da erosão provocada pelos avanços da corrente dominante de dessacralização inaugurada pelo Iluminismo, sobretudo na esfera política depois dos episódios da Revolução Francesa.

---

2 No presente caso, Fernand Braudel se referia a Afonso de Taunay e os desbravadores do Brasil, no fenômeno das Bandeiras. Em sua perspectiva, é tarefa complexa mensurar a estatura dos grandes homens uma vez que os historiadores se equivocam ao tomar-lhes as medidas. Ora dizia Braudel (1955, p.9), os historiadores frequentemente julgam e criam os homens eminentes "[...] pela tendência com que se empresta aos outros a própria estatura".

UM GUIA SEGURO PARA A VIDA BEM-SUCEDIDA

O sentido histórico projetado em um futuro fixo organizado pela religião deu lugar a concepções secularizadas de futuro, concepções estas sob a idealização e direção do Estado. O crescente domínio técnico sobre a natureza pressionou os aceleradores do tempo histórico na era da Revolução Industrial. A vertiginosa acumulação de eventos em escala continental e planetária, agora desencadeados aos borbotões e em lapsos mais curtos, ampliou a sensação de uma nova velocidade do mundo. O movimento das ideias filosóficas, as revoluções sociais e as guerras recorrentes entre Estados alteraram o ordenamento do tempo histórico-social típico do Antigo Regime.

Essa sensação foi expressa em um ensaio do escritor marxista Plekhânov, ao recordar-se de uma frase de Voltaire acerca da evidência de que a razão sempre termina por ter razão. Segundo o autor russo, os eventos da Revolução Francesa marcaram uma superação dessa bem intencionada crença voltairiana. Foram tantos os acontecimentos desencadeados pelo referido episódio, e que trilharam tantas desencontradas e inesperadas direções, que o mundo assistiu ao triunfo das coisas que pareciam impossíveis e, no limite, desprovidas de qualquer sentido. A lógica brutal da imprevisível nova realidade dissolveu os sábios projetos do Iluminismo, induzindo-se "a pensar que a razão não terminará provavelmente jamais por ter razão" (Plekhânov, 1980, p.21).

Como afirmou Horst Günther (2013, p.113), com a Revolução Francesa, a história ficou um tanto inibida em sua feição magistral, mormente em fornecer "máximas para a ação" visando qualquer ordem de planejamento. Segundo os depoimentos pósteros reunidos por Reinhart Koselleck (2013, p.162), "A Revolução Francesa foi, para o mundo, um fenômeno que parecia zombar de toda a sabedoria histórica, e diariamente foram se desenvolvendo a partir dela novos fenômenos, a respeito dos quais ficou cada vez mais difícil buscar respostas na História", argumentou Karl Ludwig Woltmann em texto de 1800.

Então, como prosseguir aprendendo com o passado diante de circunstâncias inteiramente novas e desnorteadoras, algumas potencialmente incontroláveis e destrutivas da ordem social? De que forma encarar fenômenos e eventos jamais vistos numa escala extremamente rápida agora assumida pelo tempo histórico? E, tarefa um pouco mais complexa, como explicar ocorrências sobre as quais os livros antigos (os clássicos com suas instruções salvadoras), calavam-se por completo? Como conciliar a incômoda modernidade com a tranquila estabilidade das concepções consolidadas? As surpreendentes revelações da Modernidade dissolveram as fronteiras estáticas do conhecimento, diz Eugenio Garin. A multiplicidade de sistemas explicativos do universo deslocou a própria Terra de sua condição privilegiada. Além do novo esforço de conhecer a si mesmo – como o fizera Montaigne –, tornou-se inadiável a tarefa de "conhecer os habitantes de terras desde sempre desconhecidas, difíceis de inserir nos quadros teológicos tradicionais (de que Adão vieram os americanos, e que Redentor os redimiu?)" (Garin 1991, p.143). Ao que parece, foi ao longo das alterações acumuladas em um relativamente breve curso de tempo, período este que coincide com a expansão da Revolução Industrial de fins do século XVIII e princípios do seguinte, que se pode distinguir o início mais evidente da crise dos fundamentos clássicos e o princípio do fim da vocação magisterial da história.

O ineditismo de eventos improváveis acumulados em curtos prazos anulou o tradicional conteúdo de exemplaridade dominante na história, o que veio a modificar a qualidade de prognóstico das antigas concepções. Foi assim que se extinguiu, na avaliação de Koselleck (2013, p.160s), o cumprimento do tradicional ofício de conselheira prática da existência, "tão logo não foi mais possível comprovar situações análogas das quais se pudesse tirar conclusões para o próprio comportamento". No alvorecer do mundo contemporâneo, com as fortes marés de instabilidades representadas pelas revoluções burguesas e o advento da economia capitalista com o seu cortejo de tensões nacionais e crises globais, tomou-se consciência de que as experiências emergentes não mais possuíam paralelos significativos com os acontecimentos passados. Constatada tal assimetria, o conteúdo de verdade das experiências passadas perdera o seu valor diante do reconhecimento da diversidade dos tempos históricos. Transformações céleres somadas a seus inúmeros e desconcertantes desdobramentos não mais permitiam apreender similaridades na profusão de eventos. Com o advento do mundo contemporâneo, o ineditismo tornou-se a regra a pautar a dinâmica de processos e à história ficou impossível estabelecer fontes confiáveis de paralelos.

Benedetto Croce explicou a desagregação da *Historia magistra vitae* pela entrada em cena de duas novas correntes no pensamento histórico oitocentista. A então história eloquente, instrutora de virtudes e de máximas prudenciais, cedeu aos princípios analíticos do romantismo e do positivismo, que não admitiam os desígnios individuais como elemento de relevo, agora a lidar com as tradições dos povos (nacionalidades) e as leis do progresso da humanidade. Naquele novo mundo de ideias históricas, a história mestra da vida tornou-se apenas um tênue reflexo nos retrovisores de Clio. Mas uma teoria tão longeva, e que no passado gozara de tanto prestígio, possui tenacidade difícil de desbaratar. Segundo Croce (1953, p.199), essa velha história ainda era capaz de reproduzir fósseis residuais, e que em pleno século XX persistiam com ar de seres vivos!

O livro de Croce (1953), *Teoría e historia de la historiografía*, formado por uma série de conferências e artigos dos anos 1912-13, foi publicado originalmente em alemão, em 1915. Essa obra foi revisada pelo autor em três edições sucessivas até 1941, e não se sabe ao certo a quem Croce dirigia sua mira, ao expor como fantasmagórica a doutrina da repetição do passado e a possibilidade de extrair-lhe lições úteis para as ações no presente. Contra a estupefação dos que diziam que nunca esperavam as coisas que de fato estavam acontecendo, o autor italiano retorquia ser necessário saber que no mundo contemporâneo ocorriam justamente as coisas inesperadas, como se a história encontrasse um prazer novo em improvisar todo o tempo (ibidem, p.282s). Em meio a horizontes de imprevisibilidades tão desconcertantes parece mesmo ficar provado, segundo a reflexão de Benedetto Croce, a razoabilidade do argumento de que a experiência passou a ser aquelas espécies de ocorrências que permitiam aos homens reconhecer os seus equívocos, quando tornavam a cometê-los sucessivamente. A equação croceana fica ainda mais bem expressa no raciocínio de que a experiência passou a dar lições de que não mais seria uma mestra confiável para instruir, pois a surpresas tornaram-se a regra.

No mundo contemporâneo, as incoerências tornaram-se tão evidentes, tão numerosas e igualmente tão espantosas que poderíamos exemplificá-las à luz de uma paráfrase a Jean Bodin e seus demônios: parecem brotar em cachos por uma suspensão temporária das leis naturais. Por isso mesmo vem a propósito a reflexão de John Tosh (2011, p.52) ao considerar que, embora alguns eventos históricos possam transmitir a ideia de se repetir, gerando resultados aparentemente familiares no presente vivido, a mudança histórica parece ser uma regra tão ferreamente constante e complexa a ponto de ser extremamente difícil lograr êxito quanto ao resultado de previsões. Segundo o autor norte-americano, isso de deve à multiplicidade de fatores intervenientes no mundo contemporâneo, alguns dos quais sequer podem ser identificados ou visualizados, mas que a todo o momento se acumulam para a composição do futuro. De todo modo, alguns dos referidos fósseis aludidos por Croce talvez possam ser rastreados.

> A crença apaixonada de Lorde Acton (1834-1902), [disse Geoffrey Barraclough nos anos 1950], de que 'o conhecimento do passado' é 'um instrumento de ação', 'eminentemente prático', foi abandonada; o ponto de vista antigo de que a história tem um 'uso' prático foi deixado de lado, se não realmente demolido, e ao invés disso os historiadores têm acentuado a *Einmaligkeit* da história, a singularidade de cada acontecimento, as potencialidades inestimáveis de cada situação, a impossibilidade de extrair 'lições' ou orientação do passado. (Barraclough, 1964, p.27)[3]

Arnaldo Momigliano (1993, p.151) também alertou para a nova percepção em torno das transformações constitucionais dos Estados, que no passado eram vistas como alterações previsíveis e mais ou menos constantes. Essa tradicional forma de sensibilidade diante das mudanças da história alimentou e consolidou a crença de que os eventos futuros seguiriam o padrão de continuidade verificado desde sempre. Algo análogo e complementar às considerações de Barraclough e de Momigliano afirmou Hans Ulrich Gumbrecht (1999, p.460), em fins dos anos 1990, ao lembrar que

> Aquilo que chamamos retrospectivamente de 'aprender com os exemplos' era a convicção de que existia uma correlação estável entre determinadas ações e seus resultados positivos ou negativos. [...] A prática de aprender com exemplos sobreviveu muitos séculos sem ser questionada, porque a crença de que o tempo é um agente natural e inevitável de mudança no mundo cotidiano não estava institucionalizada até o início da era moderna.

Como informa Georges Gusdorf (1960, p.190), até fins do século XVIII e um pouco além, a história foi um gênero literário essencialmente fundado sobre a transmissão de uma narrativa de eventos estabelecida de uma vez por todas, e que se contentava por completar-se, de geração em geração, por meio da descrição dos sucessos recentes e por alguns preciosismos de frases ornamentais. Servia-se um presente e um futuro permanentemente fiéis ao passado, este por sua vez fixo e inalterável no

---

3 A esse propósito, ver ainda as análises de Reinhart Koselleck (2006).

campo de uma interpretação submissa ao cânone greco-romano. No terreno das tradições intelectuais da Época Moderna essa foi uma forma de definir a expectativa pela perenidade dos valores morais. Foi assim que se pôde constituir uma concepção de história de tão largo curso. O historiador inglês Geoffrey Barraclough (1964, p.10ss) fala da história ainda ocupando espaço como espécie de divindade, como uma "*magistra vitae suprema*", como uma "Clio imperiosa e autoconfiante" que, desde a Revolução Francesa até os anos 1930, substituíra a religião e a filosofia.

No plano filosófico, Friedrich Nietzsche (2005a, p.67ss) teceu alguns apontamentos acerca da completa nulidade de uma história fundada em exemplaridades passadas, gênero que ele descreveu como deformado por enfeites, a ponto de assemelhar-se à invenção poética.[4] Reinhart Koselleck apontou para o afastamento do "espaço da experiência" (o passado lembrado no presente) e do horizonte de expectativas (os prognósticos do que poderá ocorrer) ao fim da Modernidade, âmbito no qual o futuro deixou de ser visto como reprodutor de tradições passadas, como uma dimensão temporal que se alimentasse de experiências já vividas. O que de fato permitiu o abandono das aspirações tradicionais, bem como a passagem decisiva a outro regime de historicidade,[5] foi a percepção, tornada cada vez mais nítida e dominante, de que para escrever história da maneira como os antigos a conceberam, seria preciso encontrar no mundo histórico presente as mesmas relações de força, conforme captadas, por exemplo, pelas lentes do arguto Tucídides. Mas não, escreveu Tocqueville em *A democracia na América*, a história não pode ser mais essa escola de exemplos. "Eu percorro os séculos até a mais remota Antiguidade", afirmou, e "não percebo nada que pareça ao que há sob meus olhos. Se o passado não ilumina o futuro, o espírito marcha nas trevas" (apud Koselleck, 2006, p.332).

Aqui se encontra um dos pontos mais evidentes de esgarçamento do tradicional *topos*. E se Koselleck (2006, p.53 e 335) fala em termos de

---

4 Acerca das concepções nietzschianas sobre o presente tópico, ver as análises de José D'Assunção Barros (2011, p.155ss) e Hayden White (2008, p.81s).

5 Por "regime de historicidade" compreende-se, fundamentalmente, os modos específicos de compreensão e de relação dos historiadores com o tempo histórico. No âmbito da história analógica ou exemplar, conforme praticada ao longo da Época Moderna, a instrumentalização do passado com vistas à sua assimilação no presente é bem o exemplo de um regime de historicidade.

dissolução ou de diluição de um lugar-comum literário que teve longevidade milenar, não deixa de considerar a sua presença constante em pleno século XIX, por vezes coexistindo no conjunto da obra de um mesmo personagem, como no caso da figura emblemática de Leopold von Ranke. Também para Horst Günther (2013, p.114)os grandes historiadores oitocentistas sucumbiram em bloco ao culto da exemplaridade, haja vista terem atuado, em alguma fase de suas carreiras como analistas dos fenômenos políticos.

De qualquer forma, e a despeito das permanências residuais, o mundo havia mudado tanto e acumulado complexidades de tal monta, que se tornou prudente e aconselhável desconfiar de aspirações magistrais longamente cultuadas. Mesmo assim, a miopia das venerações aos homens ilustres pode ser acompanhada ainda em autores como Ernest Lavisse e seus colaboradores no grande empreendimento editorial dos inícios do século XX.[6] E a presença de uma *histoire à Lavisse* resistiu no ensino secundário francês até a segunda metade do século XX, apesar das várias reformas estimuladas por figuras influentes como Febvre e Braudel (Delacroix; Dosse; Garcia, 2012, p.315).

---

6 Com efeito, o primeiro volume da *História da França, da época galo-romana à Revolução* é de 1903. Ver Guy Bourdé e Hervé Martin (1997).

PARTE II

QUANDO A HISTÓRIA ERA ESTILO E ELOQUÊNCIA

Mas o abade Dubos abeberou-se em más fontes para um historiador: os poetas e os oradores. Não é sobre obras de ostentação que se devem fundar os sistemas.

Montesquieu, *Do espírito das leis.*

Não percebo que tipo de véu uma chuva de rosas poderia formar ou que conexão tal chuva pode ter com a primavera. Esses versos, que acredito poucos compreendam, costumam ser admirados. Suponho que assim sucede porque poucos se dão ao trabalho de considerar o significado real das várias expressões empregadas pelos autores, contentando-se com a sonoridade das expressões pomposas.

Adam Smith, *Conferências sobre retórica e belas-letras.*

6
EXPANSÕES HUMANISTAS, RETRAÇÕES ABSOLUTISTAS

[...] começarei por definir a história e suas principais divisões; em seguida, [...] adaptarei à história os desenvolvimentos clássicos relativos às ações humanas; assim, distinguirei dentre todos os historiadores, minha escolha pessoal; discutirei então acerca do juízo crítico em história.

Jean Bodin, *Methodus ad facilem historiarum cognitionem.*

A história do rei [...] é uma sequência contínua dos episódios magníficos que ele dá início e que ele finaliza. [...] Em uma palavra, o milagre segue de perto outro milagre.

Jean Racine, *Éloge historique.*

As comunas italianas foram o centro da renovação da escrita da história. Em seu livro sobre as origens do pensamento histórico moderno, o historiador norte-americano Wallace Ferguson distinguiu os humanistas Leonardo Bruni e Flávio Biondo como os pioneiros destacados dos estudos históricos no berço da Renascença. Por suas inovações, sobretudo quanto às intenções secularizantes da história, esses dois escritores foram modelares. Suas perspectivas centrais tornaram-se referência para muitos historiadores do Renascimento, dentro e fora da Itália. Ao ganhar terreno internacional, explica Ferguson (1950, p.37s), a história humanista à moda das comunas italianas mais avançadas viu colar-se a ela o conteúdo de diferentes sentimentos patrióticos, o que se verificou na França, na Inglaterra e mesmo em distintas regiões da Alemanha. Exposta ao manuseio de diversas correntes, a história humanista adaptou-se às exigências dos Estados nacionais emergentes que, inclusive, "importaram" historiadores da Itália, com a finalidade de promover estudos e colaborar no aperfeiçoamento de profissionais autóctones.

A contratação de escritores como secretários e historiadores nas cortes renascentistas tornou-se uma prática comum, havendo registros disso na Inglaterra, na Polônia, na França, na Espanha, em ducados como a Borgonha e a Baviera, e em cidades livres como Florença, lembra Peter Burke. A notoriedade no domínio da língua latina franqueou ao humanista italiano Ammonio um lugar de destaque nos quadros da monarquia inglesa. Henrique VIII nomeou-o seu secretário particular. "Esperava-se naturalmente que relatassem sob o melhor ângulo a gesta dos príncipes e dos seus antepassados", explica Burke (1991a, p.115), "mas também lhes era muitas vezes proporcionado um acesso privilegiado às fontes de arquivo". Os humanistas procuravam pela proteção dos príncipes seculares também quando estavam em desavença com as tradições defendidas pela Santa Sé. Os estágios salvadores de Giordano Bruno pelas cortes europeias são ilustrativos da necessidade de se abrigar sob o manto do poder secular. Nesses embates de ideias, era comum pedirem e obterem proteção, o que se manteve com regularidade ao longo do Renascimento (Johnson, 2001, p.70).

AVANÇOS ERUDITOS

A utilização de humanistas por parte de diferentes regimes políticos ao longo da Época Moderna foi ressaltada pelo historiador escocês John Law (1991, p.33ss), ao demonstrar as novas necessidades dos Estados emergentes com pessoal qualificado para as chancelarias e a própria reprodução de seus quadros. Os historiadores foram beneficiários da nova realidade, mas tenderam à miopia de enxergar as coisas pelas lentes de seus soberanos, exagerando em seus méritos e descuidando dos indícios da realidade. Espécies de *epistolarum register* dos príncipes, tal a intimidade de suas relações com o poder político, frequentemente mostravam-se solícitos em trombetear como memoráveis até os eventos mais prosaicos da vida de seus empregadores. "A imagem recorrente do escritor que, de joelhos, oferece o seu livro ao príncipe", lembra Peter Burke (1991a, p.107), "corresponde frequentemente à realidade. [...] Maquiavel escreve que um dos processos de o príncipe adquirir fama é 'revelar-se amante das virtudes, dando guarida aos homens virtuosos e honrando os excelentes numa arte'". A situação descrita por Burke pode ser apreendida em preciosos detalhes na "genuflexão" rendida pelo áulico do rei Henrique II, na forma de uma carta prefacial de louvores às excelências de um príncipe que não apenas expandiu o jardim das belas letras no reino da França, fazendo ainda frutificar a língua francesa por sobre todos os idiomas da Cristandade (Amyot, [s.d.]b, p.19s).

Em *A ideia da história perfeita*, George Huppert analisou o processo intelectual que levou à elaboração de maneiras de se conceber a história não mais como um jogo espirituoso de feitos e palavras, mas como um campo neutro de reflexão sobre a realidade social fundamentado em provas. Na França, durante a segunda metade do século XVI, alguns homens de letras conseguiram propor, de maneira formal e erudita, um novo programa para escrever a história. Segundo considerou George Huppert (1973, p.9), os eruditos da Renascença francesa, influenciados pelas novas orientações surgidas na Itália, acabaram por fundar um novo paradigma historiográfico, fazendo emergir a expectativa de alcançar um conhecimento pleno do passado. Conforme afirma o historiador norte-americano, é impossível dizer que a historiografia contemporânea nasceu da descoberta da crítica histórica no século XIX, pois esta era coisa antiga. No mesmo sentido, Georges Lefebvre escreveu que, nesse terreno, a França ocupara um papel de protagonismo, constituindo-se como iniciadora de práticas originais na arte histórica. A erudição francesa do século XVI foi, com efeito, uma antecipação da erudição do século XIX (Lefebvre, 1985, p.86). E outros estudos referendam os argumentos de Huppert e de Lefebvre. Ao considerar que humanistas europeus do Renascimento denunciaram as chamadas "invenções dos gramáticos" como autênticas falsificações, Anthony Grafton (1998, p.72) segue essa linha de raciocínio. Para alcançar um padrão de rigor na pesquisa histórica, humanistas italianos e nórdicos passaram a lançar mão de aparatos eruditos que foram encontrar na tradição clássica.

Para tanto, um importante trabalho de erudição teve de ser empreendido, no qual se destacaram humanistas como Poggio Bracciolini (1380-1459), personagem célebre por desenterrar, nos inícios do século XV, os textos perdidos da Antiguidade. O importante *De rerum natura*, do poeta romano Lucrécio, figura entre as suas descobertas. Poggio Bracciolini trabalhou duramente pela conexão dos antigos ao mundo moderno, por meio dos manuscritos perdidos que ia descobrindo nas bibliotecas de mosteiros espalhados por diferentes regiões da Cristandade no alvorecer da Idade Moderna. Além do anteriormente referido texto de Lucrécio, Poggio Bracciolini retirou das trevas muitos artefatos em que foram fixados discursos célebres do mundo antigo, como o *Institutas*, texto do retórico latino Quintiliano. E não é demais dizer que, nos tempos de Bracciolini, a "ressurreição" de manuscritos era um fenômeno que já deitava raízes ao menos desde a primeira metade do século XIV. O marco inaugural de tal atividade fora lançado por Petrarca, em 1330, quando descobriu fragmentos da obra do historiador romano Tito Lívio.

Petrarca abrira as picadas. E os humanistas do Renascimento passaram a integrar às suas agendas o exercício de descobrir e recuperar os registros da sabedoria greco-romana, para imitá-los e, se possível, ultrapassá-los em forma e conteúdo. Petrarca lançara uma moda duradoura que, na época de Bracciolini e seus colegas (entre os quais Niccolò Niccoli, Leonardo Bruni, Lorenzo Valla e muitos outros de equivalente estatura), estava em plena ebulição em diferentes comunas da Itália. E a descoberta e emulação dos empreendimentos literários da Antiguidade não eram mera recreação de humanistas bem-nascidos e endinheirados. Isso porque a atividade exigia capacitação, além de conferir distinção social a seus praticantes. Tanto assim que as grandes descobertas dos tesouros culturais acabaram por lançar as bases dos *studia humanitatis*, o conjunto de princípios que deu forma ao currículo educacional em torno das línguas e literaturas grega e latina.

Mais especificamente quanto à língua latina, o seu lugar de destaque nas culturas europeias do Renascimento pode ser percebido no empenho de muitas famílias de destaque em patrocinar os estudos de seus filhos. Um caso emblemático acerca da importância do latim na época renascentista é o de Michel Eyquem de Montaigne (1533-1592). Afastado do convívio familiar na primeira infância, sob a guarda de um preceptor que com ele se comunicava em latim, Montaigne passou por um processo de imersão total no idioma de Cícero. O sentido de uma experiência tão radical? Ora, o amplo domínio do latim era o ideal mais elevado da educação humanista, porque a língua latina não apenas dava a senha de entrada para a fonte natural de toda a sabedoria mais relevante que fora produzida em todos os tempos pelos grandes vultos do mundo antigo, como possuía ainda o condão de destravar as cancelas às carreiras mais prestigiosas. E isso tanto na esfera administrativa das pequenas comunas quanto no aparato burocrático dos grandes Estados territoriais em ascensão.

De todo modo, Poggio Bracciolini era especialmente vocacionado para a empresa de desencavar manuscritos perdidos, atuando não somente na descoberta de textos raros, mas compondo obras em variados estilos literários. Seus conhecimentos do grego e do latim atingiram um padrão somente alcançado por poucos, da mesma forma que o seu treinamento em caligrafia, arte da qual possuía domínio incomum, o que lhe foi de grande valia em suas embaixadas políticas para a conquista de seu cobiçado emprego em Roma. Em coro, os humanistas lançavam queixas contra as mandíbulas de Cronos, a desagregar o conhecimento produzido pelos antigos, na forma dos tratados preciosos de argumentação e de retórica gravados artesanalmente em suportes como o papiro e o pergaminho. Além de sujeitos à atividade crítica das traças e de outros agentes voluntários da natureza, tais vestígios do passado exemplar também podiam sofrer a ação de adversários culturais da tradicional sabedoria greco-romana. Em conjunto, essas forças produziram uma atividade lenta, mas nem por isso pouco vigorosa haja vista o grande volume de textos desaparecidos no Ocidente entre o colapso do mundo antigo e o fim da Idade Média (Greenblatt, 2012).

Esse trabalho da erudição lançou pressupostos inovadores para a escrita da história. Na França, ao tempo dos últimos Valois, encontrou-se um modo diferente de se conceber a história. Os eruditos franceses passaram a demonstrar uma atitude ousada ao se emanciparem do esquema cristão reinante. A história humanista, concebida em termos temáticos e metodológicos inovadores e originais, levou Jean Bodin e uma série de outros praticantes do gênero emergente a pensar no advento de uma história perfeita. Nesse ambiente intelectual, a história deixou de ser, durante algumas poucas décadas, simples literatura

UM GUIA SEGURO PARA A VIDA BEM-SUCEDIDA

encomiástica ou "romance dos reis" (Chartier, 1989, p.25), elevando-se à condição de uma forma rigorosa de conhecimento, forma esta fundamentada na crítica de um amplo corpo de fontes (Huppert, 1973; Carbonell, 1987). A história perfeita dos eruditos franceses pretendeu inovar não só pela ampliação de vistas temáticas, mas também, e principalmente, pelos pressupostos utilizados no trabalho da interpretação de documentos. Ao lado do projeto de uma história total, no sentido de abarcar uma universalidade de assuntos, os eruditos pretenderam orientar-se por uma crítica documental rigorosa, com o fito de apurar o conhecimento do passado da França e assim conhecer a verdade sobre suas autênticas origens. Em maior grau o esforço se voltava para o afastamento de lendas e mitologias políticas diversas, sobretudo aquelas relacionadas às origens troianas dos franceses. A história assim propugnada pela nova erudição representou um ponto de mutação no gênero ao desconsiderar esquemas narrativos muito celebrados, como as crônicas patrióticas tecidas em louvor dos reis cristianíssimos. É nesse sentido que a nova história humanista representou um elo rompido na cadeia da ficção épica e mitológica dos cronistas da Idade Média e, mais ainda, dos historiógrafos a soldo dos Tempos Modernos.

Mesmo consideradas todas as suas inovações, a nova história dos eruditos franceses do século XVI foi um movimento de superfície, não indo além de representar pequena fissura na complicada tapeçaria literária do Antigo Regime, cultura conservadora por excelência de inúmeros temas e estilos muito antigos, datando de alguns séculos. O projeto de uma história perfeita fundada principalmente na pesquisa empírica e numa relação reflexiva com a documentação original que se ia descobrindo e explorando não conseguiu abrir caminho por muito tempo, falhando assim em conquistar uma hegemonia sobre outros estilos narrativos do gênero. Segundo a avaliação de Pierre Chaunu (1976, p.56s), o ponto de perfeição alcançado pela história nos tempos das Guerras Religiosas foi sustentado por um curto lapso. "O século XVII, apesar de alguns empenhos individuais, apesar do trabalho obscuro de elaboração dos estudos de base da erudição eclesiástica", referiu Chaunu, "assinala uma parada na escalada historicista".[1] No século XVII ocorreu aquilo que Philippe Tétart (2000, p.65) descreveu como "o século de sonolência de Clio".

---

1 Ver também: Cf. George Huppert (1973) e Blandine Barret-Kriegel (1996).

Na era do absolutismo ou da *raison du prince*, cujo início coincidiu com o advento dos Bourbons, a história se calou diante dos novos imperativos do Estado monárquico (Mandrou, 1980; .[2] O absolutismo de direito divino, regime político inibidor dos engenhos da livre criatividade, passou a não mais admitir formas de discursos que não fossem constituídos apenas de louvores ao príncipe, núcleo sagrado e incontornável da narrativa histórica. Escrever história tornou-se um ofício estritamente regulado pelo poder. O controle rígido da liberdade de expressão, sobretudo nos tempos de Luís XIV, fez com que o discurso histórico soasse como uma nota inconfundível de encômio dinástico. As estratégias de glorificação do príncipe levadas a termo por escritores áulicos e que ultrapassaram em algumas léguas todos os graus de dignidade cortesã – estratégias estas aliadas à pesada dogmática católica da tradição galicana –, asfixiaram o campo da criação de uma história livre das homenagens obrigadas.

BLOQUEIOS SEISCENTISTAS

Nas considerações de Louis Marin, a literatura dos turiferários fez com que o desejo do poder absoluto, a ambição da glória incomparável do monarca, tomasse a forma do próprio tempo. Diante de toda a gravidade régia alcançada ao longo do século XVII pelo novo príncipe cristão, o monarca absoluto passou a ser concebido como o centro narrativo da história, e isso no presente mesmo das ações extraordinárias do soberano. O "memorial da memória" do rei, diz Marin (1981, p.13), preencheu o tempo num passado que era o presente eternizado.[3] "Distante e severo, o rei, protetor das artes, detém o temível poder guerreiro. Sob os medalhões das obras da monarquia, em meio aos cortesãos imobilizados pela deferência, o rei assume a pose do herói seguro da colaboração do Olimpo", ilustra o historiador Yves Castan (1991, p.31) acerca da

---

2 Cf. Robert Mandrou. *La raison du prince*; e Henry Méchoulan. (Org.) *L'État Baroque (1610-1652)*.

3 Acerca de concepções da história na França seiscentista, ver também Jean-Marie Apostolidès. *Le roi-machine*. Spectacle et politique au temps de Louis XIV; Nicole Ferrier-Caverivière. *L'image de Louis XIV dans la littérature française de 1660 à 1715*; e Peter Burke. *A fabricação do rei*.

espetacularidade da realeza solar em seus anos mais radiosos. Com a sua teoria da soberania indivisível e, de preferência, concentrada nas mãos de um corpo político natural (aquele próprio do monarca), o erudito e inovador Jean Bodin havia energizado essa atmosfera pesada com os princípios da ordem e da obediência. Para Richard Bonney (1989, p.29), de uma maneira aparentemente weberiana, Bodin atribuía ao chefe de Estado o monopólio legítimo da força.

Ao longo da era do absolutismo, em que o poder político foi magnetizado por um cipoal de dimensões simbólicas – hoje a requerer tradução especializada –,[4] a história adquiriu uma destreza multifuncional. Como forma discursiva coadjuvante do poder régio, foi um dos instrumentos mais eficazes de propaganda. Naqueles tempos a história foi, em alguns reinos europeus, uma forma literária que muito se assemelhou à epopeia clássica. Os historiadores deveriam celebrar os feitos de seus príncipes, dando destaque proporcional aos homens eminentes que os rodeassem, numa forma de compartilhamento estudado da glória. Em sua arte o historiador deveria conciliar o louvor a um estilo elevado da escrita, imposição nascida da própria superioridade do seu assunto predominante. Ora, nos livros de história a realeza sagrada era sempre o eixo em torno do qual se desenrolava a história da monarquia. A presença do príncipe cristão era o núcleo fundador da ordem em todas as dimensões da vida comum e sua ausência sinalizava a perda da estabilidade desejada e mantida por Deus. O príncipe era "o centro sagrado de um universo religioso" (Tyvaert, 1974, p.522). Ao longo do século XVII coube à história elaborar os retratos morais da realeza cristã. Encômios que combinaram uma série complexa de artefatos retóricos tomados à tradição clássica dos grandes escritores (Tito Lívio adiante de todos), a história assumiu o trabalho de elaborar enredos dramáticos para a biografia dos príncipes.

Desse modo, a elevação retórica dependia da multiplicação do valor pessoal do soberano. Uma questão a ser resolvida ligava-se ao problema de se identificar os escritores mais efetivos em produzir o senso de grandeza e glória tão essenciais à propaganda régia. Alguns historiógrafos foram muito prestigiados nas cortes do Antigo Regime. Em Versalhes,

---

4 Ver a síntese desse debate historiográfico – sobretudo as contribuições trazidas pela "escola cerimonialista" norte-americana para a história dos rituais políticos na França moderna – em Alain Boureau (1991).

logo no início do reinado de Luís xiv, já se contavam seis pensionistas da monarquia, todos eles cumprindo o ofício de historiógrafos régios. Parafraseando as reflexões de Peter Burke (1991b, p.105) acerca dos usos da história na república aristocrática veneziana, a história oficial nos tempos da realeza solar tornou-se instrumento literário do *marketing* político, recurso de equivalência próxima às pinturas ilustrativas das grandes performances do monarca. E os autores dramáticos eram os mais vocacionados para as disputadas funções de historiógrafo, lembra Ariès (1989), uma vez que embalavam seus encômios com a destreza superior própria de uma imaginação completamente desimpedida de senso crítico.

Na França absolutista alguns nomes de talento se deliciaram com as benesses de uma atmosfera tão confortável, entre eles personagens centrais da história literária seiscentista como Racine, Pellisson e Bossuet. Anos mais tarde o próprio Voltaire em pessoa ocupou o posto de historiógrafo oficial de Luís xv. Eram os meados dos anos 1740 e, naquela quadra de sua existência, o escritor passava alguns meses acompanhando a comitiva do Bem-Amado, ocasião em que tinha a oportunidade de tecer diálogos com Mme. de Étiole. Por tais entretenimentos logo conseguiu uma nomeação como "historiador oficial do reino", obtendo ainda de Luís xv o cargo de "fidalgo ordinário" nos aposentos do príncipe. Sua singela conclusão para tais distinções: para se alcançar reconhecimento, é mais fácil ser gentil com a amante do rei do que escrever cem volumes (Voltaire, 2001a, p.44s). Contudo, a sedução exercida pela proximidade com reis seria uma situação pouco confortável para Voltaire. No período em que passou em Potsdam como camareiro régio de Frederico ii (portador que foi da célebre chave de prata folheada a ouro, adereço distintivo de sua condição fidalga), o escritor admitiu sua preferência à liberdade, mesmo diante de todas as benesses gozadas por cortesãos prestigiados. A sua perspectiva era de que não havia liberdade possível para os homens de letras quando habitavam as redondezas do poder, até porque essas pobres criaturas não possuíam autonomia financeira; e "a pobreza tira a coragem", considera Voltaire (ibidem, p.53), "e todo filósofo de corte se torna tão escravo quanto o primeiro oficial da Coroa". Mas houve quem mais mantivesse espírito crítico diante das facilidades desse mundo. Montesquieu, por exemplo, ressaltou a sua capacidade de resistência ao canto sedutor da sociedade de corte. Em seu livro de reflexões esparsas (*Mes pensées*), ele afirmou:

> Não quis fazer minha fortuna por meio da corte; pensei fazê-la valorizando minhas terras [...]. Não peço à minha pátria nem pensões, nem honras, nem distinções; encontro-me amplamente recompensado pelo ar que nela respiro; gostaria que não o corrompessem. (Montesquieu, 2004, p.142)

Empenhada em estreita colaboração para o reforço do poder real, ao longo do século XVII, a história incumbiu-se de sepultar o original e ambicioso projeto de novas perspectivas de investigação por parte de historiadores quinhentistas como Bodin, Pasquier, La Popelinière, Hotman, entre outros. A ideia da história perfeita acabou por revelar-se uma influência modesta no interior da ordem absolutista em formação desde os fins do século XVI, quando do término das guerras religiosas e do início do reinado de Henrique IV. As motivações para tal declínio são de diversa ordem, podendo-se alinhar tanto as sufocações do poder político quanto as controvérsias confessionais entre católicos e protestantes – que inundaram de teologia o campo da história –, e ainda a crescente influência do cartesianismo, que a desacreditou como uma fonte segura de conhecimento do passado. Arnaldo Momigliano (2004, p.108) lembra que, ao longo do século XVII, os historiadores ficaram sem credibilidade porque caíram sob a órbita das grandes dinastias políticas, o que os transformou em meros prestadores de serviços de interesses sectários.

Os desdobramentos da Reforma fizeram com que a história humanista perdesse a essência de sua primeira fisionomia erudita. O advento do protestantismo imprimiu-lhe a marca de uma nova orientação teológica (Ferguson, 1950, p.37s). Descartes desdenhou a história ao ponto de um desprezo profundo, considerou Georges Lefebvre (1985, p.97). Todas as formas de conhecimento vinculadas à pesquisa empírica e documental foram vistas com olhar olímpico por Descartes, diz Robert Nisbet. Segundo Nisbet (1985, p.127s), o autor do *Discurso do método* afirmara, com ares de ironia, "que os historiadores são pessoas que passam suas vidas aprendendo fatos sobre a vida romana que qualquer escrava analfabeta do tempo de Cícero conhecia perfeitamente".

Independentemente da visada cartesiana, os heróis dos Tempos Modernos continuaram ávidos por encontrar seus respectivos Homeros, hábeis construtores de memória que lhes amplificassem as virtudes em páginas enfartadas de encômios. A esse respeito talvez venham a propósito as considerações de Georg Gervinus (2010, p.88), quando argumentou que o exercício da escrita da história é incompatível com formas políticas em que há concentração do poder, por si mesma uma energia paralisante da criatividade individual. "Por isso", diz o autor alemão, "ao lado de um Luís XIV, talvez possam existir poetas de algum valor, não, porém, historiadores". O desenvolvimento da análise de documentos históricos, como aparece em textos centrais como *De re Diplomatica* (1681), de Jean Mabillon, e o surgimento da escola francesa de Chartres, alterariam esse panorama. Aos poucos, e isso por obra dos esforços preliminares de alguns estudiosos compenetrados e um tanto isolados da esfera de influência direta do poder – como os monges de certas ordens religiosas –, a história tornar-se-ia um campo de investigação progressivamente demarcado por regras reconhecidas por um grupo de profissionais (White, 2014; Grafton, 1998). Como bem notou Pierre Vidal-Naquet (2002, p.151), foi dos desenvolvimentos dessa tradição crítica que emergiu a "ciência histórica" atual.

Ao longo da Época Moderna, a história como colheita de lições úteis para a vida aos poucos perdeu o vigor que caracterizou o gênero por mais de dois milênios. E não há um ponto fixo que estabeleça, de uma vez por todas, o derradeiro colapso de tão extensa tradição. Nos finais do século XVII – em 1687, mais precisamente, data do célebre texto de Perrault intitulado "Le siècle de Louis le Grand" –, a Querela dos Antigos e Modernos tentava romper de modo mais vigoroso com a admiração pelo passado, com certa afetividade ainda reverencial pelas antiguidades, afetividade esta revelada por La Bruyère em seu "Discours sur Théophraste". Nesse texto, o moralista seiscentista apontava o fascínio dos homens cultos de seu tempo pelas excelências contidas na sabedoria das antiguidades de todas as espécies. Segundo ele, a história do mundo, em seu estado presente, parecia insossa aos homens de cultura, inteiramente alheios às particularidades de sua própria época.

> Certos sábios aprovam somente as máximas dos antigos e os exemplos tomados aos Romanos, Gregos, Persas, Egípcios; a história do mundo atual lhes é indiferente; de nenhum modo eles são sensíveis aos homens que os rodeiam e com os quais vivem, e não prestam qualquer atenção a seus costumes. (La Bruyère, 1901, p.2)[5]

---

5 *"Quelques savants ne goûtent que les apophtegmes des anciens et les exemples tirés des Romains, des Grecs, des Perses, des Égyptiens; l'histoire du monde présent leur*

UM GUIA SEGURO PARA A VIDA BEM-SUCEDIDA

A reação de La Bruyère faz crer que o culto cego às coisas antigas havia sido responsável por embalsamar as artes clássicas, isolando-as numa redoma nobilitante. Os textos de história aí se incluíam. É assim que se explica a razão de Plutarco ter sido o ídolo de Montaigne, e Cícero o deus de toda a sociedade literária por tanto tempo. Mas a descoberta do distanciamento ressaltou progressivamente o valor próprio de ser moderno, conforme a reação enérgica de La Bruyère, amplificando a virtude de se constituir o homem, digamos assim, em um produto do hoje em dia, uma consequência direta de inovações promovidas pela passagem do tempo. E as novidades galopantes em curso clamavam por se legitimar. Então, de que maneira proceder na afirmação das virtudes do novo? Por meio de seu próprio elogio, ainda que não se abrisse mão de respeitosa admiração pelos clássicos. No plano da cultura histórica, foi a partir de fins do século XVII que a Modernidade destravou mais decisivamente as porteiras para o ingresso e a expansão progressiva de noções como a diferença qualitativa dos tempos. Ao término do século XVIII Johann Gottfried Herder tinha em mãos os elementos para declarar, em seu *Ideias para uma filosofia da história da humanidade*, a importância de ver as coisas em seus próprios lugares, bloqueando à Antiguidade clássica as patentes que a distinguiam como a época dotada de uma tradicional e superior dignidade. Mais do que nunca com Herder, afirma Hans-Georg Gadamer (1997, p.311), os modos de se pensar historicamente passaram a implicar, a cada época da história, um direito especial à existência e, no limite, até uma condição de superioridade. Esse foi um movimento criador dado por Herder.

---

est insipide; ils ne sont point touchés des hommes qui les environnent et avec qui ils vivent, et ne font nulle attention à leurs mœurs".

7
DISCURSO ORNAMENTAL EM PROSA

Cada um tem seu estilo. Eu gosto do curto, do significativo, do audacioso e do varonil. Se ele não agrada a uns, agrada a outros.

Pierre Charron, *Pequeno tratado de sabedoria*

Eu estimava muito a eloquência e era apaixonado pela poesia; mas achava que ambas eram dons do espírito, mais do que frutos do estudo. Os que têm raciocínio mais forte e digerem melhor seus pensamentos, a fim de torná-los claros e inteligíveis, podem sempre persuadir melhor o que propõem, ainda que falem baixo bretão e nunca tenham estudado retórica.

René Descartes, *Discurso do método*

A arte retórica pode ser muito bem uma dádiva natural de almas espirituosas, cujos raciocínios recebem um processamento diferenciado tanto em velocidade quanto em limpidez (talvez os espíritos fortes a que se referiu Descartes). De outro modo, essa referida arte pode ser também a expressão de um lento trabalho de elaboração, algo semelhante àquele produto pacientemente forjado pelo orador ateniense Demóstenes, de quem se dizia que seus discursos exalavam odores de lamparina. Na arte da conversação, alguns espíritos raros, como o grande Voltaire, possuíram o condão de transformar uma prosa de salão em evento extraordinário. Dele se diz que era tal o encanto natural de sua fala que, nas tertúlias promovidas em Potsdam por Frederico II (quando o filósofo desempenhou a honrosa função de camareiro régio), os convivas se sentiam eletrizados por sua verve cintilante, enlaçados por feixes numerosos de pensamento. Um evento com Voltaire à mesa tornava-se sempre em ocasião empolgante e, como disse um observador direto daquelas cenas, o serão sem ele era equivalente a um "anel sem pedra". Isso porque sua animada prosa era a própria expressão de jatos poderosos de pensamento vivo a atuar sobre os espíritos como instrumento penetrante, "[...] como se saíssem de corpos saturados, a desferir chispas e flocos de luz", afirmava o conde Francesco Algarotti (apud Camporesi, 1996, p.15).

Mas, para além dos talentos invulgares de prosadores performáticos, a arte retórica também foi assunto indissociável das narrativas históricas da Época Moderna. Com efeito, as obras históricas do período eram composições elaboradas com extremo apuro formal, uma prosa concebida com vistas a satisfazer o consumo de um restrito círculo de leitores exigentes que buscava, além das temáticas de interesse do tempo, os requintes vinculados à própria forma de expressão. Se ao texto histórico cabia persuadir pelos exemplos morais oferecidos por alguns homens notáveis e suas atitudes memoráveis, tratava-se ainda de compor artisticamente o roteiro, o que não tinha menor peso no discurso. Para tanto, os modelos de expressão escrita buscados nas tradições retóricas greco-romanas eram uma necessidade e um compromisso.

> A história era concebida como um ramo mais apurado da retórica, [considera Bruce Haddock (1989, p.15-17)], inculcando as máximas da filosofia moral de uma maneira que as tornava facilmente assimiláveis. [...] Uma história humanista devia combinar discernimento e exemplos edificantes numa forma literária agradável; e foi esta preocupação com o estilo que operou a distinção entre uma história e os anais ou comentários que lhe serviam de fontes.

No entanto, algumas variações sempre podem ser constatadas no que se refira às concepções de uma escrita da história que se equilibrava entre elementos de conteúdo e de forma. Analisando elites culturais do século XVII em duas importantes repúblicas europeias Peter Burke (1991b, p.105) ressaltou que, em Veneza, a prática diletante da história como um saber prático para a vida era uma referência central entre aristocratas cultivados. Mas se o historiador podia ser muito útil em orientar os passos necessários a se dar em política – ao construir máximas balizadoras das ações a partir dos exemplos retirados da história –, deveria ser contido em sua destreza com as palavras uma vez que era preferível situar a eloquência alguns graus abaixo do pragmatismo contido nas lições.

PINTAR COM PALAVRAS

A concepção da história analógica ou exemplar possui infindáveis registros na literatura da Época Moderna. No livro mais célebre de Cervantes (2004, p.105), fisgamos uma inequívoca definição dos tons de exemplaridade presentes na cultura histórica daqueles tempos. Segundo o escritor espanhol, a história seria êmula do tempo, um reservatório de grandes ações e uma testemunha confiável do passado. Com tantos predicados, a história constituir-se-ia em ilustração do presente, mas seria ainda uma advertência do futuro. E é bom que se diga que as considerações extraídas de uma obra ficcional sobre a história não divergem em nada do padrão das concepções tradicionais presentes em narrativas históricas de época. Em comum, tanto a ficção como a não ficção parecem sugerir que o tempo histórico possuiria propriedades conservadoras, propriedades estas destinadas a manter vivas na memória do ilustre leitor as experiências pregressas. Ora, expressões como "depósito das ações" e "testemunha do passado" utilizadas em *Dom Quixote* não deixam grandes margens à dúvida. Aliás, a narrativa cervantina foi concebida como um autêntico livro de história, cujo autor seria um conspícuo representante do gênero, ninguém menos do que Cide Hamete Benengeli, a mais fina flor dos historiadores mouro-hispânicos. Como recorda bem a propósito Ian Watt (1997, p.84), no início da primeira parte da narrativa informa-se que o vasto manancial de ditos e feitos fidalgos jorra de um antigo manuscrito árabe, encontrado justamente por Benengeli na tradicional cidade de Toledo.

De modo predominante, a narrativa histórica moderna era uma forma de escrita tendente à descrição de grandes episódios, frequentemente relacionados a povos importantes ou a homens fora do tamanho natural, como aliás demonstra convicta e recorrentemente o tratado de um contemporâneo de Cervantes, o historiador Luis Cabrera de Córdoba (1948). As narrativas históricas modernas retratavam o passado sem se aplicar a compreender suas singularidades e, assim, torná-las inteligíveis em seu próprio mundo, pela análise crítica de suas singularidades. Nos séculos do Antigo Regime as histórias tinham como preocupação dominante apresentar seus textos em prosa agradável ao leitor. As texturas sintáticas exuberantes em bordados e nervuras, então concebidas como requinte em termos de recursos narrativos, produziam uma linguagem artística conforme o melhor receituário de Cícero.

Mas, contrariamente à exigência ciceroniana (a veracidade contida na eloquência escrita), o discurso histórico seiscentista quase sempre era palavroso e envolto em regras de estilo tomadas às artes retóricas, antes que escrutínio judicioso de registros históricos. Instrução moral e entretenimento eram as vocações primordiais. A fluência do texto precisava ser caudalosa e empolgante, numa série de orações sonoras que deviam prestar contas até dos mais inexpressivos detalhes. Isso faz lembrar a exclamação de Luciano de Samósata (2009, p.51) diante dos historiadores que tencionavam descrever primores como o interior sombrio das cavernas, numa clara demonstração da ausência do sentido de proporção narrativa: "quantas dezenas de milhares de palavras para cada coisa!". Quando, nos primórdios da Renascença italiana, o humanista Petrarca se dispôs a compor o seu *De viris illustribus* – que corresponde por alto à história da antiga Roma em biografias de vinte e um heróis, de Rômulo a César (Fueter, 1914, p.2) –, mostrou a mesma indisposição com as superfluidades dos tagarelas, recusando-se a dar notícias da toalete do grande homem. Os pormenores rebaixavam a dignidade do historiador humanista e somente eram utilizados se pudessem prestar-se a alguma utilidade na exaltação dos assuntos de gravidade em matérias de moral e de política.[1]

A lapidação de frases abundantes para explicar insignificâncias exigia tratos para evidenciar e realçar a perfeição da forma. Ademais, a eloquência escrita devia produzir sensações próximas de presença real no cenário, em uma forma de descrição que era um modo de representação.

---

1 Acerca das variações de forma e de conteúdo impressas por Petrarca no gênero das vidas dos homens ilustres, ver François Dosse (2009).

Por razões como essa, compreende-se a concentração de tantos esforços em composições cheias de complexidade. E não é demais notar que a referida representação era uma apresentação de segundo grau, posta a trabalhar para o maior realce de uma técnica da formação de imagem, ou melhor, do próprio reflexo da narrativa. Como observa Claude-Gilbert Dubois (1973, p.161), a representação consistia em que o apresentador das cenas posicionasse uma tela imaginária entre o desenrolar original das ações e o sujeito receptor das mesmas, o que propiciava tornar presente um espetáculo visual fundado no artifício de um discurso, por sua vez apoiado no aparato de adequadas figuras de linguagem.

Afinal, do discurso histórico esperava-se a produção de cenas eloquentes na imaginação do público leitor, como se ele próprio estivesse diante do quadro apresentado pelo escritor. A ideia seria a de alcançar, por meio do discurso artístico, sensações visuais segundo o princípio horaciano do *Ut pictura poesis*. Sendo a poesia como a pintura, explicou o autor da *Arte poética*, haverá aquela tela mais cativante por sua maior proximidade do olhar que a contempla, assim como haverá outra também cativante, quando o observador se postar à maior distância (Horácio 1993, p.35). A tradição fez colar a esse fundamento uma série de sentidos, como os engenhos artísticos voltados para a imitação e reprodução das formas naturais, de modo a lograr uma condição de espelho da realidade, pois se recorria a procedimentos de visualização de conceitos descritos por uma narrativa (Dubois, 1985, p.13).

Aliás, como se referiu Nietzsche (2010b, p.120) acerca de sua própria competência discursiva, isso é uma espécie de retorno da linguagem à natureza da imagem. Como disse Quintiliano sobre a capacidade verbal de Cícero, ao bom orador cabe "pintar com palavras", de modo a criar a sensação de que quem ouve julga ver aquilo que é proferido. E mesmo Luciano de Samósata (Salmosate, 1929, p.121), sempre desconfiado de regras, tencionou escrever a história de um de seus numerosos personagens traçando de sua figura um retrato tão semelhante a ele quanto possível, ainda que se declarasse bastante limitado em pintura.[2] A propósito, em outro de seus diálogos, admirava-se Luciano de um orador que, pintando tão magistralmente as fisionomias e até mesmo as almas de seus acusadores, logrou que estas surgissem tão definidas

---

2 Sobre o tema, consulte-se o ensaio de Horst Günther (2013, p.116).

132 | UM GUIA SEGURO PARA A VIDA BEM-SUCEDIDA

diante dos ouvintes como se estivessem emolduradas em um retrato (Samósata, 1944, p.330s).

De todo modo, a coordenada clássica de um forte senso de presença tornou-se linha retórica mestra em textos de escritores do humanismo e do barroco, e isso tanto no discurso literário como no histórico. Ao que parece, a matriz histórica de tal coordenada é o mundo antigo, constituindo-se a obra incertamente atribuída ao escritor de língua grega Longino (*Do sublime*) um dos pontos mais evidentes desta referência. Segundo Longino (que se discute ter sido um autor do século I ou do século III da era cristã), a técnica de se produzir a sensação de presença em meio a uma descrição de episódios consiste em conduzir interlocutores de tal maneira que eles sejam plantados, por uma eminência retórica abundante, diante dos acontecimentos descritos pela narrativa (*ekphrasis*). A rigor, não se trata de uma boa imitação de episódios, mas dos próprios episódios, o que gera uma sensação aguda da história e, portanto, uma comoção intensa no auditório.

Desse modo, as imagens de realidades ausentes lhes são projetadas, ao ponto de crer que os episódios narrados se passam, em realidade, à sua frente. Pela via de uma superior eloquência se produz o que o autor designa como uma "majestade de expressão", ela própria geradora de "aparições", de "imagens fabricadas" ou "descrições animadas" trazidas ao alcance de um auditório pelo engenho narrativo (Longino, 1996, p.66). De tal componente dá bom exemplo o escritor lombardo Baldassare Castiglione (1997, p.139). Com modéstia afetada, declarou em *Il libro del cortegiano* (escrito ao longo de vinte anos e publicado em 1528) que uma narrativa precisa "colocar diante dos olhos dos ouvintes o rosto e a indumentária daquele de quem se fala".[3] Quanto ao tema, o toscano Giovanni della Casa (1999, p.54), ao destacar o virtuosismo narrativo de Boccaccio, recordou como é agradável a fruição de uma narrativa na qual o expositor apresenta os modos de quem fala, a ponto de levar o ouvinte a crer que não ouve propriamente uma descrição de ações e atitudes , "mas de ver com os próprios olhos" aqueles que são apresentados.

Mas caberia ao narrador a habilidade de "esconder a técnica" de sua escrita, para que não se perdesse a graça de sua arte; a isto ele denominou por uma aparente carência natural de jeito para realçar a arte envolvida

---

3 Em sua epístola introdutória, Castiglione declara ter pintado as cenas da corte de Urbino como um "retrato de pintura" (Castiglione, 1997, p.5).

na narrativa, uma exímia displicência no fazer discursivo (*sprezzatura*) (Castiglione, 1997, p.42s), uma altivez desdenhosa quanto ao emprego de adereços e artifícios, para fazer da linguagem uma espécie de segunda pele natural sobre o corpo. Em fins do século XVI Montaigne definiria a *sprezzatura* como o ponto ideal em que a arte encontra a naturalidade da expressão em sua língua: o francês. Para ilustrar o valor desse ideal transposto à arte da conversação ou da prosa escrita em seu idioma, Montaigne citava o descaso dos jovens de seu tempo em arranjos novos de suas vestimentas. Em vez do tradicional e cuidadoso aprumo, mais valia agora um manto desdenhosamente de banda, um capote torto pelo ombro, uma meia mal esticada. E tudo mostrado sem afetação, como um desvio virtuoso para o natural das coisas (Montaigne, 1972, p.87).

Da narrativa histórica como engenho produtor do senso de presença também deu registro o conhecido tradutor de Plutarco para a língua francesa, nos meados do século XVI. Jacques Amyot comparou o narrador de uma história àquele viajante que retorna de uma jornada a terras desconhecidas e, ao contar o que viu e viveu em tais lugares tão ricos em coisas e costumes diferentes, produz nos auditores singulares sensações de prazer. Exposto com talento narrativo, considera Amyot, o fluxo de linguagem de uma história assemelha-se à doçura do mel, fazendo com que os ouvintes se sintam encantados ao se depararem no meio de uma "bela, rica e verdadeira pintura de eloquência". Tudo é tão colorido e exibido de maneira tão viva que, ao lermos, nos afeiçoamos, sentindo que

> [...] as coisas não tivessem sido feitas no passado, antes se fizessem no presente, e por isso nos sentimos apaixonados de alegria, piedade, medo e esperança, nem mais nem menos quase como se estivéssemos em flagrante, sem estarmos sem nenhuma pena ou perigo [...]. (Amyot, [s.d.]a, p.34s)

No século XVIII Adam Smith admirava a competência narrativa de Tito Lívio. O escritor romano se distinguia tanto dos demais em seus relatos de matéria histórica porque, como nenhum outro, tinha o condão de produzir a sensação de transportar o leitor à cena dos eventos descritos no passado. No quadro comparativo que traçou entre antigos e modernos, Smith (2008, p.231) considerou a ampla dianteira que levavam os primeiros, porque "Os antigos nos transportam, por assim dizer, para o interior das circunstâncias dos protagonistas, e sentimos por eles como se fosse por nós mesmos". Pintar com palavras um retrato eloquente é traço distintivo apenas dos homens diferenciados, observou Carlyle (1963, p.93), porque somente estes são capazes de pôr de lado todas as insignificâncias, para expressar somente os elementos vitais de uma cena, discernindo a profundidade de tudo o que é superficial. "Para o olho vulgar", escreveu, "todas as coisas são triviais, como certamente para o ictérico tudo parece amarelo".

No século XVII François Fénelon registrou o valor de uma eloquência elevada em tais patamares. Em conhecido livro de estórias de aventuras – que também é um tratado de ciência política, segundo os preceitos do gênero literário[4] espelhos de príncipes – Fénelon narra a maestria de um eremita, figura tão loquaz que aparentava ser Cícero em pessoa. Em uma das muitas peripécias rumo à construção do perfil de um príncipe perfeito, o jovem Telêmaco dialoga com o ancião Termosíris, sábio venerável que lhe dá inúmeras belas lições. E era tão eloquente, avalia Telêmaco, pois "Dizia tão bem coisas passadas que se tinha a impressão de vê-las" (Fénelon, 2006, p.24). O livro de Fénelon é de 1699 e teve como fonte de inspiração a *Odisseia* de Homero. O autor concebera a obra pela altura dos últimos anos do século XVII, com vistas à formação moral do duque de Borgonha, naquela quadra o presuntivo futuro rei da França. Decerto que aqui não se trata propriamente de um livro de história, mas de uma narrativa *ad usum Delphini* vazada em grossas camadas de retórica política moralizante. Entretanto, a reprodução dos cânones da narrativa histórica em tal texto está bem visível e se harmoniza com o princípio da mistura de registros estilísticos difundido à época, conforme demonstrado por Paul Hazard.

HISTÓRIA E RETÓRICA

Em sua condição de gênero literário ao longo dos séculos do Antigo Regime a história quase nunca se empenhou em explicitar os seus

---

4 As concepções de gênero literário são flexíveis e sofrem variações quanto às possibilidades de definição. Aqui, gênero deve significar a somatória de características que culminam na identificação de dada maneira dominante de se conceber e de se escrever, por exemplo, a história. Nesse caso específico deve-se considerar uma forma especial de representação do tempo histórico e das ações humanas. Sobre a teoria dos gêneros, ver Antoine Compagnon (1999).

métodos. As técnicas da acribia eram difundidas apenas entre os praticantes minoritários da *ars antiquaria*. Por consequência da escassez ou da ausência de compartilhamento de normas consolidadas na investigação, tudo que vinha da pena dos historiadores possuía algum grau de credibilidade, dispensando-se assim as remissões mais rigorosas às fontes. Naqueles tempos, uma narrativa histórica era mais comumente uma nota à margem de outras histórias, cujo exemplo mais notório é mesmo o célebre livro *Comentários sobre a primeira década de Tito Lívio*, divulgado em limitado círculo por Maquiavel, em 1519.

Foi essa liberdade de criação que permitiu a Montaigne zombar do pouco apuro dos historiadores de seu tempo, para ele nada além de tagarelas ocupados em imitar os antigos. Não temos mais autores e assuntos originais, queixava-se o célebre filósofo francês, mas apenas glosadores que fanhoseiam temas já desgastados pela repetição. Entretanto, é bom que se diga, Montaigne não poupou elogios a seu contemporâneo Jean Bodin que, segundo ele, era uma exceção à regra no círculo dos historiadores por vocação. Montaigne (1972, p.200) louvou-lhe a originalidade e o rigor de sua reflexão sobre a história, cuja preocupação com o confronto judicioso dos testemunhos – "antes de admitir como provado os menores detalhes de cada fato" – é contraposta à esterilidade improdutiva de conversadores alambicados:

> Escolhem-se, geralmente, para historiógrafos – sobretudo em nossa época – indivíduos medíocres, somente porque sabem falar bonito como se fosse para aprender gramática que precisássemos de suas obras. [...] tendo sido escolhidos unicamente por causa de sua tagarelice com isto se preocupam; e, recheadas de belas frases e boatos ouvidos nas praças das cidades, compõem as suas crônicas.

Essas fontes de loquacidade encarnaram também o espírito do "pedantismo opiniático" descrito criticamente pelo também autor quinhentista francês Pierre Charron (2006, p.55ss), no "retrato" que traçou da Sabedoria.[5] Amigo e admirador de Montaigne, autor de um conjunto

---

5 O *Pequeno tratado de sabedoria* é obra sintética, de 1604, uma tentativa de Charron em explicar um tratado filosófico anterior, *De la Sagesse* (1601), que tivera recepção amplamente desfavorável da crítica, que compreendera seu livro como um assalto à cidadela cristã.

bastante relevante de noções dessacralizantes acerca da cultura clerical reinante em seu mundo (o que lhe valeu a reputação de ter produzido uma "bíblia dos libertinos"), é muito provável que Charron tenha enquadrado os historiadores em suas reflexões sobre retórica, situando-os entre aqueles tipos de escritores que saem à procura de informação para servir como enfeites e mobiliário para seus textos. Com tal atitude, preenchiam a memória para proporcionar entretenimentos ao público com sentenças estrepitosas e belos dizeres. De fato, ao tempo de Montaigne e de Charron, o campo da história foi densamente povoado por mestres consumados em exterioridades, especialistas em fisgar bagatelas e excentricidades nos livros de autoridades consagradas, para revestir suas próprias obras com azulejos coloridos. Na crítica de Charron, todo gesto literário mais livre de convenções ou marcado por algum potencial de inovação era visto como uma afronta aos padrões estabelecidos desde sempre e, como tal, deveria ser objeto de recriminação e censura por parte de espíritos vigilantes da estabilidade cultural cristã ortodoxa que, politicamente, traduzira-se no regime absolutista em fermentação. No dizer de Charron, o espírito pedante comum em seu século pertencia ao gênero daquele que "Mama ainda nas tetas de sua mãe" (ibidem, p.56). Apegado em reproduzir com zelo fanático a tradição, o pedantismo ortodoxo mostrava-se sempre muito desconfiado de toda expressão de pensamento que, mesmo que levemente, exibia traços distintos ou pouco familiares face às conveniências dogmáticas cristalizadas. Honrar e erguer culto aos princípios transmitidos pela cadeia de autoridades era um compromisso a compor a agenda dos porta-vozes das certezas consumadas pelos séculos. O ceticismo perante o culto do eterno ontem – pelo qual era necessário manter o espírito ao abrigo de novidades desagregadoras, como as incertezas duvidosas e flutuantes da ciência, que expunham o mundo a grande agitação, sofrimento e traumas – logo foi percebido como um dos pilares da crítica desestabilizante esboçada por autores como Charron. Na expressão desse autor – então sob inquérito por ter lançado fogo ao santuário dos princípios recebidos –, "Objetam que essa indiferença tem uma consequência ruim, tanto é que ela pode estender-se até mesmo aos assuntos de religião, dentro da qual não é permitido duvidar ou cambalear em hipótese alguma" (ibidem, p.65). Em pauta na sua narrativa tingida com as cores do ceticismo, então concebido como a referida "indiferença", encontram-se o exercício da desconfiança ou o apelo à dúvida, incluindo a defesa da verossimilhança diante de todos os fenômenos expressos neste mundo. Por meio da suspensão filosófica do juízo perante tudo aquilo que ainda não é dado ao espírito como forma razoável de compreensão, autores como Charron e Montaigne semearam os germes de um novo gênero de pensamento que, para a escrita da história, se distanciava das enunciações, para alicerçar-se em provas.

Eric Auerbach (1998, p.265) confirma o desdém montaigniano pelos narradores de episódios fora do comum, ao lembrar que Montaigne foi sempre curioso pela vida alheia, mas nutria alguma desconfiança contra os historiadores. Achava-os fantasiosos na medida em que apresentavam os homens quase exclusivamente em circunstâncias extraordinárias e heroicas, no que os afastavam da escala regular da humanidade, o que seria natural de se esperar com maior frequência de penas postas a trabalhar por vantagens pecuniárias e outras formas de distinções. Como tema central da exposição, tomavam a história dos personagens fora de série e a consagração reiterada de suas façanhas. A naturalidade das coisas do mundo real não se constituía em matéria atraente. Aferrados às extremidades, louvavam ou recusavam além das medidas. Ao longo do Antigo Regime escrevia-se história predominantemente por cima do que já havia sido dito por outros livros de temática similar. Tomando Tito Lívio e Cícero como modelos retóricos, a preocupação dominante nas narrativas históricas modernas era florir os textos com belos períodos, injetando neles lições morais, para atrair e prender o interesse de seus leitores. Havia uma competição aberta pelo estilo, o que tornava o apuro com a linguagem e a própria ordenação narrativa um exercício contínuo de arranjos complexos. Nos textos históricos modernos autores antigos eram sempre um alvo a se considerar nessas disputas que, muito frequentemente, vinham embrulhadas em grosso latim, para deslumbrar e impressionar o público de leitores cultos capaz de acompanhar a arte dos virtuoses. A fim de

> [...] transmitir as lições mais salutares de forma mais memorável [escreve Quentin Skinner (1988a, p.122) acerca das influências intelectuais de Maquiavel], o historiador deveria cultivar um poderoso estilo retórico. Como declarara Salústio no início de *A Guerra com Catilina*, o desafio particular da história reside no fato de que "o estilo e a enunciação devem igualar-se aos feitos registrados".

Em *Vida de Castruccio Castracani* – texto que compôs na "embaixada" feita a Lucca em 1520 –, Maquiavel estendeu ainda além as margens de liberdade da escrita histórica, estofando a biografia do personagem façanhoso retratado com informações semeadas no texto por sua imaginação, agora plenamente livre das tradicionais prestações de contas. A elevação estilística e a instrução analógica encobriam a veracidade ao ponto de certos episódios – como o próprio abandono fictício do tirano de Lucca na infância – prestarem-se melhor à apresentação eloquente exigida para realçar circunstâncias extraordinárias vinculadas às incertezas da vida. Ainda que se constitua em composição muito livre das regras canônicas da história humanista, em seus contornos formais a biografia do capitão Castruccio não escapa às normas predominantes no gênero "vidas dos homens ilustres". Isso porque sua estruturação objetiva atingir, no primeiro plano, o realce de feitos e palavras (atitudes extraordinárias que alteram a realidade e performances discursivas de mobilização), cabendo o teor de inovação do texto à recorrente radicalização da moralidade por ele apresentada como novo "continente da política". É esse o fator que faz dos príncipes maquiavelianos os agentes concretizadores da sublimidade dos fins, uma vez que a moral política também proposta na *Vida de Castruccio Castracani* flutua de um modo apropriado sobre as pressões de necessidades históricas mutantes. A *Vida de Castruccio Castracani* foi concebida por Maquiavel em 1520, quando da referida estadia em Lucca. A primeira publicação póstuma é de 1532.[6]

Mesmo em nossos dias, e sem desconsiderar tantos aperfeiçoamentos cumulativos incorporados ao longo dos dois últimos séculos, a história não deixou de gravitar ao redor de certos compromissos antigos, como aqueles tecidos em torno da arte narrativa. Tanto assim que grandes livros de história são reconhecidos também por suas virtudes estilísticas, em termos de uma sofisticada lapidação de linguagem, imagens e composição ajustadas ao paladar atual, o que, para alguns críticos, faz com que o trabalho histórico permaneça sendo – a despeito de sua espantosa diversificação – aquilo que fundamentalmente sempre foi: "uma estrutura verbal narrativa na forma de um discurso em prosa"

---

6 Edição brasileira: Nicolau Maquiavel (1982). Aspectos de um perfil biográfico do *condottiere* de Lucca, e que sem dúvida é mais condizente com a arte histórica do autor, foram descritos na *História de Florença* (Maquiavel, 1998, p.114ss).

(White, 2008, p.11). Hoje em dia, paralelamente ao valor conferido a aparatos de erudição e a demais recursos deslocados pelo historiador em suas pesquisas, é de considerável relevo o domínio de conceitos que o auxiliem a explicar as complexas realidades dos fenômenos históricos.

Mas, em tempos idos, o predomínio das grandes lições morais e a soberania absoluta do *ornatus* nas narrativas históricas encobriam ou simplesmente ignoravam uma série de exigências atualmente vistas como recorrentes na pesquisa acadêmica, razão pela qual pouco será utilizado aqui o termo "historiografia", mesmo podendo justificá-lo – à maneira de Benedetto Croce (1953, p.141) – como portador do sentido de "pensamento histórico", isto é, formas peculiares de refletir acerca de ocorrências da vida real em sociedades do passado. Ainda que também se conceba "historiografia" simplesmente como o estudo de diferentes modos de escrever a história, prefere-se o emprego de expressões como "arte histórica" ou "narrativa histórica", por se compreender "historiografia" como um campo disciplinar dotado de protocolos comuns a uma rede de especialistas, e isto ao menos a partir do século XIX. Questões como metodologia de pesquisa, teorias interpretativas de fontes históricas e campos de especialidades, por exemplo, distinguiriam a historiografia dos gêneros retóricos da Época Moderna, época em que a história fora marcada por um "estado de anarquia conceptual",[7] e cuja diversidade de visões e estilos oscilava livremente de autor para autor.

Desse modo, os assim denominados historiadores do Antigo Regime[8] eram autodidatas isolados, até porque inexistiam cátedras regulares de história, que foram criadas e expandidas progressivamente apenas ao longo do século XIX e, de uma forma mais significativa, na França e em regiões da futura Alemanha. Desprovidos de uma tradição de procedimentos comuns, bem como de um programa profissionalizante de estudos e leituras, os historiadores foram quase sempre diletantes, mormente os que praticaram o gênero romanesco e, mais tarde, o gênero filosófico de história. Tal condição certamente não pode ser tomada

---

7 Expressão de Hayden White (2008, p.28).

8 Como se sabe, o conceito foi cunhado por Mirabeau, em 1791, como expressão das instituições caducas da França até os tempos da Revolução de 1789. É utilizado aqui em sentido amplo, como proposto por Catherine Behrens ([s.d.]), ou seja, como baliza cronológica mais ou menos elástica para enquadrar a cultura histórica produzida entre os anos 1500-1800.

140 | UM GUIA SEGURO PARA A VIDA BEM-SUCEDIDA

como atestado de carência ou insuficiência, mas apenas como o aspecto que permite compreender e avaliar a considerável diversidade de perspectivas no enquadramento de temas comuns.[9] Enfim, concebe-se que, até os Tempos Modernos, a história fora predominantemente – ainda que não exclusiva –, uma expressão narrativa artística de acontecimentos reconhecidos como grandiosos e passíveis de ser destacados, a título de lições instrutivas para se comportar bem e obter êxito no mundo.[10]

A presença de provas documentais consistentes, por exemplo, era um recurso dispensável nos textos históricos do Antigo Regime, e a utilização de conceitos explicativos dos fenômenos descritos pelos narradores situava-se ainda no plano de um grau zero. Por isso mesmo, aprouve a historiadores como Voltaire reproduzir o anedótico caso do abade Albert de Vertot (1655-1735). Consta que o referido clérigo, ao ser apresentado à documentação inédita sobre o seu tema histórico, a saber, o sítio dos turco-otomanos ao Mediterrâneo, recusou-se de modo veemente a consultá-la. Tendo concluído sua obra sobre o cerco de Rodes – e sendo-lhe apresentados novos testemunhos que pudessem alterar as suas conclusões –, Vertot teria disparado: "O meu cerco já está feito". Essa historieta é aqui citada de memória, por ser ilustrativa do divórcio entre a erudição e a escrita da história na Época Moderna, posto que os historiadores investiam seus talentos em explorar fundamentos por vezes distantes dos critérios de veracidade em suas narrativas.

Como lembra François Dosse (2009, p.131) acerca dos compromissos de autores antigos e medievais em torno da narrativa biográfica, o que acabou por ser também um princípio compartilhado por autores de história ao longo da Época Moderna, a vida efetiva dos personagens históricos fora situada numa dimensão bastante inferior ao consagrado ideal de elevação moral dos leitores. Aí se estampava o modelo seguido pelos numerosos admiradores de Plutarco, igualmente mais interessados nos

---

9 Sobre o assunto, ver as considerações de Christian Delacroix, François Dosse e Patrick Garcia (2012).

10 Justificadoras da carência de unidade epistemológica e de normas de controle e verificação da pesquisa histórica até o fim do Antigo Regime – por compreenderem historiografia como um conceito que distingue as alçadas da livre opinião e do argumento fundado em provas, a partir da observação de uma série de tecnicidades –, ver as análises de Peter Burke (1980), Jacques Le Goff (1984a) e John Tosh (2011).

efeitos gerais das virtudes e dos vícios do que nas peculiaridades concretas de um indivíduo. Dito em outros termos, objetivava-se a transmissão dos valores morais dominantes às sucessivas posteridades, todo o resto caindo no detalhe de segunda ordem. O modelo plutarquiano era fácil de ajustar às necessidades conjunturais uma vez que os traços centrais realçavam qualidades morais de diversificados personagens (os "signos da alma"), pouco se preocupando em traçar deles um retrato mais próximo das quadras de sua existência (Loriga, 2011, p.18).

De todo modo, a excelência da forma narrativa era um compromisso consolidado, mas os historiadores do Antigo Regime também colaram a seu ofício o pressuposto da credibilidade, valor que remonta aos tempos de Heródoto. Se eles pouco indicavam a origem do conhecimento histórico que produziam, nem por isso abriam mão de obter a confiança de seu público. Por isso mesmo Paul Veyne chama a atenção para a estranheza provocada por *Recherches de la France*, o livro que Étienne Pasquier publicou em 1560. Inusitadamente, o autor quinhentista acumulara referências a suas fontes, em numerosas notas de rodapé, e seus leitores o advertiram de que este era um recurso desnecessário e até inconveniente em um livro de história. No âmbito da cultura histórica quinhentista, apenas a tradição poderia produzir os desejados efeitos de verdade almejados por Pasquier. A ele foi lembrado que somente o tempo seria o agente capaz de produzir tais frutos, e que seria inútil tentar cobrir seu texto com "o manto da academia" (Veyne, 1985, p.16).[11] Segundo Veyne, "o hábito de citar suas autoridades, a anotação erudita, não foi uma invenção de historiadores, mas vem das controvérsias teológicas e da prática jurídica, onde se citavam as Escrituras, as Pandectas e as peças de processo" (ibidem, p.22).[12] Como uma das normas crescentes e incontornáveis nos textos históricos, as notas de rodapé foram incorporadas a partir dos inícios do século XVII e, como lembra Peter Burke (2003, p.185), objetivavam promover um controle rápido e fácil das informações "seguindo o princípio de que a informação, como a água, era mais pura quanto mais próxima estivesse da fonte".

---

11 A análise de Veyne fundamenta-se no livro do historiador norte-americano George Huppert (1970).

12 Acerca do tema, ver ainda as considerações de Charles-Olivier Carbonell (1987, p.36s).

Uma tendência dominante na cultura histórica moderna fez com que, até o século XVIII, os historiadores procurassem imitar os grandes nomes das letras antigas. Junto com Cícero, Tito Lívio era outra referência modelar quanto ao estilo narrativo, sendo descrito como um "milagre de eloquência", posto que mesmo os que não eram tão receptivos à grandeza e ao poder de Roma, deleitavam-se com o seu talento.[13] Como escreveu o multifuncional escritor italiano Benedetto Croce (1953, p.213) acerca dos historiadores do Renascimento, as repúblicas antigas foram o seu exemplo político, e Tito Lívio o seu texto, como a Bíblia para os crentes. Além do estilo, também o conteúdo moral predominante em sua narrativa exerceu grande influência. Gênero literário de entretenimento e formação moral, a história não contou com muitas iniciativas empenhadas em explicitar os seus métodos de pesquisa. Valia a tradição de que o objetivo de um autor no mundo cristão era o de "batizar" os textos canônicos dos escritores sapienciais do mundo antigo, pelo critério da adaptação aos valores vigentes no seu próprio tempo, mesmo ao custo de artificialismos evidentes como as paráfrases de textos, caso ilustrado por um capítulo inteiro de *O príncipe*, decalque da teoria de Políbio acerca das formas de governo.

Nos *Comentários sobre a primeira década de Tito Lívio*, em seu segundo capítulo, o autor faz uma exposição acerca das formas de governo, aliás, muito semelhante à teoria da *anacyclosis* polibiana. Quanto a regimes políticos, além do caso de Maquiavel anteriormente referido, outras apropriações anacrônicas da Antiguidade – sobretudo por parte de autores medievais – foram analisadas por especialistas em história do pensamento político (Bobbio, 1989). "A palavra plágio", afirmou o lexicógrafo Robert Burchfield (apud Bloom, 2005, p.187), "foi registrada pela primeira vez em 1621, mas a associação entre plágio, culpa e dissimulação surgiu bem mais tarde". Assim, as preocupações com provas eram difundidas apenas entre os praticantes minoritários da *ars antiquaria*. A partir do século XV, "o termo '*antiquarius*' adquiriu o sentido de estudante de objetos antigos, costumes, instituições com vistas à reconstrução da vida antiga" (Momigliano, 2004, p.106).

A acribia ainda não entrara nos protocolos da escrita da história, apesar de esforços individuais, como aqueles empreendidos pelos

---

13 Afirmação do escritor seiscentista Luis Cabrera de Cordoba (1948, p.20). Cabrera de Córdoba autoriza-se na reputação de São Jerônimo.

humanistas do Renascimento. Do grego *akibôs* (exatidão), a palavra acribia é hoje termo referencial quanto a estilo narrativo rigoroso e preciso. Na história do pensamento histórico, a palavra remete tanto à pesquisa cuidadosa e apoiada em bons fundamentos quanto ao estilo de escrita (Hartog, 2003, p.74). Alguns autores modernos consideravam descortesia para seus leitores cultos indicar as fontes de que lançaram mão, pois, presumivelmente, todos as conheciam tão bem quanto eles.[14] Nesse terreno havia ainda a pouca convicção sedimentada em torno do conceito de autoria original, sobretudo quando diante da sabedoria dos clássicos. Diante de Tucídides, de Tito Lívio, de Tácito e de tantos outros medalhões incontestados, demandar por originalidade própria poderia soar aos modernos como presunção ou ingenuidade. Some-se a tais argumentos a ausência de uma indústria cultural já consciente do valor de seus artefatos, com os rogos típicos em torno de sua capacidade de faturamento, fenômeno que terá um início mensurável com alguns sucessos editoriais do Iluminismo.

Na avaliação de Ernst Cassirer (1997, p.278 e 311), o escritor libertino Pierre Bayle foi verdadeiramente o criador da acribia histórica nos fins do século XVII. Ao defender que não se poderia consentir que alguém que faz citações modifique qualquer elemento no discurso de seu testemunho, por mínimo que seja, ele se apresentou como uma nova referência. Mas bem antes das lições de Bayle, os humanistas italianos, na esteira de Cícero, já clamavam pela observação de tais rigores quase nunca cumpridos. Ilustrativo de uma nova ordem que se instaura no discurso histórico é o fenômeno que se processou a partir do século XIX, que se expressará por uma estrita regulação da exposição narrativa.

Ao grande Michelet foram apontadas carências de citações e remissões explícitas às fontes em seus já então reconhecidos trabalhos. Ele acusara tais golpes ao justificar que todos os documentos que utilizara integravam coleções numeradas e dispostas em ordem cronológica. Ora, todos os eruditos eram conhecedores de tais fontes, ao menos tanto quanto ele. Estando os fatos já devidamente datados em seus escritos, por isso raramente fazia citações e remissões. Além disso, citações cortam "a narrativa ou o fio das ideias. É vã ostentação rechear constantemente as páginas com essas citações" de coisas conhecidas (apud

---

14 Ver a respeito as considerações sobre a atitude de Montesquieu em Ernst Robert Curtius (1996, p.621ss).

Delacroix; Dosse; Garcia, 2012). Fiava-se Michelet no valor da sequência argumentativa e na força da coesão narrativa. De todo modo, os contemporâneos de Michelet vêm demonstrar que, quando o discurso histórico se tornou patrimônio comum de um corpo de profissionais nas alturas dos anos 1830, a acribia se impôs como uma regra de ferro.

8
O JARDIM DA ELOQUÊNCIA

*Essa ideia de ornamento e pompa era comum não
somente aos oradores romanos, mas aos próprios
historiadores e poetas.*

Adam Smith, *Conferências sobre retórica e
belas-letras*

Peter Gay (1990, p.27) salientou a longuíssima tradição seguida pelos
historiadores em apresentar os seus textos como artefatos de estudada tapeçaria estilística, com o fito de atender a exigências morais, em
estrita observância aos cânones literários vigentes na Antiguidade, na
Idade Média e nos Tempos Modernos. "A tradição da eloquência", escreveu o historiador teutoamericano, "consolidada e distorcida no início
do período moderno pelas reminiscências da oratória antiga, permeou
os escritos históricos até o século XVI e quiçá o século XVII, quando a
esta tradição retórica antiga os historiadores adicionaram a eloquência do púlpito".

Contudo, se no plano do discurso histórico o século XVIII foi um
divisor de águas culturais, isso não significa que as novas exigências
da então emergente história filosófica representem uma interrupção

brusca dos estilos consagrados. Como havia destacado Paul Oscar Kristeller (1993, p.340), a influência das técnicas retóricas na narrativa histórica alongou-se com notáveis reflexos até o século XVIII, e a *ars rhetorica* manteve uma presença ainda firme entre os historiadores. Essa é também a opinião de Benedetto Croce (1953, p.194), que analisa a presença marcante de discursos e arengas em importantes textos históricos da Época Moderna, quando "A verdade da história era, em suma, não a história, mas a oratória e a ciência política".

PEDRA DE AMOLAR

Salvaguardados os diferenciais próprios da história erudita, até o advento das Luzes, uma narrativa histórica moderna era quase sempre um livro construído à margem de outros livros. Um autor era comumente um glosador de ideias já circulantes, suficientemente desprovido de preocupações como, por exemplo, a originalidade de seu tratamento acerca deste ou daquele tema. Os historiadores modernos competiam abertamente em um plano retórico, no esforço de demonstrar o quanto de virtuosismo se poderia exibir em termos de intensidade de expressão. A preocupação predominante era florir a narrativa com belos períodos, injetando nela lições morais, para impressionar e persuadir seus leitores, porque "a historiografia é principalmente uma *ars rhetorica*, e o historiador é privilegiadamente um orador" (Albanese, 2009, p.286). O regime de historicidade reinante definira a história como oratória, e os historiadores se credenciavam mais diante de seu limitado público – o príncipe antes de todos os outros leitores – quanto melhor fossem seus cabedais de narradores (Hartog, 1988, p.197).

Se o autor pudesse suplantar os seus predecessores ou os seus concorrentes contemporâneos em elegância e força de expressão, então já era sinal claro de que se estava em plena ocupação de um lugar de honra em seu círculo. Enfim, no leito das moralidades do Antigo Regime, a história era a um só tempo discurso ético e narrativa ornamental, o que exigia um artífice bem aparelhado para manipular tais matérias. E se narrativa histórica era um ofício artístico marcado por aspirações à bela forma, isto fazia da escrita um sistema literário fortemente estetizado das experiências humanas mais marcantes e, portanto, dignas de figurar no discurso. Para ser historiador era necessário ser escritor, porque o estilo

O JARDIM DA ELOQUÊNCIA | **147**

vinha antes de tudo. A presença de mestres consagrados da antiga *ars rhetorica* no interior da cultura histórica moderna, Cícero e Quintiliano à frente, demonstra as vocações e as necessidades especiais do gênero. Assim, o elogiável em um livro de história não era propriamente o que se dizia acerca de determinado objeto; o essencial no discurso histórico eram as espumas ornamentais resultantes de todas as sutilezas que se pudesse encontrar na exposição de um assunto. Portanto, escovar a descrição, torneá-la para o leitor, entregando-a na forma de episódios reluzentes, eis uma rígida lei dos livros de história. "Os historiadores", assevera Bruce Haddock (1989, p.13), "apesar da intenção de serem fiéis ao passado, encontravam-se vinculados a modelos clássicos cujos cânones estritos de bom estilo e decoro distorciam forçosamente o padrão dos acontecimentos".

Carente quanto ao sentido do distanciamento, a história analógica não se ocupava das relações tecidas entre os personagens do passado e a realidade por eles vivida. Dessa perspectiva resultavam os feitos dignos de memória e passíveis de operações reguladoras por parte do historiador, sempre um perito em acomodar situações do passado no presente. De tal propósito derivou a reconhecida tendência em desfilar hipérboles ao redor de algumas individualidades marcantes na galeria de notáveis. Assim é que os eventos providos por tais personagens eram arranjados na narrativa com o fito de engendrar imagens empolgantes. A imaginação presta serviço à história ressuscitando o passado em feitos dignos de uma representação efusiva que ensine e conforte o leitor. Mesmo que os personagens tivessem visado fins específicos com as atitudes com que se fizeram dignos de recordação, tais atitudes eram remanejadas em sentidos considerados mais oportunos ao narrador. Daí a liberdade mais ou menos elástica para o incremento de remodelações e de ornamentações nas atitudes e nos discursos dos homens célebres.

Com as suas deformações devidamente moldadas pelos recursos da *ars rhetorica*, a narrativa histórica deveria ser, sobretudo, um estímulo à imaginação do leitor. "Vistas com os olhos da imaginação", escreve Maurizio Viroli (2002, p.215) em suas análises sobre o trabalho histórico de Maquiavel, "as ações dos grandes homens do passado adquirem uma luz que torna ainda mais intensa sua beleza e seu valor, provocando em quem as observa o desejo de imitá-las". Cabe ressaltar que a *ars rhetorica* como campo cultural dominante distinguia um corpo de regras para conceber discursos com o fito de produzir efeitos de convencimento, fossem tais discursos destinados a serem veiculados oralmente ou por escrito. Como já afirmara o humanista Bartolomeo Facio, em meio à sua polêmica com Lorenzo Valla, "A historiografia é conexa com a retórica da qual é uma parte ou subseção. A retórica gera a história e a nutre como uma mãe" (apud Albanese, 2009, p.328). Por isso mesmo não se pode dirigir aos historiadores do Antigo Regime a queixa escandalizada de que estiveram desatentos em compreender os personagens do passado em seus próprios termos. Se não gastaram munição em ressituá-los em seus respectivos horizontes, é porque consideraram mais apropriado "ressuscitá-los", para fazê-los reviver no presente como fontes de lições morais.

Entre muitas mortes e ressurreições, a retórica infiltrou-se na tradição literária ocidental moderna, instalando-se com os seus predicados sedutores em praticamente todos os gêneros da arte escrita. Os textos históricos e políticos foram particularmente abastecidos com os seus engenhos. A presença marcante de antigos lugares comuns nas obras de autores dos séculos XVI e XVII, por exemplo, decerto que contribui para o mascaramento dos sentidos intentados nos textos desses passados distantes. E são precisamente esses contrastes de diferenças os elementos que lançam os maiores desafios à compreensão de uma linguagem que, por vezes, parece-nos tão cheia de códigos. Como lembra a esse propósito Peter Gay (1990, p.28s), as palavras do passado foram dirigidas a interlocutores específicos, e a chave para a decifração dos sentidos foi perdida em algum ponto; daí a opacidade reinante no terreno das significações. Se desconhecemos as normas linguísticas de uma cultura, estejam elas acomodadas em estruturas explícitas ou implícitas, aumentamos o risco de interpretar erroneamente textos que seguiam regras de composição abandonadas (Burke, 1995, p.31). Então, quando na leitura dos textos históricos antigos reinarem os sensos da incompatibilidade e da estranheza, o estudo da arte retórica poderá vir a ser uma navegação instrutiva. O reconhecimento das singularidades de antigas formas de discurso permite aproximações promissoras ao historiador, a compreensão histórica estando entre elas.

Mesmo que pelas alturas dos séculos XVI e XVII a reflexão filosófica já tivesse descoberto e incorporado, de forma ainda vaga, a perspectiva do distanciamento, e mesmo que noções como a diferença qualitativa dos tempos históricos começassem a fazer aparições no plano da cultura histórica renascentista, o impacto destas novas variações contrastantes sobre a consagrada história exemplar ficou reduzido a depoimentos pessoais ou a manifestações isoladas, como as de um Guicciardini, de um Bodin e de um Hobbes. Com efeito, nos meados do século XVII, em obras de reflexão filosófica acerca de episódios históricos (a Guerra Civil inglesa) como o *Leviatã*, Hobbes já havia rompido com a ideia de história como fonte útil e confiável de sabedoria, pois seu contraexemplo histórico concretamente materializado e disponível para uma observação direta eram os conflitos que já duravam toda uma década entre o rei e o Parlamento. Para o filósofo inglês, ficava provado, pela experiência, que a experiência histórica não engendrava ensino eficaz para a resolução dos assuntos do presente. De todo modo, a concepção de que a experiência dos homens através dos tempos não seria um tecido sem emendas assentou-se como uma tendência secundária nas narrativas históricas da Modernidade. Ainda que portadora de potencial transformador desestabilizante, a minoritária propensão de distinguir as diferenças entre as sociedades no tempo não provocou consequências importantes na arte da escrita da história.

Um aspecto mais saliente da perspectiva analógica ou exemplar é o princípio de que a história deveria exercer um magistério moralizante. E ensino moral abastecido pelo exemplo de ações que ultrapassassem o grau das coisas comuns, chegando a elevações muito distintas na hierarquia dos feitos humanos, para atingir certas culminâncias eletrizantes, mormente pelos efeitos pretendidos de edificação do leitor. Os feitos narrados deviam propositalmente criar reflexos de ambiguidade na imaginação dos leitores, haja vista que a narrativa produziria, em princípio, uma paralisação e, a seguir, um impulso, projetando-os no rumo seguro de seu aperfeiçoamento ético. Isso pode significar que as lições morais ministradas por meio do exemplo das atitudes gloriosas de alguns personagens incomuns, para serem mais persuasivas, deveriam exibir, digamos assim, uma pigmentação retórica atraente, tonalidades vivas e agradáveis, para cativar, convencer e desencadear ações.

Nos livros de história, em seu padrão dominante ao tempo do absolutismo monárquico europeu, ou seja, ao longo de quase todo o século XVII e boa parte do subsequente, os exemplos dos homens ilustres eram sempre o melhor motivo para a narrativa. Mas, para ser potencializado e assim gerar os efeitos almejados de ilustração moral, o exemplo careceria de certo envoltório, de uma roupagem envolvente, algum expediente que lhe desse um lustro especial. Uma linguagem apropriada liberaria a energia contida no exemplo, impulsionando os leitores presuntivos à ação. A história descreve, ilustra e convence. Portanto, faz-se pedra de amolar: ainda que não corte, afia os instrumentos que movem os grandes homens a empreender. Daí o papel estratégico da eloquência escrita nos livros de história, o que permite redimensionar o destacado lugar ocupado pelos ensinamentos de Cícero, de Quintiliano e do retoricismo clássico em geral. As grandes lições acerca da *ars rhetorica* deixadas por essas figuras ofereciam as tintas, a tela, a moldura e até o pincel, para regalo dos que desejassem retratar com "efeitos visuais" as virtudes e os vícios presentes no comportamento de figuras exemplares do passado.

Como disse François Hartog (2005, p.51), a eloquência carregada de exemplos da história havia funcionado plenamente nas culturas políticas de Grécia e Roma. E a *ars rhetorica* haveria de ser também instrumento capital nas narrativas históricas da Época Moderna. A maior ambição desse gênero era comover e persuadir pela produção de imagens vivas encontradas em algumas ilhas de excelência do passado. Esses efeitos produzidos pelos textos históricos modernos não deixaram de concorrer para a notável longevidade do gênero, que se manteve hegemônico ainda muito tempo depois que a exigência de provas passou a concorrer com o beletrismo na escrita. De fato, as evidências "secas" garimpadas pelos praticantes da *ars antiquaria* haveriam de desbancar a ornamentação da linguagem no discurso histórico. De um lado, situava-se o aparato de erudição dos adeptos da *ars antiquaria* que, desde os séculos XV e XVI, desenvolveu-se pelos esforços de humanistas em algumas regiões da Itália e também na França dos Valois. Do outro, e em franca maioria, situavam-se os adeptos de uma narrativa livre de compromissos com evidências e provas, e que Eduard Fueter (1914, p.305ss) definiu como historiadores romanescos ou galantes.

> Enquanto o filólogo trabalhava laboriosamente para produzir um texto autêntico a partir de manuscritos eivados de erros dos copistas, [explica Bruce Haddock (1989, p.13)], o historiador concentrava-se mais na forma da sua narrativa do que na substância. [...] Na prática, estabelecera-se uma divisão entre erudição e história que persistiu até o século XVIII.

Não se constituindo ao longo da Época Moderna em matéria de ensino em nenhum nível escolar, a divisão da história nesses dois campos distintos e estanques foi uma consequência inevitável. Não havendo organização da matéria histórica que a tornasse passível de instrução regular, nem se constituindo em objeto mantido sob controle mais estreito de especialistas oficialmente reconhecidos, a história tornou--se campo livre para as mais diversas formas de incursão, demarcando amplo terreno para os louvores desmesurados aos monarcas absolutistas (Ariès, 1989).

O próprio Voltaire não deixou de farejar de qual direção vinham os ventos de renovação da história. Sua passagem com o beneditino Dom Calmet, na abadia de Sénognes, onde se hospedou por breve tempo "para abastecer-se de artilharia", também é ilustrativa das transformações ocorridas nas concepções da história no curso da Época Moderna. Portanto, tais tendências não deixam dúvidas: ao longo dos séculos XVII e XVIII o discurso histórico adornado pelos ditames da antiga e reverenciada *ars rhetorica* pouco a pouco perdeu espaço para as evidências probatórias e outros protocolos estabelecidos pela nascente ciência. Pouco a pouco apareceram pesquisadores mais compenetrados quanto à investigação das formas e proporções existentes no mundo das coisas reais, o que levou ao aparecimento de ondulações ainda lentas, mas destinadas a estabelecer-se como uma corrente dominante. A nova percepção era a de que aquilo que agrega valor às letras nem sempre satisfaz à história, o que diluiu nas narrativas do gênero os traços de embelezamento poético, ornamentação alegórica e demais referências tradicionais de estofamento discursivo, como ações extraordinárias. A esse respeito, um depoimento me parece ser expressivo quanto às alterações em curso, e vem da faculdade criativa de Thomas Hobbes em seu *Os elementos da lei natural e política*. Na Epístola Dedicatória ao conde de Newcastle, que lhe encomendara o livro surgido nos inícios de 1640, o grande inventor filosófico inglês expressou o grau de seus compromissos com o ideário da ciência emergente na Europa. Ao entregar o livro a seu patrono, Hobbes (2010, p.xc) desmereceu os preciosismos linguísticos que impregnavam os discursos doutos de seu tempo, para realçar os méritos de um raciocínio despido de adereços. "Quanto ao estilo", afirma textualmente, "ele é, por conseguinte, o pior, porque, enquanto estava escrevendo, forçoso foi levar em consideração mais a lógica do que a retórica". E é bom que se diga que todos os movimentos retóricos que o autor levaria a cabo, anos mais tarde, no *Leviatã* (publicado em 1651 com as reflexões que compusera no exílio parisiense), deveram-se ao fato de ele ter explorado ao limite, em *Os elementos da lei natural e política*, os novos recursos de comunicação da ciência moderna emergente, tornando sua nova linguagem pouco palatável aos presuntivos leitores da obra. Daí a necessidade de tingir seu mais famoso livro de teoria política com os recursos assegurados pela tradição retórica.[1]

O novo e crescente fenômeno de afirmação da ciência moderna levou o discurso histórico também a se ocupar bem menos com palavras, engajando-o com as provas que fundam o avanço do conhecimento sobre o passado. O divórcio consumou-se a partir do advento das tendências eruditas revigoradas por algumas ordens religiosas, pelos embates doutrinais entre católicos e protestantes e, ainda, pela onda marcante do racionalismo cartesiano. Pouco a pouco, somente as demonstrações baseadas nas evidências teriam reconhecimento. Thomas Hobbes (2010, p.25) anunciou a corrente dominante nessa seara recorrendo a uma metáfora zoológica comprobatória de que apenas as evidências conferem sentido às palavras: "Pois, se as palavras por si sós fossem suficientes, um papagaio poderia ser ensinado a conhecer uma verdade tão bem quanto a dizê-la". Em texto posterior composto por volta de 1666, o filósofo inglês aludia às atrações sedutoras do discurso retórico ao defini-lo como uma espécie de lábia sorrateira, cujo poder se estendia por searas que implicavam riscos para a realização da justiça. Na boca de um advogado, por exemplo, as palavras sofrem uma deformação proposital de sentidos, pois seu ofício requer habilidades para torcer a matéria, até que ela se ajuste à promoção dos interesses do cliente. E assim a retórica seduz o júri e, por vezes, também submete a seus encantamentos o próprio magistrado (Hobbes, 2004, p.38).

Nos domínios do discurso histórico, a linguagem passou a ser cada vez mais um instrumento mediador de um saber fundado em fontes, algo que os eruditos quinhentistas já tinham descoberto. Diagnóstico parcial, mas nem por isso incorreto, fez Adam Smith, ao constatar que o exercício narrativo fundado em demonstrações nem sempre pertencera à "província dos historiadores". Os antigos praticamente desconheceram os fundamentos eruditos das provas. Então, alguma coisa havia alterado de forma significativa os protocolos observados por essa tribo de escribas, porque os autores modernos passaram a se ocupar com demonstrações. "O que contribuiu para o aumento dessa curiosidade", refletiu Smith (2008, p.241), "é que hoje existem várias seitas religiosas e disputas

---

1 O tema foi estudado por Quentin Skinner (1999).

políticas que dependem muito da veracidade de certos fatos. Foi isso que induziu, já faz algum tempo, quase todos os historiadores a se esforçarem muito para comprovar os fatos de que dependem as reivindicações dos grupos favorecidos por eles". O efeito colateral dos novos aparatos de erudição é que as comprovações que passaram a entremear o discurso histórico mascavam o fio narrativo. Esses aparatos novos desviavam a atenção do leitor dos episódios centrais descritos. Assim, transformaram a leitura da história em um exercício pouco empolgante. Eis a crítica de um professor de literatura e retórica, que também escreveu uma das obras filosóficas mais célebres sobre economia, *Uma investigação sobre a natureza e as causas da riqueza das nações* (1776).

Em uma série de vinte e nove conferências proferidas nos anos 1762-63 na Universidade de Glasgow, e intituladas por editores pósteros como *Conferências sobre retórica e belas-letras*, o setecentista escocês Adam Smith representa um evidente foco de fissura na longa tradição da arte retórica. Para ele, os novos tempos requeriam um gênero de discurso crítico e suficientemente abrangente da realidade histórica. Newtoniano, em suas conferências, Smith se esforçou por constituir uma antirretórica face ao entendimento tradicional das artes narrativas ainda vigentes em sua época. Segundo ele, Salústio, Tácito e Tucídides foram ótimos exemplos de uma linguagem apropriada à narrativa histórica posto que notórios quanto à adesão a formas bem ajustadas de expressão. Assim, "O que se chama comumente de ornamentos ou floreios de linguagem, como as expressões alegóricas, metafóricas e semelhantes, tendem a tornar o estilo obscuro e confuso. Quem muito se empenha em fazer suas expressões variarem termina aprisionado pela obscuridade das metáforas" (Smith, 2008, p.88).

Como lembra Marc Fumaroli, a propósito da crítica oitocentista à arte retórica, esta se tornou mero obstáculo obscurantista, a impor limitações à ciência. Nas palavras de Ernest Renan, a retórica tinha sido "o único erro dos gregos" e, até a aparição das ciências, não passara de uma "administração de palavras", devendo agora ceder espaço às novas formas do saber. Eis a cientificidade ostentatória e desdenhosa de redução da retórica ao que há de mais pejorativo no termo, acrescenta um tanto inconformado Fumaroli (1999, p.14), dirigindo sua crítica aos que concebem a retórica como um arcaísmo greco-romano felizmente substituído por um conjunto de ciências humanas.

TÚNICA DE PÚRPURA

Mas quando se discute os movimentos ou as tendências de superação dos novos recursos da história sobre os seus antigos meios – algo óbvio hoje, posto que miramos o processo intelectual já concluído –, o que há de mais relevante não é tanto reconhecer uma superação lenta e gradual das novas perspectivas de história erudita e filosófica sobre as formas arcaizantes do saber histórico fundamentado em moral elevada, em exemplos grandiosos e em repentes de grandiloquência. De maior interesse, talvez, será reconhecer padrões de convivência de gêneros distintos de história. Ora, alterações ocorrem normalmente pela via de contaminações progressivas das correntes culturais que se cruzam em contextos diversos. Assim, os efeitos de exemplaridade também se fizeram presentes nas histórias modernizantes dos séculos XVI, XVII e XVIII. Quanto a isso, a nova história voltairiana da qual se falou ainda há pouco, cheia como estava de exigências filosóficas, não pode ser esquecida, visto ser amálgama de tendências antigas e modernas, mesmo que servida em travessas iluministas. Bem a propósito de tais arrazoados, François Hartog (2003, p.145) observa que "O paralelo postula uma temporalidade homogênea, indiferenciada. No fim das contas, aqueles que se queriam 'modernos' raciocinavam como 'antigos': com o paralelo, a analogia e as lições da história".

Mesmo as narrativas históricas que tentaram se desviar do consagrado padrão história mestra da vida preservaram ainda algo dos efeitos retóricos tradicionais como uma forma de recurso persuasivo. Os fundamentos morais herdados das concepções clássicas, principalmente do discurso ciceroniano, não se apagaram em narrativas como as de Maquiavel, de Bodin e de Voltaire, autores que declararam com modéstia mal disfarçada suas respectivas "modernidades", ao menos no plano de uma linguagem desembaraçada dos adereços clássicos (*ornatus*). Em seus textos, a prosa seria mesmo simplificada e despida de ornamentos que, na tradição literária da Época Moderna, de um modo predominante, "estão do lado da paixão, do corpo; tornam a palavra desejável. [...] as cores são, por vezes, colocadas 'para poupar ao pudor o incômodo de uma exposição muito despida (Quintiliano)" (Barthes, 1975, p.213). Segundo explica Henrich Lausberg (2004, p.140s), *ornatus* designa as preparações de um banquete, onde um discurso foi elaborado para ser consumido como iguaria. Então, *ornatus* pode remeter a sentidos, como um tempero para realçar sabores. Ao *ornatus* colaram-se outras acepções, como a de "flores do discurso". E como lembra Quentin Skinner (1999, p.70), na língua latina da época clássica, o vocábulo *ornatus* vinculava-se estreitamente a instrumentos marciais. Assim, servir-se dos *ornamenta* em um discurso implicava em prover-se das armas adequadas para encarar uma guerra de palavras, noção que afasta a ideia da prosa artística como mera aplicação de aromas e cores.

A reação de Maquiavel quanto a uma cautelosa resistência aos encantamentos das palavras coloridas é inequívoca, preferindo estado de atenção perante as oscilações da realidade efetiva das coisas. No laboratório mental em que processara suas ideias, os eventos narrados haveriam de refletir uma espécie de realismo político radical. Sua máquina retórica fora ajustada para absorver conceitos vindos de distintas direções, no que os entregava beneficiados em manufaturas que denominou por exemplos úteis à vida. Contador de verdades, conforme as tenha apanhado na realidade histórica, sua declaração em *O príncipe* é nada ambígua acerca dos comprometimentos assumidos com uma forma narrativa mais crua de episódios transcorridos na história antiga e na de seu próprio tempo. Definitivamente, não contrairia empréstimos de Cícero e da tradição de palavras douradas que, ainda em seus dias, possuíam vasta e fiel descendência. E não é demais dizer que a arte oratória ciceroniana experimentou fases distintas, em evolução ocorrida no curso de algumas décadas. Como se sabe, em meio a processos mais longos de maturidade reflexiva, é natural que autores discordem de si mesmos, renegando ou reformando suas asserções. O predomínio reconhecido por Cícero quanto a conteúdo e forma no discurso possui variações no conjunto de suas obras de teórico da oratória, tendendo para o realce da primeira dimensão nos textos mais tardios. Por isso, cabe ressaltar que a retórica do Renascimento deteve-se com maior atenção sobre os aspectos aparatosos da retórica do orador romano, embalando-se no luxo frequentemente bizarro de discursos passados em rica tinturaria. A retórica do Renascimento consagrou o discurso ciceroniano como epítome da eloquência antiga.[2]

Seria então adequado e oportuno o desvio de um roteiro que havia recebido a consagração de gerações de escritores políticos. Descrever a

---

2   Acerca do tema, ver ainda: Armando Plebe (1978, p.88); Benedetto Croce (1953, p.194); Paul Oscar Kristeller (1993, p.340); e Peter Gay (1990, p.27).

matéria política a um líder requereria, portanto, uma linguagem que se adaptasse às práticas comuns do falar. Assim se desvia de artes consideradas supérfluas como os malabarismos dos tratadistas esponjosos. Uma maior energia propulsora para a ação poderia ser distinguida no discurso direto. Não desejaria falar ao jovem Medici como um retórico de tribunal ou de assembleia, mirando na elocução característica do conselheiro que se expressa sem a tecnologia trapaceira dos charlatães. Dirigindo-se ao jovem Lorenzo de Medici, então elevado à dignidade ducal, alertava não ter feito provisão de enfeites para adornar o seu livro. Maquiavel não sabia ao certo a quem procurar para patrono, oscilando entre três figuras eminentes, todas Medici: Giovanni, então papa Leão x, Giuliano, filho mais novo de Lorenzo, o Magnífico, àquela altura figura central da política florentina (mas logo vítima fatal da tuberculose, no ano de 1516), e mais Lorenzo, jovem sobrinho do papa. A precariedade de suas finanças inviabilizou uma demanda ao papa, pelos custos da viagem a Roma. Com a morte imprevista de Giuliano, o autor direcionou seus anseios a Lorenzo, recém-elevado à dignidade ducal, em 1516. Mas o patrono pretendido dirigiu-lhe apenas uma breve saudação.

Centrando fogo na tradição retórica, não construiria períodos sonoros com palavras adoçadas. Não possuindo como alvo o deleite de um eminente leitor tão cheio de atribulações, punha foco nos dados de realidade e, para isso, juntava à narrativa um repertório de episódios e ações deliberadas para extrair a lição de como se alcança fins sublimes pela via dos exemplos que fazem a diferença na gestão dos negócios de uma coletividade. Em seu modo de entender, os eventos narrados por meio de sua pena haveriam de refletir uma espécie de realismo radical de escritor desembaraçado das craveiras retóricas então dominantes no ofício de retratar as ações humanas representativas de força e engenho nas lides do poder. Entre suas intenções confessadas destacou a Lorenzo que não aguçaria talentos em carpintarias verbais, ainda que consciente de remar contra a corrente dominante de tempos muito sensíveis aos compassos da eloquência. Se em política as palavras deveriam grudar-se à história viva dos acontecimentos, a retórica própria a uma narrativa das grandes ações deveria guardar distância de toda expressão estudada. Portanto, a norma a seguir seria aquela em que se estipula menos abundância em doutrina e em estilo, para que o autor se encontre desembaraçado quanto à tarefa de anunciar fatos reais, e as razões a eles atreladas. Em termos de seu consumo por parte de leitores familiarizados com os rigores dos *studia humanitatis*, os exemplos das coisas passadas servidos pelas composições históricas decerto que tenderiam a gerar menos acordes agradáveis à audição – uma lição vinda dos tempos de Tucídides (2003, p.14s) –, porque tais reflexões assumiram o compromisso de transmitir uma mensagem desembaraçada das fantasias retóricas. Ao declarar-se por uma argumentação em trajes comuns acerca de sucessos para servir às necessidades do tempo presente, o historiador florentino definia sua prosa, em *O príncipe*, em termos análogos aos de um "patrimônio sempre útil".

Leitor astuto, Maquiavel sabia que, quando o raciocínio é de curto alcance, a prática amplamente consagrada era remediar as carências de uma análise rasa com enxertos de linguagem lapidada. Assim procedendo, estabilizar-se-ia "quimicamente" um conteúdo de pouco valor, iludindo o paladar de observadores de menor perspicácia. Um exército de escritores já havia explorado o método, conforme diagnosticado por autores desde os tempos antigos. A capacidade de expressão da realidade, reconhecida pelo escritor como cabedal próprio, tencionaria sublinhar ao jovem cabeça daquela república aristocrática as afetações estilísticas desprovidas de conteúdo prático. Outros gêneros de discurso de fato podiam produzir um farfalhar de palavras rutilantes, porém desgarradas do chão histórico agora ocupado por Florença. Tais narrativas sobre a política eram como moinhos desajustados quanto à sua real vocação: produziam bastante ruído, mas não moíam o grão. Ora, se os escritores da matéria política não descreviam adequadamente as complexidades do instável solo em que se equilibravam os governantes, seriam incapazes de orientar a série de ações requeridas por realidade cheia de perigosas sinuosidades.

A mensagem contida em suas lições: o autor não demandaria por mediadores artificiosos. Passando ao largo das conhecidas técnicas de decoração das palavras, falaria das coisas de que poderia dar um testemunho direto e sensível, sem o comprometimento natural de acrescentar condimento artístico. Portanto, nada de dignificar o próprio estilo com truques de metáforas e alegorias, pois se tratava de arar o terreno para a frutificação dos interesses do governante. Aludindo às composições abundantes, mas desprovidas de agudeza quanto à retratação do mundo, talvez se possa colar à sua forma peculiar de expressão um sentido formulado por Adam Smith (2008, p.118) em sua análise da retórica, o de que "uma sentença ou frase nunca deve arrastar uma cauda". Além

158 | UM GUIA SEGURO PARA A VIDA BEM-SUCEDIDA

de uma prosa francamente desabotoada e livre de tagarelice espumosa a demarcar o tom diferencial de seu livro, o essencial de sua escrita lavrada no opúsculo consistiria em colocar de lado as moralidades consagradas.

Assim procedendo, abriria caminho por entre a frequentemente incômoda e censurável nudez dos fatos reais. E tudo visto e medido com a pretensão da objetividade de um narrador que se tinha na conta de escrupuloso, que nada tira ou acrescenta à realidade das cenas que registra. Ainda que afetasse prudência e modéstia protocolares à sua condição de alma decaída (no passado recente integrara grupo político opositor) implorando por salvação (o patrocínio de um Medici), há de se supor que Maquiavel mirava sua posição de instrutor por um ângulo muito favorável, enxergando-se como o ponto de ruptura na arquilongeva escola dos escritores que se ocuparam da política. Nas estudadas palavras dirigidas ao jovem duque de Urbino, ele distinguiu e acentuou o grau de originalidade das concepções que pretendia dispersar nos ares da cultura política de seu tempo. A carta a Lorenzo permite a compreensão de que, com aquele instrumento de persuasão, o autor se colocava na dianteira dos tratadistas políticos, e se instalava no gênero como marco divisor.

Desse modo, o autor de *O príncipe* seguia na contramão dos perfumistas de narrativas que, esbanjando palavras, economizavam em argumentos. O seu negócio era tratar matérias de interesse dos homens ilustres naquelas variações de importância para a vida que se desenrola sob os seus próprios olhos, lançando a tempo os devidos alertas segundo a urgência dos temas, matérias a requerer pulso firme e faro estratégico na condução da realidade. Das culminâncias de sua sabedoria instrumental acumulada em seus intensos quatorze anos como secretário da Segunda Chancelaria florentina, faria com palavras regadas em história viva o que ao príncipe caberia executar com a força persuasiva das armas. Em seu magistério político ao duque de Urbino, o ex-secretário da Segunda Chancelaria de Florença afirmou que o seu código discursivo seria provido de feitos de utilidade prática, ficando de fora toda retórica evasiva:

> Não ornei esta obra e nem a enchi de períodos sonoros ou de palavras empoladas e floreios ou de qualquer outra lisonja ou ornamento extrínseco com que muitos costumam descrever ou ornar as próprias obras; porque não quis que coisa alguma seja seu ornato e a faça agradável senão a variedade da matéria e a gravidade do assunto. (Maquiavel, 2008, p.129s)

O JARDIM DA ELOQUÊNCIA | **159**

Com uma declaração assim tão sem rodeios e tão consequente com a lógica do realismo político, fica mais difícil a tarefa de avalizar críticas que tendem a ressaltar *O príncipe* como o laboratório dominante de uma eloquência gráfica exploratória, uma nova espécie de expediente linguístico humanista por meio do qual o autor intentava projetar uma vertente do alto dialeto toscano em moderna língua italiana. Argumentar pela linha de raciocínio de que especialmente *O príncipe* foi até o tempo presente objeto predominante dos caprichos de especialistas das ciências sociais – que só percebem no texto a sua dimensão política e nunca a sua hegemônica vertente poética – talvez seja enveredar pela senda das presunções do gênero imaginação sem freios inaugurada por Rousseau.[3]

Ora, é natural que *O príncipe* tenha sofrido retoques e aperfeiçoamentos formais de linguagem nos anos imediatamente posteriores a seu processo de composição e redação ocorrido nos últimos meses de 1513. Reformas e arrumações bem cuidadas por parte do autor só poderiam ser mesmo os indícios de um maior empenho com a elevação da escrita. Mas nenhum colorido poético presente no texto será capaz de comprometer a modéstia afetada revelada por Maquiavel a Lorenzo, quando declara de um modo para lá de transparente suas intenções em dar lições de poder e de arte de governo ao distinto personagem. E não é demais dizer que na Florença ao tempo de Maquiavel a ciência da retórica era um bem de cultura amplamente compartilhado numa experiência de vida urbana e de participação republicana (regime de conselhos comunais) que remontava há, pelo menos, dois séculos contínuos de uma história entrecortada por crises políticas.

A ascensão de Cosimo de Medici – quando a elite florentina passou a reconhecer a hegemonia incontestável de uma família abastada pelas transações financeiras com os grandes atores da cena europeia – foi uma significativa ruptura, mas não o término do republicanismo. Comandada pelos clãs mais importantes desde 1434, a Florença de Cosimo e décadas mais tarde a de seu neto Lorenzo enfrentou algumas crises políticas, como o "abril sangrento" de 1478. E em 1494 a tradição dos conselhos foi restaurada dada a inaptidão de Piero de Medici para os assuntos de Estado. Com o seu banimento, a cidade pôde reviver a experiência

---

3 Ao que me parece (e valorizando o mérito e a oportunidade de sua tradução), é o que sugere Afonso Teixeira Filho (in Maquiavel, 2008, p.17ss), nas considerações acerca da obra do autor florentino.

plena de uma comuna livre nos poucos anos de influência do dominicano Savonarola. Mesmo os que viviam em fazendas e vilas rurais situadas nas imediações de Florença (ao tempo de Maquiavel beirando os cinquenta mil habitantes) eram cidadãos plenos e suas frequentações contínuas e/ou sazonais indicavam vínculos com uma cultura de expressão verbal por excelência, o que fazia dos florentinos não somente indivíduos de arraigadas convicções republicanas como também entes orgulhosos de sua loquacidade, especialmente em temas de política. Em regra, todo cidadão florentino do alto Renascimento era um bom falante, indica um especialista, sobretudo numa terra que produziu nada menos do que o triunvirato Dante-Petrarca-Bocaccio.

Havia um orgulho socialmente compartilhado por cima desse requinte que apenas Florença tinha o privilégio de ter propiciado à Itália, a comuna que mais contribuiu para a afirmação do dialeto toscano como língua de cultura dos italianos. E isso sem se estender pela constelação de escritores e de humanistas que nenhum outro reduto de primeira linha da cultura renascentista foi capaz de gerar (Martines, 2011, p.36). Segundo Lauro Martines, ainda não foram descobertas as razões da notável liderança florentina sobre os feitos culturais (artes visuais e literatura, sobretudo) do Renascimento, liderança que se manteve inalterável do século XIV ao XVI; e isso mesmo quando se considera centros até mais pujantes em população como a Sereníssima República lacustre e a própria Cidade Eterna. "Nenhuma outra cidade na Itália poderia superá-la nem alcançar seu legado literário", acrescenta Lauro Martines (ibidem, p.186), "fosse em contos, escritos históricos, poesia de amor ou versos narrativos. Os florentinos eram embebidos de palavras". Em outro livro, Martines avalia que, em termos de exuberância das esferas cultural e política, e isso desde os meados do século XIII até por volta de 1530, Florença fora a cidade mais fulgurante de toda a Europa. Roma, Veneza, Paris e Londres, dentre outros centros europeus de alta significação, nunca foram páreo à sua vivacidade.

Afora a tríade luminosa Dante-Petrarca-Bocaccio, nenhum outro centro urbano gerou uma escola de pintura comparável à florentina, sem mencionar que foi Florença o celeiro do humanismo, o núcleo intensamente criativo que primeiro deu vida nova à cultura clássica. Ali se abrigaram pelotões de brilhantes homens de letras, que em história e política teve Maquiavel e Guicciardini instalados em seus postos mais elevados (Martines, 2003, p.312s). Tentando compreender o "momento mágico" do teatro elisabetano na Inglaterra de finais do século XVI, Stephen Greenblatt (2016, p.200) ajuda a entender o esplendor de Florença como uma conjugação seriada de elementos favoráveis: o nascimento acidental de gênios, e as necessárias "circunstâncias institucionais e culturais" acrescentam sentido ao "acidente".

Portanto – e sem desconsiderar a carga genética de retórica embarcada como insumo literário da cultura humanista agregada ao realismo político maquiaveliano –, de um modo significativo a essência da matéria de *O príncipe* fora fixada de uma vez por todas no texto, o que de modo algum reduz o relevo de questões referentes aos problemas de linguagem presentes na obra. Ora, a política incontornavelmente constitui a referida essência na tradição republicana florentina e, quem quer que deixe de fazer este reconhecimento, desloca o personagem histórico de seu *background* histórico. Parafraseando o historiador francês Lucien Febvre, desconhecer que a política domina de ponta a ponta uma obra como *O príncipe* é como ignorar os propósitos políticos do mais político entre todos os escritores políticos e, assim, incorrer num delito sem remissão no ofício de lidar com ideias e textos de outrora. Por outro lado, e em distintos gêneros de labor literário, Maquiavel também fez amplo emprego das técnicas retóricas que aprendera desde a sua primeira formação. Quentin Skinner (1988a, p.123) ressalta como ele pilhara livremente o livro *Vidas dos filósofos ilustres*, de Diógenes Laércio, para abastecer com frases espirituosas a sua biografia do ilustre *condottiere* Castruccio Castracani.

E não é demais dizer que a redação do livro mais conhecido de Maquiavel coincide com o tormento de San Casciano (expressão já tornada sinonímica de exílio político).[4] A fase de composição da obra se estendeu pela primavera-outono de 1513 e teve início como anotações surgidas em meio a outras divagações acerca da política dos antigos. O plano de Maquiavel era apresentar suas notas a Giuliano de Medici, então a personalidade mais eminente de Florença, desde a queda de Soderini e o colapso da experiência republicana. As anotações esparsas foram celeremente alargadas e o autor atinou que compusera um opúsculo cheio de ousadias. Essa percepção dos traços marcantes de originalidade do livro devia-se ao contraste que ele mesmo estabeleceu com uma longa tradição de livros de aconselhamento aos governantes. Até

---

4 Ver os sentidos que atribui ao termo Françoise Waquet (2010, p.163).

então o catálogo dos valores políticos derivavam das moralidades piedosas do catolicismo em face da realeza cristã. E a sua intervenção inovadora consistia justamente em subverter o velho continente moral consolidado por conselheiros que, convictos de ensinar boa política e adequada arte de governo, em verdade abriam as trilhas da ruína de seus governantes.

De todo modo, e ainda que Maquiavel tenha mantido a retórica sob atento controle, os exemplos persistiriam como marca registrada na composição de seus livros de história, fenômeno de ampla propagação. Cessado o Renascimento na Europa, a emulação dos clássicos resistiu como um traço da cultura letrada, e com grande vigor no campo da história. No século XVII, Thomas Hobbes (2010, p.40) deu uma definição vigorosa do conceito que movera os humanistas. "A emulação", afirmou, "é a mágoa que surge em um homem quando ele se vê superado ou ultrapassado pelo seu concorrente, junto com a esperança de se equiparar a ele ou de superá-lo no futuro, pela sua própria habilidade". É provável que Hobbes se referisse a circunstâncias um tanto distintas do trabalho intelectual, mas a exemplificação não perde sua utilidade, haja vista entretecer uma relação dialógica com o nosso tema.

Com efeito, os que nos séculos XVII e XVIII se ocuparam das belas letras queriam ombrear-se com a glória literária de Tito Lívio e, para tanto, elaboravam longos discursos ornamentados nos quais a escrita aparatosa mesclada de gemas e cacos era o que vigorava na arte narrativa (Hazard, 1974).[5] A influência clássica deu o tom predominante ao retoricismo histórico da Época Moderna, com o predomínio do estilo complexo, aspecto que em muito contribuiu para a futura má fama da retórica, esta constituída sobretudo ao longo do século XIX. As considerações anteriormente expostas permitem aplicar a ideia da perda de sentido da norma de simplicidade elevada, pela mistura de registros estilísticos diversos como a história e a retórica que, no mundo antigo, lembra Fábio Duarte Joly (2007, p.8), fora objeto de distinta abordagem, uma vez que a história constituía um gênero retórico.

Os historiadores modernos distribuíam arengas criadas ao sabor dos momentos de inspiração, no intuito de acolchoar os seus textos com passagens que acentuassem o sabor de coisas incomuns. "A história não

---

5 Acerca da presença e das funções dos discursos nas obras históricas do período, ver as análises de Carlo Ginzburg (2002, p.80ss).

O JARDIM DA ELOQUÊNCIA | **163**

estava longe do gênero literário", considera François Cadiou (2007, p.49) em análise dos franceses do Antigo Regime. "Seguindo os conselhos de Quintiliano", afirma, "o historiador tinha total liberdade para dramatizar, multiplicar os discursos fictícios, os detalhes pitorescos, a fim de prender a atenção do leitor". Em nenhum outro tempo a história fora tão reduzida ao estatuto de gênero literário, afirmou Guy Palmade, definindo-se estritamente pelo decoro, eloquência e estilo.

Assim, as funções almejadas por uma narrativa nutrida na arte da composição eram as de instruir os leitores produzindo deleite, todas as lições muito bem situadas em planos elevados de moral e de política cristãs (Palmade, 1988, p.44). Mesclando estórias à história, seguiam uma regra bem aceita ao tempo, pelo aditivo de falas que jamais foram pronunciadas por grandes homens, ou que o foram de um modo diferente. E é bom que se lembre de que o recurso de "exercícios retóricos imaginários" fora asperamente criticado desde a Antiguidade, como no caso de Políbio, em seus enfrentamentos com Timeu. Em jogo estava a defesa de sua história pragmática, cujo fundamento era a observação direta dos grandes eventos, sob a regência dos estadistas e dos generais (Políbio, 1986, p.415).[6]

Preocupados com a causa estilística, sucedia comumente aos escritores modernos atribuírem as sentenças mais sofisticadas a personagens que, de um ponto de vista da escala social, teriam condições improváveis de proferi-las, pela simples razão de lhes faltar experiência de vida agregada à fala. Em suas lições aos historiadores de seu tempo, o escritor seiscentista espanhol Luis Cabrera de Córdoba (1948, p.104) recomendava que se recusassem a representar personagens como porta-vozes de uma mensagem que não fosse deles mesmos; eles deviam falar em seu modo natural, de acordo com o seu grau próprio, costumes e maneira de dizer. Assim, Cabrera de Córdoba esforçava-se para impor limites ao convencionalismo épico presente na arte histórica de sua época que, desejosa por transformar o elemento artístico tão próprio do discurso histórico em lei, convertia este discurso em obra de ficção.

Mas esse impulso de Cabrera de Córdoba não era um fenômeno novo no plano das narrativas históricas. No segundo século da era cristã, o escritor Luciano de Samósata já se divertia com os que se metiam a

---

6 Acerca de discurso e arengas como norma da arte histórica antiga e moderna, ver Benedetto Croce (1953).

misturar o elevado e o vulgar na mesma argamassa, com o fito de preencher os pontos cegos de seus parágrafos. A referência literal ao autor sírio será um pouco mais longa que as de hábito, mas valerá tanto pela pertinência ao tema aqui passado em revista quanto pelo ensinamento em forma de diversão.

> Como esse negócio se parece com um ator trágico que calçou um pé num alto coturno, enfiando o outro numa sandália, [diz Luciano]. Acredito que não se deve fazer assim, mas tudo deve ser homogêneo e da mesma cor, harmonizando-se o resto do corpo com a cabeça, de forma que não seja de ouro o capacete enquanto a couraça é completamente ridícula, feita de remendos de andrajos (sabe-se lá de onde) e de peles podres, o escudo de vime e, nas pernas, peles de porco. Você poderia sem dúvida ver muitos historiadores desse tipo, os quais põem a cabeça do Colosso de Rodes num corpo de anão. (Samósata (2009, p.53s)

De fato, o tom crítico predominante acerca da correção da narrativa histórica não convida à liberalidade incauta quanto ao emprego da linguagem. Contudo, numa abordagem da ornamentação no discurso histórico, Luciano de Samósata admitiu que uma narrativa que cumpra o preceito da veracidade também poderá acomodar algo de elegante, o que não autoriza a meter no texto palavreado difícil ou outros apetrechos que o desvirtuem. Aos historiadores Luciano recomendou o cultivo de uma capacidade de expressão elevada, mas sem dar ensejo à violência e à mordacidade típicas dos aparatos da retórica que, por sua vez, levavam a forçar a imaginação sempre no sentido de produzir sérias deformações da verdade.

Ernst Robert Curtius (1996, p.110) acentua que o derrame de esplendores retóricos (*ornatus*) na literatura europeia teve vida longa. Esse artifício alcançou o Século das Luzes e foi, ainda nesta notória idade de escritores de amplos recursos como Voltaire, a grande aspiração de quem escrevia. A razão era simples: não se tratava de expor um determinado assunto de relevo à luz de provas; o desafio mantinha-se em compor uma narrativa aguda e reluzente acerca do tema de eleição. O compromisso era, portanto, com a linguagem polida, com a sucessão de frases floridas dispostas em complexo arranjo, o que dificilmente se alcançava com êxito. Daí a crítica que se derivou do inadequado comportamento daqueles escribas que caprichavam na lima, mas que desleixavam da fidelidade a seus registros, cuidando muito mais de elegâncias, para fazer fama de bom escritor.

Sendo assim, eles buscavam leitores não para lhes dizer a verdade sobre acontecimentos, mas para mostrar-lhes artefatos secundários, que narravam com a dignidade de eminentes oradores. Sem desmerecer o bom estilo, que se deve fazer presente na narrativa do historiador, tal crítica fora dirigida a seus contemporâneos pelo já citado autor espanhol Luis Cabrera de Cordoba (1948, p.30). Acerca dos que se equivocavam quanto à dosagem de ornatos na narrativa, Luciano de Samósata (2009, p.41) já advertia com a tonalidade que é a marca do estilo que legou à tradição satírica. Em sua conhecida preceituação destinada a alcançar os historiadores ávidos de pensões e dignidades, dizia ele que a história ornada é como um atleta musculoso a quem fantasiam com uma túnica de púrpura, a quem também acrescentam outros adereços próprios das cortesãs, sem esquecer-se de carregar no ruge e no pó de arroz. A Modernidade em história consistiu justamente em livrá-la das garras dos historiadores retóricos, sempre judiciosos em colocar os seus talentos para despistar a realidade, por vezes astutamente ocultada sob os relvados viçosos da eloquência gráfica. Em história, as palavras sempre possuem valor, mas a verdade situa-se alguns graus acima, não mais cabendo ao estilo encobrir o conteúdo, mas harmonizar-se com ele (Momigliano, 2004, p.73).

De forma predominante, até os séculos XVII e XVIII os historiadores procuraram emular os grandes nomes da Antiguidade ou mesmo os clássicos modernos reconhecidos como padrão elevado de moral e de estilo no vasto domínio da *ars rhetorica*. E acerca das relações entre história e retórica não é demais lembrar que o historiador romano Tito Lívio foi influência de destaque no período, um ponto de referência mais elevado no complexo relevo das narrativas históricas da Época Moderna. Desde que Petrarca o alçara à máxima grandeza entre os prosadores da história, sua dignidade de clássico, firmada por um escritor canônico, haveria de se consolidar por séculos (Fueter, 1914, p.2). Com efeito, seu incomparável estilo narrativo fora objeto de imitação em diferentes regiões da Europa até o século XVIII. Todos queriam ser Tito Lívio e se esforçavam, em meio a um competitivo e interminável certame, para culminar na atribuição dos pensamentos mais complexos a personagens sabidamente ignorantes, tudo pelo prazer de elevar a imaginação a alturas próximas do concorrido modelo (Hazard, 1974). Dessas elevações discursivas dava conta Miguel de Cervantes, em tom de uma ironia não apenas consciente, mas defendida como instrumento legítimo, quando se tratasse de um manejo ficcional. Em seu romance pastoril *A Galatéia*, o escritor expressa a intenção estudada de colocar questões filosóficas na boca de singelos pastores, cujas vidas têm como quadro de referência a aspereza de uma batalha diária pelo pão. Também em *Dom Quixote* o para lá de simplório lavrador Sancho Pança figura como o personagem analfabeto mais eloquente da história da literatura universal, por meio de uma verve urdida em complexa e extensa mitologia clássica. É que esses homens simples, de pastores e rudes serviçais só possuíam mesmo o traje, diz o sempre muito autorreferente Cervantes, todo o resto residindo na capacidade simuladora do autor em expressar aquelas "razões de filosofia" tão distantes das representações camponesas (Cervantes, 1974, p.17). Ao que parece, essas vocalizações filosóficas não fazem mal algum em gêneros literários nos quais a imaginação autoral pode reinar livre sobre a realidade, estando o autor ficcional desembaraçado para lançar olhares para aquela janelinha platônica, e assim espiando de modo soberano como opera um cérebro de personagem. Mas em narrativas históricas já se percebia as muitas restrições da crítica quando a agudeza do pensamento ultrapassava as evidências de uma realidade limitadora de tais expansões.

Quando, eventualmente, dava-se voz a gente de pouca literatura, pessoas muito humildes encantavam o ar com os seus engenhos bem-dotados de gênio filosófico, no que produziam pensamentos de alta significância. A eloquência era um valor do espírito de tal forma decisivo que, como lembrou Petrarca (2001, p.225) acerca da fábula de Anfione, esta figura não apenas movia as árvores, mas ainda deslocava as pedras, por meio de seus incomparáveis dons de expressão. Essas expectativas elevadas transferidas ao discurso do historiador, para constituir-se em um de seus pilares, consolidaram a exigência de que a história deveria possuir um nível de qualidade expositiva capaz de cativar leitores. Aliás, a eloquência gráfica presente no discurso histórico atuava como uma espécie de visgo ciceroniano, pois não bastava que se soubesse pensar; seria preciso exprimir com absoluta correção aquilo que porventura se passasse no campo das ideias. Pensamentos sem ordem e sem lustro não cumpririam a estratégica função de aliciar leitores.

Então, enquadrar grandes ações em textos sem encanto compatível seria algo como cometer um abuso contra a oportunidade de exercitar-se na escrita, lição igualmente colhida na respeitável lavra dos antigos. Assim, arear os pensamentos e entregá-los lustrosos ao público era a missão de maior relevo do escritor. A passagem do tempo e as transformações culturais modificaram esse consagrado ponto de vista, o de que o estilo vem sempre antes. No século xix, Schopenhauer (2009) demarcou com precisão essa guinada na literatura europeia, ao exprimir o estilo como a "fisionomia do espírito". Ele condenou a imitação estilística como artificialidade fútil, comparando-a ao uso de uma máscara. Assim, o que outrora fora julgado como arte e encanto passou a ser tomado como uma deformidade. Tudo o que é afetação no estilo pode ser tomado como as caretas que desfiguram um rosto, disparou em *Parerga y Paralipómena*.

9
A IDEIA DA SIMPATIA RESPEITOSA

É vã a atitude de tentar exprimir os valores de um tempo pelas medidas de outra época! Que ao grego caiba enganar-se quanto ao egípcio e que o oriental o tenha em má conta; nossa primeira reflexão deve ser a de concebê-los nos lugares que lhes são próprios, sob o risco de os vermos apenas a partir da Europa, na forma de uma primitiva caricatura.

Johan Gottfried Herder, *Uma outra filosofia da história*, 1784

Durante longo tempo, a história mestra da vida soou como uma promessa tranquilizadora de produção de benefícios, e sua primeira vocação era afastar do campo das ações humanas a possibilidade de danos, sobretudo quando se tratasse de assegurar o êxito de grandes personagens. Nos dias que correm já se admite com certa naturalidade e ironia que a experiência é um gênero de sabedoria que nos permite reconhecer os erros, quando os cometemos sucessivamente, o que não implica que eles sejam fonte de aprendizado. Em nosso tempo estabeleceu-se como verossímil a lógica de que a experiência ensina que não necessariamente se aprende coisas úteis para orientar nossos passos a partir das experiências vividas. A máxima de prudência de que qualquer compreensão deve brotar dos acontecimentos esbarra nas dificuldades impostas pelos próprios acontecimentos, em sua trama cada vez mais indevassável. Decerto que a experiência persiste como aparato útil de navegação em um mundo tão ligeiro em apresentar novidades, mas a variedade e a velocidade desconcertantes com que há muito fluem os modos de vida cerceiam aquela tranquila confiança nas técnicas de reuso das ações passadas para uma orientação segura, conforme reivindicara Maquiavel.

Mas, como dissera Thomas Hobbes, pelo fato de vermos os mesmos antecedentes serem sempre seguidos pelos mesmos consequentes, acabamos por adquirir a falsa confiança que assim sempre será. A isso o filósofo inglês denominou como previsão ou conjectura, expectativa ou presunção de futuro. Então, se vemos com regularidade os crimes serem seguidos de punições, logo cremos que a crimes sucederão correspondentes punições, da mesma forma que às brasas segue o calor. Levando a analogia para o mundo natural, persiste Hobbes em seu ceticismo, confiamos sempre que as nuvens serão sinais de chuva futura e a chuva sinal de nuvens passadas, tal como, ao vermos cinzas, inferimos que houve fogo. Entretanto, ele conclui de um modo surpreendente pela falibilidade da experiência humana como fonte segura de sabedoria. Mesmo que o homem ainda não tenha observado algo distinto como a luz do dia ser seguida da escuridão da noite, "[...] ele não pode daí concluir que isso ocorrerá ou tenha ocorrido eternamente" (Hobbes, 2010, p.17). Enfim, e depois de tantos senões, o filósofo até admite ser prudente conjecturar a partir das experiências de vida, advertindo apenas que os episódios sempre guardam diferenças significativas.

Sob esse aspecto, somos filhos de Hobbes. Hoje em dia, a história como mestra da vida sobrevive apenas como simples fragmento na superfície rasa de um senso comum que não perde a oportunidade de sacar exemplos supostamente orientadores de ações positivas e eficazes para guiar certas experiências cotidianas, ações que demandam alguma ilustração no passado como forma de convencimento. Nossas campanhas políticas são particularmente ricas a esse respeito, sendo que até cenas bíblicas costumam ser exploradas por entusiasmados candidatos, em lições aplicáveis a torto e a direito para a promoção do bem público. Eis, portanto, esforços de reciclagem forçada dos grandes exemplos da história, efeitos de uma necessidade que desconhece leis, conforme já diziam os antigos. Em outro de seus livros, no *Leviatã* mais propriamente, Thomas Hobbes indicou que sucessos passados eram quase tão indeterminados quanto as ocorrências especuladas para o futuro, o que permite dizer que os saberes fundados na experiência eram incertos.

Como admitiu um destacado intérprete de Hobbes, o filósofo teutoamericano Leo Strauss (1984, p.96), é bastante limitada toda forma de conhecimento social que tome a experiência histórica como seu fundamento.[1] Isso assim se passa pela razão de os fatos ocorridos no passado terem sido experiências únicas. Portanto, se possuem este conteúdo incontornável de singularidade, não seriam passíveis de reprodução e, muito menos ainda, objetos de assimilação em tempos regidos por outras circunstâncias. Também John Pocock considera que Hobbes, de fato, negara às experiências relativas ao passado as credenciais de fonte de autoridade (leia-se exemplaridade) para a condução prática da história vivida no presente. Contudo, isso não significa que o passado deixaria de explicar o presente, até porque tomaria parte nele. Parafraseando Pocock (1968, p.229s) em suas conclusões,[2] se algumas dimensões do pensamento de Hobbes evidenciam traços de baixa historicidade, disso não se deve derivar evidências cabais de que todas as facetas de sua filosofia sejam da mesma natureza.

EMERGÊNCIA DO SENSO HISTÓRICO

Face aos prenúncios de alta modernidade das reflexões hobbesianas acerca da experiência como instrumento de orientação para a vida, um fato já bem assentado em solo historiográfico é que as concepções da *Historia magistra vitae* vindas de Cícero, ou mesmo de outras referências anteriores a ele, estiveram arraigadas nas diferentes tradições

---

1 E Strauss (1984, p.102-104) complementa: "Por este ângulo, é certo que a filosofia política de Hobbes é 'a-histórica'. [...] O estado de natureza é, para Hobbes, não um acontecimento histórico, mas uma elaboração necessária" ("*To this extent it is true to say that Hobbes's political philosophy is 'unhistorical'. [...] The state of nature is thus for Hobbes not an historical fact, but a necessary construction*").

2 "Se seu pensamento não foi histórico em certo sentido, poderia ter sido histórico em outro" ("*Because his thought was unhistorical in one respect, it could be historical in another*").

humanistas europeias. Conforme estabelecido desde os antigos, a serventia da história era suprir o homem de discernimento e de sabedoria, como, aliás, asseverou Demóstenes (1961, p.42) em sua polêmica contra as "sofistarias" de Ésquines, "Porque às repúblicas em comum, assim como em particular a cada homem, cumpre ajustar as suas ações pela norma dos mais belos exemplos e modelos". Os exemplos possuíam valor inestimável para os homens que soubessem se servir deles. O tradicional *topos* dos exemplos das coisas passadas era instrumento de alerta para os perigos do caminho e ajudava a conter a sede por poder e riqueza, fontes frequentes de descaminho e de ruína dos governantes, assim como de todos os aspirantes a um papel de destaque na maquinaria dos Estados modernos. Com as atitudes prudenciais providas pela sabedoria da história, contornavam-se os excessos, assegurando-se uma travessia mais segura à nau do Estado.

Em *O príncipe*, Maquiavel recomendara a leitura da história a título de "exercícios da mente", ficando o príncipe encarregado de buscar sua própria suficiência em sabedoria política nas obras históricas, a exemplo do que fizeram homens da excelência de um Alexandre Magno, de um César e de um Cipião. Ao ler os livros de história, encontraram as lições que lhes abriram o caminho do triunfo, modelando-se nos exemplos de varões veneráveis de supremo vigor, como Aquiles e Teseu. Frente a eles, seria sempre necessário ter os seus gestos e ações bem frescos na memória, como um instrumental assimilável para impulsionar as suas próprias conquistas. E o historiador de Florença assim exemplifica as funções vitalizadoras da leitura dos livros de história centrados nos feitos dos grandes homens:

> Quem ler a vida de Ciro, escrita por Xenofonte, reconhecerá depois, na vida de Cipião, quanto este deveu de sua glória àquela imitação, e quanto, em sua castidade, afabilidade, humanidade, liberalidade, Cipião se conformava ao que Xenofonte escrevera sobre Ciro. (Maquiavel, 2008, p.71)

Leitor atento de Plutarco, a quem conferira a palma da excelência no gênero "vidas dos homens célebres", o humanista francês Jacques Amyot enunciara a leitura da história como o mais útil e proveitoso esclarecimento a todas as pessoas, mas muito mais aos grandes príncipes. Ora, esses personagens de escol sustentavam as cargas mais pesadas que cabiam a um vivente, e a história lhes garantiria a justa provisão dos predicados requeridos para o desempenho do bom governo. "Assim se pode verdadeiramente concluir", referiu-se Amyot ([s.d.]a, p.38) em seus encômios a Plutarco, "que a história é mestra dos príncipes, da qual podem eles aprender sem pena, passando o tempo e com singular prazer, a melhor parte do que é requerido ao seu ofício". Esse *topos* frutificou em vasta descendência autoral, constituindo-se em referência incontornável nas narrativas históricas e até em textos de outros gêneros, o que não deve significar que, ao longo da Época Moderna, tenha reinado sem a concorrência de repertórios alternativos.

A expressão "os exemplos das coisas passadas" pertence às ricas lavras de Montesquieu (1979, p.266) e aparece em *Do espírito das leis*, onde é utilizada de maneira bastante crítica. De fato, Montesquieu fora um desconfiado quanto às possibilidades da história analógica ou exemplar, mantendo a respeito dela uma série de reticências, como quando diz que os homens de Estado podem consultar Tácito à vontade, mas não descobrirão em seus textos nada além de argutas reflexões sobre fatos que precisariam da própria eternidade para retornar em circunstâncias semelhantes.[3] Portanto, aqui já se verifica algo do ceticismo quanto à natureza magistral da sabedoria histórica *à l'Ancien Régime*, o que também já foi demonstrado quanto a Thomas Hobbes. Ressaltando a modernidade do pensamento histórico de Montesquieu, Ernst Cassirer (1997, p.288) avaliou que

> De todos os pensadores do seu meio, ele é o dotado de mais viva penetração histórica, o que possui a mais pura intuição das diversas formas da existência histórica. Não disse ele um dia, falando de si mesmo, que para falar da história antiga tentara adotar o espírito da Antiguidade, metendo-se na pele de um antigo?

Não que ele desautorizasse analogias e paralelos como elementos do processo de compreensão da realidade. Com efeito, Montesquieu cita exemplos da história moderna que podiam servir de base para a

---

3 "Os políticos podem estudar Tácito; eles só encontrarão reflexões sutis sobre fatos que precisariam da eternidade para voltar nas mesmas circunstâncias" ("*Les politiques ont beau étudier leur Tacite; ils n'y trouveront que des réflexions subtiles sur des faits qui auroient besoin de l'éternité pour revenir dans les mêmes circonstances*", Montesquieu, 2004, p.1421).

compreensão do que ocorreu na Roma antiga. Segundo ele, o rei inglês Henrique VII reduziu o poder da nobreza para proveito das cidades livres. Em Roma, Sérvio Túlio aviltara o senado, realçando os privilégios populares. Note-se a perspectiva regressiva de Montesquieu (2010, p.17), que parte de um evento ocorrido na posteridade para explicar circunstâncias mais remotas no tempo. Nos textos históricos de Montesquieu é comum flagrá-lo em atitudes de alerta quanto às armadilhas da alteridade, a espreitar os historiadores em cada análise. Tratava-se então de manter vigilância, porque o tempo histórico impõe, sempre, uma série complexa de inevitáveis diferenças provocadas pela mudança social.

Em *Do espírito das leis* pode-se acompanhar frequentemente esse gênero de preocupação, externando o autor o desejo de produzir análises mais confiáveis acerca das realidades do passado. "É preciso transportar-se para aqueles tempos" (Montesquieu, 1979, p.450), diz o senhor de la Brède, para não transformar costumes particulares em normas gerais, mesmo quando todas as aparências conspirarem a favor de pintar quadros a traços largos. Portanto, principia o seu livro *Considerações sobre as causas da grandeza dos romanos e de sua decadência* (idem, 2010, p.15) incitando o leitor a não formar da cidade de Roma ideias próximas daquelas de seu próprio tempo. A Montesquieu já parecia vocação um tanto ingênua as transcendências de contextos – operações ainda tão comuns entre os historiadores de sua época –, porque o fundamento de seus propósitos como pesquisador das coisas passadas era o de sempre captar a "cor local". Ora, o mundo muda tão vigorosamente no curso de menos de uma geração, que até mesmo os preceitos políticos perdem a pertinência e precisam ser alterados, afirmou.[4]

Sendo assim, de que modo a história poderia gerar lições úteis ao fundamentar-se em constâncias tão fugazes? Com indagação de tal ordem, Montesquieu deu mostras de que, como historiador, assumia a missão de penetrar no "espírito" das coisas passadas, para não correr o risco de enxergar como semelhantes aspectos que poderiam ser muito distintos das instituições e dos valores de outras épocas. A sutileza do pensamento histórico parecia consistir justamente na difícil arte de descobrir as semelhanças das coisas diferentes, bem como as diferenças das coisas

---

4 "É preciso alterar as máximas de Estado de vinte em vinte anos, porque o mundo muda" (*"Il faut changer de maximes de l'État tous les vingt ans, parce que le monde change"*, Montesquieu, 2004, p.1422).

semelhantes. Para compor os seus livros históricos, ele reunia cuidado-samente numerosas fontes, a fim de submetê-las a rigorosa avaliação. Mas, diante do emaranhado da documentação, sua pretensão era que alguma espécie de vida fosse produzida daqueles conjuntos ressequi-dos, pois não se conformava em fazer trabalho de antiquário. Ao avaliar os aspectos de exemplaridade contidos na história antiga, Robin George Collingwood (1981, p.35) considerou que a história possuía um valor, e que os seus ensinamentos eram úteis para a vida em sociedade.

> Isso porque [disse ele textualmente] [...] o ritmo de suas modificações provavelmente se repetirá, verificando-se consequências. A história de acon-tecimentos notáveis merece ser recordada para servir de base a vaticínios, não demonstráveis, mas prováveis, afirmando não o que acontecerá, mas o que é provável que aconteça, indicando os pontos de perigo nos ritmos em evolução.

Ao analisar traços da cultura histórica europeia na confluência da Idade Média com os Tempos Modernos John Pocock considera que, à época, apenas os aspectos intemporais surgiam como elementos racio-nais na análise de processos políticos. Aquilo que parecia variar e sofrer deformações em sua aparência original saía do plano das análises, isto é, era descartado como objeto sem valor. Os aspectos que mudam apre-sentavam maiores dificuldades aos homens de saber e, segundo Pocock (2013, p.22), agregavam contornos de complexidade ao "problema da inteligibilidade do particular". E o autor conclui o seu argumento: naque-les tempos, foram bem poucos os autores que se dedicaram a conhecer o particular e o transitório, evidência que os reduz a uma série escassa.

Mas é bom dizer que, mesmo havendo um maior número de escrito-res dependentes das referências de exemplaridade – conteúdo central das narrativas históricas modernas –, autores como Jean Bodin reagi-ram contra essa tradição predominante em seu tempo. Aliás, a moderni-dade de seu pensamento histórico encontra-se precisamente na recusa em acomodar certos elementos dessa muito bem consolidada herança. Para Bodin, por exemplo, a história era entremeada de experiências sin-gulares, sem um real conteúdo de universalidade. Ainda que Jean Bodin inserisse uma referência tão distinta na tradição consagrada da história analógica fundada em exemplos morais, nada impedia que se pudesse fazer da história uma fonte moderada de exemplos para a ação dos grandes homens. De fato, mesmo o hipercrítico Bodin foi notoriamente pródigo em referências que faziam da história algo como a colheita de excelentes frutos, colheita esta proporcionada pelo conhecimento das ações virtuosas de personagens de escol encontrados no passado, reservatório inestimável de testemunhos morais. Instrumento para aquisição de virtudes como a prudência, nada seria mais relevante ou mais vital do que a história, porque os acontecimentos da vida por vezes se repetem, como se se movessem em um círculo.[5] Segundo Benedetto Croce (1952, p.172), a ideia de circularidade dos tempos históricos remonta a referências do Oriente antigo. Adaptada pela Antiguidade clássica, e assumindo forma paradigmática na teoria política de Aristóteles e de Políbio (*anacyclosis*), a noção de circularidade foi retomada pelos historiadores do Renascimento, para quem a história era "uma sucessão de vidas e mortes, de bens e males, de felicidades e misérias, de esplendores e decadências".

NOVA NATUREZA DO TEMPO

É verdade que diferentes autores interessados pelas formas do pensamento histórico moderno observaram que a cultura do século XVI passou a exibir, em uma escala sem paralelo com os séculos anteriores, uma perspectiva histórica amadurecida.[6] Os homens de letras da Idade Média que se dedicaram à história possuíam um fraco senso diante das diversidades das condições de vida entre os povos do passado e os do presente, dos quais se ocupavam em suas descrições. Acontecimentos e personagens históricos importantes vagavam pelos séculos sem qualquer traço de diferenciação na escala das características culturais. Alguns vultos notórios do passado – por sua força, bravura ou sabedoria, fossem eles lendários ou históricos – apresentavam uma personalidade

---

5 *"Since for acquiring prudence nothing is more important or more essential than history, because episodes in human life sometimes recur as in a circle, repeating themselves..."* (Jean Bodin, 1969, p.17).

6 Acerca de concepções médias sobre história nos inícios da Época Moderna, ver, em particular: Eric Auerbach (1998); Robin George Collingwood (1981); Quentin Skinner (1999). Para as especificidades do pensamento histórico medieval quanto à diferença, ver Benedetto Croce (1953, p.172).

plenamente compatível com as pessoas do tempo então vivido pelo narrador. O Adão bíblico, por exemplo, era representado como um camponês, da mesma forma que Pilatos poderia figurar como um nobre da época. Era o que ocorria nas letras históricas cristãs dos séculos XII e XIII em diversas regiões da Europa, lembra Auerbach (1998, p.285). A ainda marcante ausência de senso histórico[7] no século XVI leva a curiosidades como, por exemplo, a concepção da idade do mundo. Exatos 4004 anos haviam decorrido da Criação à vinda de Cristo, verdade quase nunca questionada até pelos homens de filosofia e de ciência. Horst Günther (2013, p.101) recorda as liberalidades típicas de uma época em que se podia naturalmente estabelecer um livre comércio entre personagens e ideias – entretecendo-se, assim, nos termos de Koselleck, "a contemporaneidade do não contemporâneo" –, o que levou Shakespeare a fazer com que remotos heróis troianos citassem os sábios da Atenas clássica. No presente caso, Heitor refere-se à obra de Aristóteles.

Aliás, a fraca impregnação de alteridade do passado na obra do bardo de Stratford, sobretudo quando se considera suas peças históricas, é observada por Stephen Greenblatt. Uma das ênfases de Shakespeare era dramatizar as cenas que garimpava em crônicas nobiliárquicas quinhentistas de autores como Edward Hall e Raphael Holinshed. Mas se alguns personagens centrais shakespearianos foram artificialmente ambientados em culturas como a da Roma antiga (e isso por uma série de questões, como a própria prudência em retratar temas cercados pelos campos minados da censura, temas estes relativos à crença religiosa e ao poder político), e se os contemporâneos de César e Cleópatra se comportavam com os modos típicos de autênticos londrinos da época do próprio autor, isso apenas demonstra que ele era naturalmente afeito ao gênero das reconstituições dominantes em seu tempo, o que cabia muito bem no figurino de uma peça histórica elisabetana. "Mesmo quando o cenário é Roma, Éfeso, Viena ou Veneza", explica Greenblatt, "o ponto de referência urbana de Shakespeare é sempre Londres. Os antigos romanos podiam usar togas e levar a cabeça descoberta, mas, depois que a plebe sublevada de *Coriolano* consegue o que quer, atira os

---

7 Uma definição didática de senso histórico é dada por Gadamer (1998, p.18) nos seguintes termos: "[...] a disponibilidade e o talento do historiador para compreender o passado, talvez mesmo 'exótico', a partir do próprio contexto em que ele emerge".

chapéus para cima exatamente como faziam os londrinos elisabetanos" (Greenblatt, 2016, p.171). Cena semelhante ocorre em *Júlio César*. Em diálogo de Brutus e Casca, a multidão eletrizada, quando César recusa uma coroa, "jogava os bonés para o alto, e soltava uma montanha de mau hálito", o que teria desencadeado nele um ataque de epilepsia (Shakespeare, 2006, p.274).

Esses ingleses dos tempos de Elisabete I não fazem feio quando envoltos na indumentária dos contemporâneos de Cícero, porque aí se retrata em notas vibrantes os traços comuns do que pertence à humanidade. Por isso se diz que a toga da antiguidade romana tem bom caimento nos elisabetanos modernos, mesmo que apresente evidentes traços de imperfeição no tecido. De todo modo, adverte o acadêmico norte-americano, convém evitar compromissos com os pedantes azedos de hoje em dia e com os ranzinzas estrábicos do passado, seja por lançar anátema sobre Shakespeare – porque os seus romanos de toga lançavam gorros para o alto –, seja porque ele utilizou objeto de higiene corporal como aspecto central de um drama – o famoso lenço em *Otelo* (Greenblatt, 2016, p.397). Ainda sobre os antigos romanos e o prolepsismo shakespeariano, é bastante curiosa as inserções que o autor inglês fez de questões religiosas.

Em *Titus Andronicus* pode-se averiguar a consciência cristã antecipada de alguns personagens, que ora clamam por Nossa Senhora (cena do Cômico condenado à forca), ora são acusados de seguidores do papado (diálogo de Lucius e Aaron) (Shakespeare, 2006, p. 96 e p.101, respectivamente), ora expressam pacto com o próprio diabo (confissões dispersas de Aaron). Fica então evidente que as peças de Shakespeare revelam sempre mais acerca das questões de seu mundo do que esclarecem sobre o passado histórico, como em matéria religiosa é o caso dos embates entre a nova ortodoxia (o anglicanismo emergente) e a persistente tradição que teimava em resistir em solo inglês (o catolicismo). Sobre o comportamento reflexivo conveniente perante as tramas de tal tecido, a crítica teatral e tradutora brasileira de Shakespeare corta, alinhava e arremata o problema em suas notas introdutórias a *Júlio César*. No dizer de Bárbara Heliodora (in ibidem, p.257), "Embora os eventos dos Idos de Março fossem históricos, é claro que Shakespeare não estava escrevendo nem a história de Roma nem a biografia de César e seus contemporâneos: estava apenas escrevendo uma peça teatral por meio de cuja ação queria dizer alguma coisa".

Afora essas questões relativas às representações históricas no teatro, as representações de personagens bíblicos são outras tantas demonstrações de uma visão pouco aparelhada para apanhar diferenças no tempo histórico, já que o princípio reinante era o da "contemporaneidade de todos os séculos", ou seja, o de um mesmo âmbito e de uma mesma vida histórica.[8] Os homens às portas da Jericó prestes a ruir desfilavam o figurino dos soldados de Francisco I; a massa que acompanhou Jesus em sua dura escalada ao Gólgota trajava os gibões do povo, os contemporâneos de Rabelais, observou Lucien Febvre. Heróis como Eneias e Aquiles foram representados em armaduras cavaleirescas e imbuídos de virtudes cristãs, recorda José Antonio Maravall (1986, p.203). No "Regresso de Ulisses" (tela de Pintoricchio) e na "Eneida" de Apollonio, todos os heróis da Antiguidade vestem-se com os trajes característicos do Quatrocentos (Desden, [s.d.], p.61).

História e mitologia compatibilizavam-se a ponto de as narrativas sobre o passado histórico reunirem, de um modo natural, figuras reais e entidades alegóricas. A esse coquetel de contrastes aparentes Lucien Febvre (1968, p.370) denominou "promiscuidade fluida", o que parece uma pertinente metáfora de tais aspectos culturais, a remeter a grades semânticas preenchidas por alegorias e outros recursos discursivos que nos soam tão distintos.[9]

Um bom exemplo dessa recorrência no campo da história das ideias é dado por Jacques Le Brun em seu estudo crítico do pensamento de Jacques-Bénigne Bossuet. Para Le Brun, a *Politique* do influente bispo de Meaux parece se assemelhar a uma conversão galicana da *Cidade de Deus*, rejuvenescida por seu autor para atender a algumas poucas exigências específicas do seu mundo histórico. Partindo de valores políticos peculiares aos tempos da realeza solar, em uma defesa muito realista do direito divino dos reis (talvez em termos mais firmes do que faria o próprio Luís XIV!), Bossuet promoveu uma renovação conservadora na história sagrada. Segundo Le Brun, seus heróis decisivos não eram mais os santos da hagiografia cristã, mas os reis civilizadores do Antigo

---

8 Acerca da diferenciação das épocas históricas entre os modernos, ver as análises de José Antonio Maravall (1986, p.285ss).

9 "Isso é abrangente; tudo o que envolve a vida e o conjunto dos comportamentos de uma época" ("*Tout cela qui va fort loin; tout cela qui engage la vie entière et les comportements totaux d'une époque*", Lucien Febvre, 1968, p.370).

Testamento. Porém, a obra histórica do eminente teólogo seiscentista patenteia a dificuldade igualmente distribuída pelos textos de natureza histórica da época. Como os seus coetâneos, Bossuet concedeu escassa importância às diferenças entre sociedades afastadas no tempo. A Palestina dos profetas bíblicos e a França dos padres católicos eram para ele mundos complementares. Daí deriva a plena validade em aplicar as lições do passado no presente, como se os tempos histórico-sociais de culturas diferentes se ligassem sem descontinuidades aparentes.

Segundo Le Brun, alguns contemporâneos de Bossuet mostravam-se a esse respeito um tanto mais modernos do que ele, posto que consideravelmente mais sensíveis às diferenças mais evidentes no quadro geral da vida das sociedades históricas. Com efeito, Bossuet reconheceu bem pouco a distância histórica a separar o mundo antigo de seu momento vivido. Por isso mesmo ele se permitiu tomar os desvios do protestantismo como se se tratasse das heresias enfrentadas nos tempos de Tertuliano e de outros cristãos primitivos. Libertinos como Pierre Bayle, como Pierre Jurieu e outros livres pensadores e confabuladores de seitas desgarradas da tradição ortodoxa católica do século XVII agiam da mesma forma que os antigos filósofos gregos, figuras orgulhosas ou céticas diante da verdadeira fé cristã. E assevera Le Brun, os profetas que os reis judeus consultavam eram, para Bossuet, mais ou menos ele mesmo, em suas missões com Luís XIV. Por sua vez, os franceses e holandeses que se revoltaram em 1688 ou 1700 contra a política expansionista do príncipe cristão, replicavam as atitudes imprudentes das tribos rebeldes de Israel. Então, se tudo se assemelha a tudo, e o presente podia ser sobreposto ao passado em bons encaixes, os conselhos da Escritura permaneceriam na história sem prazos de validade. A conclusão lógica de Bossuet: diante do caos aberto pelas heresias protestantes em suas múltiplas variações, os remédios de refundação do cosmo devem ser semelhantes àqueles aplicados outrora (Le Brun, 1967, p.XXVIs).

Além dos episódios sagrados, aspectos da esfera profana da vida também se prestam à ilustração da referida "promiscuidade" distinguida por Febvre e anteriormente ilustrada por Le Brun. Digno de referência é o cenário observado por Reinhart Koselleck, em sua análise do quadro de Albrecht Altdorfer. Com efeito, "A batalha de Alexandre" (1529) retrata um episódio ocorrido em 333 a.C. Em tela, os exércitos da Macedônia e da Pérsia. A intenção autoral narrada na superfície da cena é demonstrar a vitória colossal alcançada pelas tropas de Alexandre. Mas

A IDEIA DA SIMPATIA RESPEITOSA | **181**

esse sucesso do insigne conquistador guarda mensagens mais sutis. "A batalha de Alexandre", ocorrida nos finais do século IV a.C., na representação de Altdorfer acumula anacronismos destinados a permitir, na medida das convenções de sua cultura, a percepção de outro combate em que também se confrontaram forças universais: a Batalha de Pavia. Em verdade, o herói real de "A batalha de Alexandre" é o imperador Maximiliano, ali "esculpido" de maneira inequívoca por Altdorfer em uma natural "remoção de contexto".[10] Segundo Koselleck (2006, p.22),

> A maioria dos persas assemelha-se, dos pés aos turbantes, aos turcos que, no mesmo ano de composição do quadro, sitiaram Viena, sem resultado. Em outras palavras, Altdorfer captou um acontecimento histórico que era, ao mesmo tempo, contemporâneo para ele. [...] Presente e passado estariam, assim, circundados por um horizonte histórico comum. Não se trata de eliminar arbitrariamente uma diferença temporal; ela simplesmente não se manifesta como tal.

Jean Delumeau procurou caracterizar atitudes dessa natureza como "uma certa falta de respeito pela Antiguidade", o que de fato deve significar formas vagas ou até nulas de conhecimento sobre as especificidades das culturas antigas. Como argumenta o historiador francês, as referências históricas shakespearianas à Roma antiga fundavam-se nos textos de Plutarco, mas passavam bem distantes de compromissos com a reconstituição dos hábitos e costumes. E Delumeau (1983, v.I, p.113) prossegue em também realçar a insuficiência e a "ligeireza" da cultura histórica renascentista, fonte abastada em equívocos sobre o mundo antigo: "Os homens dos séculos XV e XVI consideravam [...] a Antiguidade como um todo. Não deram suficiente atenção ao fato de ela ter durado mais de mil anos". Mas foi nos tempos de Shakespeare que novos modos de apreensão do tempo histórico passaram a integrar-se ao pensamento histórico europeu. As primeiras noções mais apuradas de senso do passado, que consistiram numa consciência mais aguda de suas realidades particularizadas, nasceram do sentimento de perda do valor qualitativo do presente vivido frente, sobretudo, à majestosa história da Roma antiga. No século XIV Petrarca fora o escritor pioneiro no registro dos

---

10 A expressão é utilizada em sentido análogo por Stephan Greenblatt (1996, p.34).

traços de anacronismos até então dominantes no plano de sua cultura. Operando por contrastes, ele conseguiu realçar os pormenores que identificavam as variações qualitativas dos tempos históricos.[11]

"A consciência que hoje temos da história", escreveu Gadamer (1998, p.17), "difere fundamentalmente do modo pelo qual anteriormente o passado se apresentava a um povo ou a uma época". Até os séculos XVI e XVII, o tempo histórico não era portador de dissonâncias reconhecidas em suas dimensões de passado e presente. E assim o foi em medida considerável até o século XVIII, conforme demonstram uma série de estudos, como os de Anthony Grafton (1998) e François Hartog (2003). Entretanto, a partir da crítica renascentista do século XVI, a necessidade de descobrir e revelar as diferenças culturais entre as sociedades foi se tornando um impulso mais evidente do pensamento histórico moderno. Uma sensação clara da passagem do tempo e um reconhecimento decisivo das variações nas condições de vida dos povos geraram o alargamento do campo de visão histórico.

> A construção apaixonada de um outro tempo, [explica Horst Günther] o qual se contrapunha ao próprio tempo, distingue o humanismo de outras épocas de pensamento histórico e explica suas conquistas metodológicas, como a da consciência sobre distância temporal e sobre inter-relações [...]. (Günther, 2013, p.92)

A Antiguidade assumiu contornos que passaram a definir os seus próprios traços de singularidade, no que seu repertório de exemplos foi paulatinamente contraposto a uma nova escala, por meio da qual se alcançavam as medidas de seu próprio mundo. Na opinião de Quentin Skinner (1999, p.61), "Costuma-se dizer que uma das conquistas típicas do humanismo renascentista foi o reconhecimento e a acentuação da distância entre as eras clássicas e as posteriores, com isso dando início ao projeto moderno de procurar avaliar a cultura da Antiguidade em seus próprios termos". A essa nova maneira de tratamento das questões históricas talvez seja adequado qualificar como uma forma de simpatia respeitosa, que se vincula à identificação progressiva de que as culturas históricas, em suas concepções morais, intelectuais, estéticas, etc., variam em extensos graus.

---

11 Nessa quadra, sigo as considerações de Bruce Haddock (1989, p.11).

A IDEIA DA SIMPATIA RESPEITOSA | **183**

> Antes do século XVI, [lembra Eric Auerbach], o horizonte geográfico e histórico dos europeus não era suficientemente largo para tais concepções. E mesmo no Renascimento, século XVII e no começo do século XVIII, os primeiros movimentos em direção ao historicismo foram superados pelas correntes que se opunham a ele; especialmente por causa da admiração pela civilização greco-romana, que fazia com que a atenção se voltasse para a arte e a poesia clássicas, transformando-as em modelos a ser imitados [...]. Além disso, uma outra corrente dos séculos XVI e XVII agia contra a perspectiva histórica: a revivescência do antigo conceito de uma natureza humana. (Auerbach, 2007, p.342)

De todo modo e fazendo frente a tais bloqueios, houve ampliações significativas dos horizontes históricos ao longo dos três séculos da Idade Moderna, e foi seguindo o impulso da simpatia respeitosa que a Antiguidade clássica passou a ser tomada em perspectiva por parte de seus observadores ainda um tanto desfocados da Europa Moderna. O teórico da literatura Mikhail Bakhtin, ao desenvolver a questão da competência linguística de François Rabelais nas artes do cômico grotesco, percebeu o tema do distanciamento pelo ângulo das transformações ocorridas nas línguas europeias durante o Renascimento. Segundo o autor russo, a língua latina cultuada àquele tempo formava um sistema nivelador das diferenças históricas. Como sistema de grande amplitude, sua trama tendia a apagar os vestígios das diferenças culturais criados e acumulados pelo tempo histórico. Por isso a consciência histórica europeia viveu, até a Renascença, mergulhada em um mundo de similaridades eternas ou, ao menos, muito pouco suscetível à percepção das inúmeras alterações que se processavam em todas as partes. Em suas próprias palavras,

> Nesse sistema, era particularmente difícil lançar olhares enviesados sobre o tempo (da mesma forma, aliás, que sobre o espaço, isto é, sentir a originalidade da sua nacionalidade e da sua província). (Bakhtin, 1987, p.412)

Segundo Bakhtin, as novas línguas que, na Europa Moderna, emergiram sobre os escombros do latim macarrônico da Idade Média, foram agentes promotores de uma nova consciência. Em sua dinâmica complexa de inovações e valorização dos dialetos, as novas línguas romperam com uma longa tradição de subserviência à suposta superioridade dos Antigos. Sabendo-se herdeiras de um latim já vastamente degradado e que bem pouco tinha dos purismos ciceronianos, acolheram a novidade como a nova tendência. Investindo na criação de novos idiomas, os europeus dos inícios da Época Moderna agudizaram e concentraram a sensação do espaço histórico por meio do reconhecimento de suas distinções linguísticas. Assim procedendo, intensificaram o senso de originalidade local, regional e provincial, explica o autor.

A cultura histórica produzida ao longo do século XVI em diferentes partes da Cristandade – mas sob a liderança pioneira dos humanistas das comunas italianas – criara a lenda do fosso cultural representado pelos séculos obscuros. Nascera uma nova concepção dos tempos históricos: as idades dos tempos históricos passaram pouco a pouco a ser estabelecidas a partir de um esforço de reconhecimento de suas diferenças qualitativas, esforço analítico intensificado pelas descobertas de mundos distantes, o que revelou à cultura europeia as novas e múltiplas humanidades espalhadas pela Terra, cada qual portadora de peculiaridades desconcertantes em face da antiga tradição cosmológica longamente transmitida, tradição da qual Baldassare Castiglione deu adequada ilustração em seu livro de emblemáticos discursos sobre as virtudes e opiniões do perfeito cortesão. A narrativa notável do ilustre cortesão do ducado de Urbino assume contornos de difícil paráfrase, razão de sua citação direta:

> Eis o estado dessa grande máquina do mundo [discursa o conviva Pietro Bembo], a qual, para saúde e conservação de toda coisa criada foi produzida por Deus. O céu redondo, adornado com tantos lumes divinos e no centro, a terra circundada pelos elementos e sustentada por seu próprio peso; o sol, que girando ilumina tudo e, no inverno, se acerca do signo mais baixo, depois pouco a pouco ascende do outro lado; a lua, que dele retira sua luz, conforme se aproxima ou se afasta; e as outras cinco estrelas, que seguem o mesmo curso de maneiras diferentes. Estas coisas têm tanta força pela harmonia de uma ordem composta de maneira tão determinante que, se fossem mudadas num ponto, não poderiam ficar juntas e levariam o mundo à ruína. (Castiglione, 1997, p.323)

Essa concepção, expressa nos inícios do século XVI por distinto representante de uma elite cultural, reflete o peso de um conhecimento herdado e, por alguns, guardado como expressão de dogmas intocáveis.

Mas a história da ciência é especialmente farta em evidências demonstrativas de que, mesmo ao longo do século XVI, houve considerável alargamento dos horizontes culturais dos letrados europeus, o que contribuiu para o advento de uma história agora fundada em novas experiências. Peter Burke (1999, p.227) acentua a notoriedade da Itália do Renascimento, por sua capacidade em elaborar uma visão do passado marcada por "uma consciência de transformação ao longo do tempo". Burke cita o caso de Lorenzo Valla, célebre descobridor de imposturas históricas, o humanista que revelou a seus contemporâneos os graus distintivos dos tempos históricos na Doação de Constantino, façanha intelectual que lhe permitiu diagnosticar um embuste duradouro.

O humanista dera-se conta do valor contido no reconhecimento das circunstâncias históricas e culturais implicadas nas origens de um texto para o trabalho interpretativo. Apercebeu-se que, sem dispor de um competente domínio do contexto de linguagem próprio dos textos, o melhor a fazer era desistir de sua abordagem (Garin, 1991, p.129s).[12] Essa nova sensibilidade em relação ao passado transformou-se em moda, lembra ainda Burke, comportamento que afetou decisivamente o mundo das artes, com reflexos na cultura histórica. Naqueles tempos, a grande voga do comércio de falsificações criou uma demanda por olhares sensíveis, uma procura por especialistas em reconhecimento de fraudes, o que fez com que valores absolutos sofressem uma vigorosa ação relativizadora. A febre das falsificações de obras de arte gerou a busca por *experts* no reconhecimento de diferenças entre o antigo e o atual, a identificação das sutilezas presentes nos estilos, o que acentuou o senso do passado em emergência.

Esse novo sentido do tempo histórico foi fixado de forma marcante pelo historiador florentino Francesco Guicciardini, ao ridicularizar a ingenuidade de seus contemporâneos que esperavam encontrar a salvação de suas lavouras imitando os exemplos do passado. Para Guicciardini, tal atitude equivaleria a esperar que um asno galopasse como um cavalo (Burke, 1999). Ainda que a crítica tenha sido diretamente endereçada à caixa postal do amigo Maquiavel, é bom que se diga que

---

12 Sobre a sabedoria filológica de Valla, e os fundamentos analíticos que o humanista utilizou para destruir o mito da doação de Constantino, ver o artigo de Luiz Costa Lima (2009, p.44); Bruce Haddock (1989, p.52ss); Carlo Ginzburg (2002, p.74s); Sem Dresden ([s.d.], p.78ss); e Paul Johnson (2001, p.66s).

apesar de sua insistência nas práticas de reuso dos exemplos como expediente de compreensão do passado para atitudes acertadas no presente, em vários trechos de seus escritos este autor reconheceu o valor da flexibilidade analítica diante das diferentes circunstâncias da vida, mormente quando se tratava de propor ações efetivas aos primazes da política. Não existem normas de valor universal e perpétuo, reconheceu o secretário florentino, e nem mesmo Tito Lívio – que propôs exemplos numerosos e sagazes – poderia oferecer as lições definitivas do êxito.

10
TRADIÇÃO CLÁSSICA E CULTURA MODERNA

Os antigos em comparação com os nossos contemporâneos podem com justiça ser chamados de meninos.

Girolamo Cardano

Os vossos filósofos, que se lamentam de que todas as coisas foram escritas pelos antigos, que nada de novo lhes foi deixado para inventar, estão em erro muito evidente.

Rabelais

Nos inícios da Época Moderna bem poucos foram os homens de cultura a reconhecer o valor equitativo dos tempos históricos. Se havia os que, de um modo predominante, teciam elogios às épocas do passado, a tendência minoritária tendia a reconhecer em seu próprio mundo os valores mais adequados a um aberto elogio. Mas, como bem disse um autor renascentista, elogiar o passado e queixar-se do presente era uma espécie de comentário desprovido de razão. Louvar o que se conhece apenas por meio de antigas narrativas constitui-se num erro, da mesma maneira que o é o aplauso dos tempos de nossa juventude, comentou Maquiavel. Ora, essas visões róseas dos tempos passados costumam emergir de atitudes idealizadoras e do alheamento dos problemas a requerer enfrentamento corajoso e soluções urgentes. No entanto, a atitude predominante era refugiar-se nas comodidades da velhice, e utilizar os retrovisores da história como instrumento de valorização artificial do passado.

Contemporâneas da atitude de Maquiavel, que consistia no elogio da inventividade dos Modernos, algumas perspectivas distintas da corrente dominante começaram a surgir nos horizontes daqueles escribas que chamaram para si a responsabilidade de refletir sobre as transformações céleres de seu próprio mundo histórico. Tais perspectivas consistiam em lançar um novo olhar ao passado, para reconhecer o protagonismo das culturas antigas em seu próprio mundo, protagonismo este que abriria as trilhas, por acumulação do saber, para saltos mais longos. Essa noção seria expressa de forma admirável ao longo da Idade Média cristã, tornando-se proverbial a imagem do pigmeu moderno empoleirado em ombros de sábios antigos. Ainda que pequenino e inexpressivo, a modesta condição de um simples anão era o que bastava para que se pudesse descortinar um campo de visão ampliado. Como diria a máquina da eloquência luso-brasileira (refiro-me ao padre Vieira), o último degrau da escada é menor do que os demais. Porém, sendo o último, situa-se justamente num ponto que não pode ser superado por seus pares mais largos, porém subalternos. É precisamente dali, daqueles poucos centímetros providenciais acrescentados à escada, que se alcança percepções que, dos demais, não seria possível.

Essas duas referências a figuras tão distintas dos Tempos Modernos como Maquiavel e Vieira[1] parecem prestar-se à afirmação de que, ao longo dos séculos XVI e XVII, escritores europeus costumavam alimentar suas polêmicas acerca de temas históricos por meio de análises comparativas sobre o estado da arte que este ou aquele assunto havia atingido nas mãos dos Antigos, ou sob a escala dos valores de seus próprios contemporâneos, os Modernos. Muitos autores assim procederam para demonstrar qual lado era superior na escala dos engenhos do

---

1 As referências aqui parafraseadas aparecem em *O príncipe* (2008) e em *Comentários sobre a primeira década de Tito Lívio* (1979), para o caso de Maquiavel, e em *História do futuro* (2005), da autoria de Vieira.

espírito. Agindo em defesa da cultura antiga ou em prol da sabedoria alcançada em seu próprio tempo presente, os Modernos por vezes transformaram seus embates em um campo de batalha. Tendo produzido suas reflexões nas últimas quadras do século XVI, o escritor Michel de Montaigne é um bom exemplo de autor moderno que não poupou seu vasto repertório de ideias para tecer uma eloquente narrativa dos feitos e valores dos Antigos. O convívio frequente com as almas superiores dos tempos de Cícero, de Sêneca e de tantos outros luminares da cultura clássica levara-o a crer que os seus contemporâneos eram figuras meio desbotadas perante os vultos da Antiguidade. No campo de reflexão sobre a história, o paralelo que o magistrado de Bordeaux traçou entre Plutarco e Jean Bodin revela provas fartas de suas preferências, mostrando-se parcialmente desfavorável a seu contemporâneo (Montaigne, 1972, p.333ss). Na vastidão de seu livro sobre quase todos os assuntos acerca do homem, *Ensaios*, e que Gisèle Mathieu-Castellani (1988, p.255) definiu como uma extraordinária máquina sedutora,[2] Montaigne constatou viver "em uma época de mediocridade" e não conhecer, em seu próprio tempo, nenhum autor "muito digno de admiração" (1972, p.306). Formavam quase todos eles um bando de imitadores tagarelas que escreviam livros sobre livros, quando carecia desenvolver temas relevantes e de interesse real.

Em verdade, a imitação de modelos célebres era uma tendência que remontava à própria Antiguidade, conforme o testemunho de uma série de autores. No tratado sobre retórica intitulado *Do sublime*, atribuído a um autor de língua grega chamado Longino, fica evidente a prática da arte da imitação concebida como uma "sã rivalidade" entre os homens. "A imitação não é um roubo", diz o autor do referido texto sobre a arte retórica, "mas é como um decalque de belos caracteres, de belas obras de arte, ou de objetos bem trabalhados. E Platão, parece-me, não teria florescido com tão belas flores sobre os dogmas da filosofia, nem se teria aventurado tão frequentemente pelas florestas poéticas e expressões, se não fosse por Zeus, para disputar o primeiro lugar, com toda coragem, contra Homero, como um jovem rival contra um homem já admirado, talvez com mais ardor e como um lutador de lanças, mas não sem proveito!" (Longino, 1996, p.66). Na prática, assevera Longino, o desafio é um combate que poderá ser provido de dignidade e de glória

---

2 *"Une prodigieuse machine à séduire"*.

quando, na luta contra os Antigos, mesmo a derrota não será nenhuma desonra. Nos tempos de Montaigne a tendência dos produtores do saber e das artes era a dos exercícios de imitação, técnica esta fundada no reconhecimento da vitalidade dos engenhos de gregos e romanos. Sob essa perspectiva, a nova engenhosidade seria capaz de reproduzir a grandeza dos antepassados. A valorização dos Antigos, que é típica dos humanistas do século XVI, transformou-se em esforço de superação, encarando o modelo do passado como algo a ser ultrapassado em complexidade e beleza. E a visão que acabou por prevalecer no auge das guerras culturais do século XVII, época do absolutismo e da arte barroca, tendia a perceber o novo como novo simplesmente porque atual, um valor que pertenceria ao tempo presente, em aberto contraste com qualquer outra época.

Segundo a concepção dos Modernos, os Antigos nem eram os mais velhos, muito menos os mais sábios na história da cultura. Atentando-se para a própria ordem cronológica, foram eles mais jovens e inexperientes. Assim, reservava-se aos Modernos a dignidade de amadurecidos e experientes, constituindo-se legitimamente como os genuínos cumes na história (Croce, 1953, p.199). Certamente, as querelas de Modernos contra Antigos foram o primeiro foco de fissura a romper com a unidade dos tempos de uma história filiforme e teleológica, uma vez que estes conflitos culturais ajudavam a distinguir com maior nitidez as diferenças entre as épocas e culturas. E não é demais lembrar que, já no século XVI, várias pequenas ondas de revolta opuseram os Modernos contra os Antigos. Mas, atacando os pontos fracos dos Antigos, os Modernos usavam lanças de palha. Os ferimentos que abriram em seus adversários não lhes tiraram a vitalidade.

Maquiavel (1979; 1998) deu mostras de temperamento crítico em relação a uma suposta superioridade dos Antigos sobre os seus contemporâneos. De fato, ele exortava para que não somente se admirasse como também se imitasse os Antigos, o que não significa que tenha reconhecido nestes valor suficiente para encobrir as virtudes dos homens de seu tempo. E não se pode esquecer quanto a isso Jean Bodin que, em seu *Methodus ad facilem historiarum cognitionem*, considerou os Antigos como fautores de notáveis descobertas, destacando-se particularmente em astronomia. Porém, as pesquisas e as invenções de seu próprio tempo eclipsaram as conquistas da Antiguidade. Essa consciência é apontada por Beatrice Reynolds, tradutora do *Methodus ad facilem historiarum cognitionem* para o inglês, ao analisar o famoso livro sobre a história que, segundo ela, constitui-se no primeiro grande trabalho do humanista, fruto de uma maturidade intelectual que já estava consolidada aos trinta e seis anos de idade, quando a obra foi publicada.

Os aspectos fundamentais envolvidos no campo das controvérsias que engolfaram os defensores das conquistas do tempo presente sobre a tradição clássica acentuaram a evidência de que não se poderia atribuir autoridade inquestionável aos escritores da Antiguidade. O que de maior relevo estava em questão nesses debates era o sentimento de uma identidade cultural entre Antigo e Moderno, que constituía o legado da cultura intelectual europeia desde o advento da Renascença. A partir do Renascimento, mormente a partir dos fins do século xv e inícios do seguinte, os autores Modernos passaram a reivindicar o reconhecimento da originalidade de suas próprias obras como algo de importância vital. Sem renegar propriamente a herança dos Antigos, não aceitavam mais que os seus projetos fossem concebidos simplesmente como uma imitação ou aperfeiçoamento decalcado de um modelo greco-romano. A persistência e a efetiva presença da tradição clássica na cultura intelectual moderna fez surgir um sentimento de desafio à consolidada noção de superioridade dos Antigos. Aristóteles, que se situava nas culminâncias do saber – espécie incontestável de arauto das verdades eternas – decaiu rapidamente à condição pouco honrosa de patrono de patranhas grosseiras, conforme demonstrado por Hobbes em matéria de filosofia política, e também por Galileu, no campo da física moderna.

Com efeito, o *Leviatã* pode ser visto como um tratado de "antiaristotelia", expressão utilizada pelo próprio Hobbes.[3] Agindo assim, os Modernos romperam com a tradição de reverência à autoridade dos escritores da Antiguidade, passando à exaltação do valor criativo da experiência e da razão, virtudes que separam o erro da verdade. Alguns Modernos mais convictos da nova dignidade dos tempos que desenrolavam às suas vistas notaram que a Antiguidade representava a infância da humanidade, constituindo o presente vivido a somatória das experiências pretéritas, com acréscimos incorporados dos vastos séculos subsequentes. Então, a Antiguidade deveria ser encontrada na própria época

---

3 Cf. Thomas Hobbes (1979). Acerca da derrocada do aristotelismo no contexto da Revolução Científica do século xvii consulte-se Alexandre Koyré (1991).

em que viviam, dimensão de tempo concentradora de todas as grandezas represadas pelo gênero humano.

É certo que a intensidade dos confrontos dos Modernos contra os Antigos variou de acordo com as regiões e os temas debatidos. Entretanto, raros foram os aspectos culturais que escaparam desse campo de controvérsias. Esses debates tiveram consequências bem significativas para o campo do saber histórico. A partir do século XVI, a história como um conhecimento mais rigoroso dos sucessos passados tornou-se um ramo autônomo do conhecimento. Os horizontes da história se dilataram e se contraíram em diferentes direções quando se perfilam ou se contrapõem Antigos e Modernos, o que permite afirmar que Antigos e os Modernos possuem valor equitativo, desde que considerados em suas respectivas épocas.

Em numerosos casos, o Moderno não vai muito além de uma continuação do Antigo, sobretudo no terreno da arte narrativa, mantendo-se, em numerosos casos, como uma constante tentativa de dignificação de estilo a partir de referências canônicas como Tito Lívio. Mas, perceber na narrativa histórica moderna apenas uma arte retórica seria simplificar demais as coisas. Abordando especificamente a esfera do conhecimento histórico, os Modernos acrescentaram muito em termos de contribuição própria e original face às realizações dos Antigos. Entretanto, isso não pode servir como atestado incontestável de sua superioridade. Algumas de suas criações não foram propriamente as suas "invenções" ou "descobertas", as suas, por assim dizer, guinadas radicais – no sentido de partida de um suposto marco-zero –, mas aquilo que acrescentaram à cultura intelectual como obra de recuperação e recriação.

As ideias dos Modernos não eram completamente suas, como muitos dentre eles tenderam a pensar. Os Modernos detinham sobre as suas ideias uma propriedade intelectual apenas parcial. Muitas delas foram visões residuais acrescidas de algumas autênticas novidades. O processo de transmissão das ideias transformou as concepções acerca do conhecimento histórico ao longo dos séculos. As transformações econômicas, políticas e sociais ocorridas do século XVI ao XVIII também atuaram nesse processo de construção do conhecimento histórico. Mas, fundamentalmente, até o século XVIII, sob inúmeros aspectos, os Modernos continuaram concebendo e escrevendo a história em termos muito semelhantes àqueles dos seus mestres do passado. Daí a profunda admiração de Modernos do calibre de um Montaigne e de um Rousseau ao surrado modelo plutarquiano das vidas paralelas.[4]

Quanto ao terreno próprio da produção dos discursos históricos, uma série de contrapontos foi tecida pelos escritores da Época Moderna, sempre atentos aos livros que lhes chegaram da Antiguidade. Desde a Renascença não foram poucos os historiadores que reivindicaram seu maior valor, fazendo crer na própria originalidade e na superioridade de suas concepções e de seus trabalhos. E é fato que não se equivocaram muito quanto a essa consciência de uma ampliação da sabedoria filosófica e do conhecimento histórico. Mas sabemos também que a história das criações intelectuais é feita de empréstimos e de heranças, e de pilhagens e de rapinas.[5]

De todo modo, muitas ideias herdadas pelos Modernos foram atualizadas em consonância com os interesses pragmáticos das sociedades emergentes. Em meio a esses processos culturais é natural supor que outras concepções sobre a história entrassem em cena como aspectos de pura originalidade, pelo trabalho de imaginação, de força criativa e de notável poder de expressão de algumas mentes voltadas para a superação do método da imitação dos Antigos. Hoje em dia, seguimos a tendência quase natural de sempre louvar os Modernos em seus traços de originalidade, naqueles elementos que os situam acima de seus antepassados e, mais radicalmente, naqueles aspectos que os singularizam de tal modo que fique bem evidente o que é próprio apenas de Maquiavel, de Voltaire, e assim por diante. O que mais parece importar é saber distinguir qual é a essência da obra desse ou daquele pensador, seja ele Antigo ou Moderno. Para muitos, o exercício dessa descoberta já foi ou ainda é fonte de prazer e realização intelectual.

Mas esse gênero de abordagem, sem dúvida relevante, tende a acentuar o isolamento do autor em relação à tradição – tradições seria mais correto dizer –, elidindo os traços de influências das fontes antigas presentes em sua obra. Ora, em termos de compreensão da história e da arte de sua narrativa, os Modernos se comunicaram com um universo tão complexo de interlocutores que já é tarefa das mais árduas identificar apenas aqueles textos que formam a matriz de suas obras. Mas se não os

---

4 Acerca da persistência de concepções antigas na cultura moderna, o assunto foi abordado por autores como: Leo Strauss (1984) e J. P. Mayer (1987).

5 Ver o capítulo "Da educação das crianças" (Montaigne, 1972, p.79ss).

aproximamos dos autores que os precederam e discernirmos as ideias herdadas, corremos o risco de perder parcelas importantes de sentido que só uma atenta leitura intertextual pode proporcionar.

Uma relação empática com as tradições intelectuais no plano da escrita da história compele-nos a perceber a persistência dos Antigos nos Modernos, a presença viva de um passado num presente que já ficara distante. A presença de Homero na crítica setecentista inglesa, por exemplo, foi notada com vigor por Swift, que fez uma caçoada da falta de conhecimento deste autor grego quanto às leis e costumes vigentes no reino da Inglaterra, como também zombou do fraco domínio do autor antigo acerca das questões de doutrina e de disciplina da Igreja inglesa. No contexto literário da Querela dos Antigos e dos Modernos – na forma peculiar que lhe imprimiu Swift –, isso foi o suficiente para fazer de Homero um remendão desprezível, um reles pangaré desdentado do mundo das letras. Mas, se tradição é também continuidade enxertada por sucessivos valores culturais, não implica necessariamente servir sempre mais do mesmo, ou seja, a tradição não será apenas uma espécie de reprodução seriada. É aproximadamente o que afirma uma historiadora brasileira: "Continuidade, entretanto, não equivale a repetição inalterada" (Lacerda, 2004, p.55). Os Antigos não foram tomados pelos Modernos simplesmente como um exemplo a imitar, mas como a fonte de inspiração para criações novas e muito mais ousadas (Delumeau, v.i, 1983).

Assim sendo, na história das tradições intelectuais, a novidade será bem vinda e sempre será reconhecida bem acima da simples reprodução dos cânones. Quando a herança é recebida e alterada em sua essência, o que dá origem a um novo espírito, penetra-se no ambiente da recriação, um meio favorável à alteração de substâncias semelhantes em matéria fundamentalmente nova. Nos diálogos de seu texto "Les Anciens et les Modernes, ou la Toilette de Madame de Pompadour", de 1765, Voltaire (1985, p.738) percebeu de forma muito apropriada essa dinâmica dos tempos históricos ao realçar a relatividade das coisas passadas e presentes. O filósofo reconheceu que, em seu tempo, qualquer criança recém-saída da escola primária possuía conhecimentos técnicos mais amplos que os homens cultos da época de Cícero. Mas o autor de *Candide* considera também que a retórica ciceroniana, além de ter permanecido modelar, continuava insuperável no avançado século XVIII.

Com o devido distanciamento, os homens de letras do século XVIII acabaram por encontrar as credenciais de cada época, o valor específico de cada obra e autor; descobriram, portanto, o direito equitativo dos Antigos e dos Modernos de desfrutarem condizente prestígio quanto à criatividade e gênio. Se o conhecimento intelectual avança de forma cumulativa – o que não significa que avança de modo linear e automático –, é razoável concluir que os Modernos "aravam em velhos campos". O compromisso com o sucesso literário e o desejo de reconhecimento – pretensões naturais à singularidade do homem de cultura, virtude essa criada e realçada pela Renascença –, fizeram com que os Modernos mirassem a si mesmos como um inequívoco ponto de ruptura. Não se equivocavam, porque eles verdadeiramente foram os construtores de novos mundos sociais e sistemas filosóficos. Contudo, quando se reflete sobre a Querela dos Antigos e dos Modernos, é sempre interessante pensar na força de expressão da metáfora do poeta Geoffrey Chaucer (c. 1340-1400): "Em velhos campos vê-se a cada ano novas espigas colhidas; e dos livros antigos provém, de boa-fé, toda a nova ciência aprendida pelos homens" (Delisle; Woodsworth, 1995, p.79).

Essa metáfora agrária originária da Inglaterra medieval parece servir como uma relativização muito apropriada às frequentemente ambiciosas pretensões dos Modernos. No campo da cultura filosófica, a Querela entre Antigos e Modernos marca uma autêntica escalada do nascente historicismo que, aos poucos, foi escavando a perspectiva a-histórica do tempo, e retirando-lhe seus pontos de sustentação em um fraco senso do passado e em um forte culto da retórica. Se a metáfora de que o contato com os Antigos produzia efeitos comparáveis àqueles dos viajantes que rumavam para as Índias, e que de lá retornavam sob o "fardo" de uma suntuosa riqueza, esta perspectiva foi sensivelmente alterada ao longo da Época Moderna (Maravall, 1986, p.306). Foi justamente dos conflitos internos entre os distintos membros da república das letras modernas que se percebeu, pela primeira vez, uma "lei de progressão do saber" ou, dito em linguagem atual, uma lei do progresso intelectual.

Do cobre velho das antigas tradições surgiria o ouro novo das modernas transgressões e inovações. Como reconheceram muitos escritores já suficientemente nutridos de consciência histórica e, por conseguinte, dotados do novo senso do passado – entre os quais Maquiavel, Cardano, Perrault, Voltaire e outros –, seria preciso creditar aos Antigos o fato de já terem vivido a braços com as quimeras e os falsos juízos. O reconhecimento de suas ilusões garantiria uma insuperável dianteira cultural a ser fortalecida pelo valor pedagógico do erro. Daí a atitude crítica do jesuíta espanhol Baltazar Gracián, ao argumentar que o domínio dos assuntos modernos costuma ser mais prazeroso e apresentar maior relevância do que os temas antigos. Os ditos e feitos dos Antigos estavam gastos, afirmou Gracián (2011a), ao passo que o engenho e atualidade dos Modernos tendiam a ser crescentes, movidos pelo espírito de curiosidade.

Em pauta estavam temas como os da invenção e da originalidade, pois o deleite de se escrever acerca dos próprios horizontes que se vai tecendo por si mesmo é superior a qualquer gênero de imitação. O artista que assim procede transfere sua compreensão a seus escritos, de modo comparável ao pai que a seu filho transfere o próprio sangue, no argumento de Lope de Vega.[6] Assim, já dizia Cícero (2010), seria mais adequado não procurar nos Antigos por suas falhas e lacunas, mas sempre buscar elogiá-los em seus merecimentos. Além de não desaprovar as desvantagens de ambos, seria preciso unir as vantagens da cultura antiga com as da moderna, atitude a ser concebida como uma responsabilidade dos Modernos (Giambattista, 2004). No século XVIII – tempo ainda marcado por intolerância religiosa, por teorias transcendentes do poder e por outras noções intensas de absoluto –, isso equivalia a dizer algo surpreendente: que a cada época e cultura cabe valorizar suas conquistas, extraindo proveito do valor que lhe é próprio.

---

6 Cf. a análise de José Antonio Maravall (1986).

ADENDO

AS LIÇÕES DE UM DEMONÓLOGO

[...] também todas as outras artes possuem uma preceituação de que possam tirar proveito os afeiçoados a esse trabalho. [...]. Por isto não deixo de me espantar que precisamente a história, obra tão árdua e difícil, não disponha de tratadistas que lhe codifiquem a preceituação.

Paolo Cortese, *De hominibus docti*, 1490

Ardo desejoso de escutar algum ensinamento a propósito da história, carente ainda de uma preceituação específica, como a que já está disponível para a gramática, a retórica e a filosofia, que tiveram inúmeros mestres, e também de alto nível e considerável doutrina.

Giovanni Pontano. *Actius, 1499*[1]

---

1 As epígrafes deste capítulo foram retiradas do texto de Gabriella Albanese (2009).

Acerca dos empreendimentos da erudição moderna de que já se falou no início deste livro, Jean Bodin talvez seja a espécie mais emblemática de propugnador das invenções modernas, razão pela qual serão desenvolvidas na sequência algumas de suas reflexões sobre o pensamento histórico.[2] Essas considerações vêm a propósito de distinguir traços de originalidade em suas perspectivas para a escrita da história, da forma como ele esboçou no *Método para uma fácil compreensão da história* (Bodin, 1951), obra publicada em latim nos inícios de 1566, e que o autor apresentou como destinada a preencher uma considerável lacuna no mundo dos livros, pela inexistência de um título que se assemelhasse à sua proposta, qual seja: dar a conhecer as técnicas mais relevantes para uma atualizada escrita da história.[3]

Para tanto, Jean Bodin declarou (1969, p.14), logo nas páginas iniciais de seu tratado sobre a história, ter se decidido pela composição do *Methodus* ao aperceber-se que, dentre o verdadeiro exército de historiadores que até então povoara o mundo – desde as antiguidades mais remotas até o seu próprio tempo –, nenhum se esforçara a explicar por meio de quais artes e engenhos se escrevia a história. É o que se lê, nas entrelinhas, ao fim do Preâmbulo: "Comecei a escrever este livro porque observei que, ainda que houvesse notável número de historiadores, ninguém havia discorrido acerca da arte e do método da história".[4] Decidira-se então, resolutamente, a oferecer uma resposta aos diagnósticos feitos de tempos em tempos, que constatavam a existência de uma lacuna quanto a obras do gênero. Para alguns comentadores, *O método da história* traçou as primeiras regras para se realizar a pesquisa histórica, cercando-se de um conjunto de normas pertinentes a este tipo de conhecimento das coisas passadas, a saber, as ações humanas de relevo.

---

2 Para análises contendo o essencial acerca da vida e obra do autor, consultar os seguintes textos: Asa Briggs (1990); Jean-Maurice Bizière; Jacques Solé (1993); e Simone Goyard Fabre (2001). Especialmente interessante o seu extenso verbete sobre Bodin escrito pelo escritor seiscentista Pierre Bayle (1820).

3 Utilizo também a segunda edição norte-americana do *Método* (Bodin, 1969)

4 "*I have led to write this book, for I noticed that while there was a great abundance and supply of historians, yet no one has explained the art and the method of the subject*".

MODERNIDADE E ARCAÍSMO

No entanto, há quem relativize o pioneirismo bodiniano em matéria de teoria e metodologia da história. É o que faz, e com bons argumentos, a historiadora italiana Gabriella Albanese. Sem desconhecer a centralidade da obra de Jean Bodin como propugnadora das reflexões mais importantes da moderna teoria da história, Albanese indica dois ilustres precursores arando o mesmo terreno, com a anterioridade de pouco mais de um século. Foram eles os humanistas Bartolomeo Facio e Lorenzo Valla. No reino de Nápoles à época do rei-mecenas Afonso de Aragão, entre os anos 1445-1455, eles formularam e resolveram "questões nodais do método histórico, as quais constituem a base da fundação da *ars historica* da Época Moderna" (Albanese, 2009, p.303). De todo modo, tais esforços parecem ter sido insuficientes. Em 1560 Francesco Patrizi queixava-se de a cultura europeia em peso dispor apenas de dois tratados versando *ars historica*: os textos de Luciano e de Giovanni Pontano (ibidem, p.283). De fato, é bastante convincente a documentação apresentada por Albanese acerca do pioneirismo dos italianos no desenvolvimento de propostas relevantes para a renovação da história, até então concebida de modo predominante como um exercício de retórica escrita.

A modernidade do pensamento histórico de Jean Bodin foi acentuada em termos prolépticos pelos historiadores franceses Guy Bourdé e Hervé Martin (1997, p.92). Para eles, Bodin seria uma espécie de primeiro exemplo, ainda que embrionário, da história-problema praticada pelos mestres da Escola de Annales. Segundo tais autores, Bodin foi um gênio da Modernidade. Ao lado de análises sofisticadas, ele fez antecipações espantosas. Pressentira, por exemplo, que o tabu do incesto incitava a estender as alianças matrimoniais. Ele quis construir uma ciência política continuando a de Políbio e anunciando a de Montesquieu.

O filósofo e historiador das ideias Robin George Collingwood reputa-o igualmente como inovador, sobretudo por romper com a tradicional divisão dos tempos históricos dos Quatro Impérios ou Monarquias. Sob esse aspecto, ressalta Collingwood (1981, p.79), coube a Jean Bodin alertar para a falácia da autoridade imposta pelas Sagradas Escrituras, mais especificamente o livro de Daniel. Esse notável profeta teve a criatividade de esboçar um esquema arbitrário para dividir a história em períodos, além da sorte de contar com um grupo numeroso de notáveis seguidores através dos tempos.

Pelo ângulo da tradição conservadora, é oportuna a definição do historiador norte-americano da teoria política George Sabine, ao afirmar que a ciência política de Jean Bodin era um misto singular de arcaico e de moderno, como de um modo geral o era o pensamento filosófico do século XVI. Bodin deixara de ser um pensador medieval, sem propriamente tornar-se moderno. Para Sabine (1964, p.388s), o pensamento de Bodin era "amálgama de superstições", agregando dimensões de racionalismo, utilitarismo e anacronismo. Essa afirmação demonstra que os homens mais instruídos do tempo também podiam acreditar em práticas mágicas e, naturalmente, no culto ao diabo nas imaginativas sessões satânicas de consagração: o sabá, "missa diabólica celebrada pelo padre demoníaco que é o feiticeiro" (Palou, 1957, p.30).

Jean Bodin, seguramente o pensador político mais afortunado em recursos intelectuais do século XVI, foi também autor de um compêndio antibruxaria intitulado *Tratado de demonomania dos feiticeiros*. "Bodin era um dos mais letrados, influentes e empedernidos perseguidores de bruxas do Renascimento, o mais coerente entre quantos afirmavam que o diabo estava literalmente presente no que parecia ser fantástico e imaginário", considera Stephan Greenblatt (1996, p.32s) a propósito de suas análises acerca de analogias europeias de coisas incomuns com as possessões maravilhosas do Novo Mundo, estas descritas por viajantes europeus. Esse livro do pensador político quinhentista foi, por assim dizer, o *best-seller* dos que se compraziam em dar às pessoas destino semelhante ao das "castanhas assadas", segundo a terminologia de um filósofo renascentista (Pomponazzi), ao referir-se aos "corpos ardentes" nos processos de purificação das almas grelhadas em grandes espaços públicos. "Demônios, demônios: estão em todos os lugares. Povoam os dias e as noites dos homens mais inteligentes da época", ressalta Lucien Febvre (1971, p.202s).[5] As "contradições" do grande teórico político chamaram a atenção de historiadores interessados nas especificidades dos sistemas de crenças vigentes no século XVI. Lucien Febvre (1968, p.265) e Robert Mandrou (1979), por exemplo, estudaram as facetas do "múltiplo e contraditório" Bodin, para concluir que os aspectos aparentemente

---

5 O texto original – "Sorcellerie, sottise ou révolution mentale ?" – foi publicado em 1948 na revista *Annales ESC*. Utilizo aqui a edição espanhola deste texto (Febvre, 1971).

ADENDO – AS LIÇÕES DE UM DEMONÓLOGO | **201**

assimétricos presentes em sua personalidade eram, na verdade, ambiva-
lências de uma época turbulenta, inovadora e fecunda.

Na obra de Bodin há crenças do homem comum do século XVI que
se mesclam às ideias eruditas do ilustre personagem filosófico. Ele constitui mesmo um caso muitíssimo interessante daquilo que César possui em comum com o soldado mais raso de suas legiões, segundo uma
conhecida frase de Jacques Le Goff, utilizada para definir o objeto da história das mentalidades, a saber, um sistema de crenças compartilhado
por luminares da cultura e por pessoas comuns. Da mesma forma que
para a maioria de seus contemporâneos, a existência oculta do diabo
também era, para ele, uma realidade projetada por Deus como um teste
de superação. Com efeito, Deus povoara o mundo com espíritos malig-
nos que a todo o momento interferiam na vida dos homens. Tanto assim
que, no *Colloque entre sept scavans qui sont de differens sentimens*, Bodin
(1984, p.46) afirma por meio do personagem Senamy: "Se os demônios
se revelassem à vista, a dificuldade seria menor".[6]

Ao que parece, a vocação de historiador corresponde ao período em
que Bodin viveu em Toulouse, entre 1547 e 1559, quando foi professor na
Faculdade de Direito. Segundo Pierre Mesnard, seria esse o espaço para
sustentar um divertido paradoxo, a saber, que foi provavelmente em
Toulouse que Jean Bodin estabeleceu um contato próximo com os países do Norte e com sua produção cultural. O fato é que existia na Universidade de Toulouse, prossegue Mesnard, uma nação alemã e, por outro
lado, a corte protestante de Navarra estava aberta aos aristocratas da
outra margem do Reno. Bodin descreveu alguns deles e acrescentou, não
sem malícia, que eles apreciavam um pouco em demasia, talvez, o bom
vinho do Languedoc. Mas não é impossível que, em contrapartida, eles
lhe tenham oferecido a melhor garrafa, sob a forma do novo saber histórico que se iniciava na Alemanha. Como afirmou Mesnard, Bodin era
um brilhante conversador que também sabia escutar e, ainda, interrogar
com método e proveito.

Ele anotava as conversas mais interessantes que reunia no Languedoc, nos Grands Jours de Poitiers, no Parlamento de Paris, na recepção
dos embaixadores poloneses, na corte de Elisabeth da Inglaterra, ou em
sua rápida viagem pelos Países Baixos. Essa massa de informações ele a
organizou por fragmentação e confronto, comprovando com umas as

---

6 *"Si les Demons estoient visibles, il y avoit moins de dificulté"*.

afirmações de outras (Mesnard, 1962, p.100). Mas um dado importante no campo dos estudos históricos é que, com Jean Bodin e os humanistas franceses da segunda metade do século XVI, a distinção entre documentação primária e fontes de segunda mão tornou-se, pela primeira vez, uma coordenada inequívoca entre os eruditos franceses no difícil ofício de recuperação do passado.

Em *La Méthode pour une facile compréhension de l'Histoire*, Jean Bodin (1951, p.282) de fato demonstrou sua percepção da diversidade do mundo real. Sua finalidade era provar a instabilidade e a relatividade de todas as coisas, ou seja, como leis, costumes, instituições e ritos novos nascem e se modificam sem cessar pelo mundo. Ampliando sua análise histórica, ele integrou considerações acerca da incidência do clima na história e no temperamento dos povos. Assim procedendo, humanizou a história sagrada ainda predominante no século XVI. Essa visão humanística da história foi expressa pelo próprio Bodin nos seguintes termos: "um dos maiores e, talvez o principal fundamento da República, é o de organizar o Estado, segundo a natureza dos cidadãos bem como a legislação à natureza dos lugares, das pessoas e dos tempos" (Mesnard, 1962, p.109).

A crítica histórica surgida deste esforço intelectual inovador levou a novas formas de se conceber a história. Confrontando a história pensada por Maquiavel e aquela proposta por Bodin, Pierre Mesnard (ibidem, p.105) considerou que a comparação do grande modelo romano com os ridículos epifenômenos da política local das comunas modernas levou o historiador de Florença a uma lamentável perda de escala dos fenômenos. Desse modo, César Bórgia foi considerado como um dos maiores homens de todos os tempos, por ter se mantido soberano durante um ano na Romagna. Jean Bodin, pelo contrário, ampliando indefinidamente sua investigação, multiplicou os elementos passíveis de comparação dispondo, finalmente, em todos os temas, da multiplicidade de categorias necessárias para articular validamente um acontecimento.

O senso do passado, e de suas diferenças diante do presente, guiou o autor a enfrentar a concepção de uma identidade fixa dos tempos históricos. Não, afirma Bodin em seu *Método da história*, tal identidade não pode existir; a dinâmica da história depende da vontade pendular dos homens, vontade que se altera ao sabor de circunstâncias imprevisíveis: "Pois a história humana é gerada, principalmente, a partir da vontade dos homens, que jamais se assemelha a si própria, e nunca veremos o seu

ADENDO – AS LIÇÕES DE UM DEMONÓLOGO | **203**

fim" (Bodin, 1951, p.282).[7] Se os contextos em que tais vontades mutantes se definem são igualmente marcados por uma diversidade enorme de especificidades, como pode haver semelhanças que levem à possibilidade de se prever ações? Em seu pensamento histórico, Jean Bodin separou o curso dos acontecimentos humanos de um plano providencial, o que não deixa de ser um tanto surpreendente para alguém que acreditava na existência concreta de feiticeiras e na eficácia de suas ações sobre as pessoas de bem. Como lembra Willian Schlaerth (1946, p.325) acerca de Bodin, em sua crítica à primeira edição norte-americana do *Methodus* (do ano de 1945),

> Ele foi crédulo na feitiçaria, nas virtudes dos números e no poder das estrelas e tinha certa admiração por alguns dos Reformadores mais destacados. No final de sua vida, voltou à origem e morreu como católico romano, sendo enterrado em um mosteiro de Lyon.[8]

Mas, no terreno intelectual, ele seguia uma tendência que já vinha sendo consagrada no campo da pesquisa histórica pelos letrados e togados do Renascimento. Em seu livro, há muitos aspectos de relevo para a caracterização de uma nova maneira de abordar a história, como a tríplice divisão do saber histórico em história sagrada, história natural e história humana. Nas páginas iniciais do primeiro capítulo do *Método*, Bodin (1969, p.17) sintetiza sua concepção:

> Sobre a história, isto é, acerca da verdadeira narrativa das coisas, existem três formas: a humana, a natural e a divina. [...] Então, dos três tipos de história vamos deixar de lado a divina para os teólogos, e a natural para os filósofos, enquanto nos concentramos mais e intensamente na atividade humana...[9]

---

7 *"Mais l'histoire humaine découle principalement de la volonté des hommes qui n'est jamais semblable à elle-même et l'on n'entrevoit point son terme".*

8 *"He was a credulous believer in sorcery, the virtues of numbers and the power of the stars and directs some admiration to some of the outstanding Reformers. At the end of his life, he returned to the fold and died a professed Roman Catholic and was interred in a monastery at Laon".*

9 *"Of history, that is, the true narration of things, there are three kinds: human, natural, and divine. [...] So of three types of history let us for the moment abandon the*

A história sagrada ocupar-se-ia da ordem divina e, por assim dizer, daria relevo aos decretos de Deus em suas relações com as comunidades de crentes, ao tempo do autor já enriquecidas por novas linhagens confessionais derivadas das Reformas; já a história natural ocupar-se-ia dos incógnitos fenômenos que ocorrem na ordem dos eventos e que fogem ao controle da compreensão humana, atitude intelectual típica de uma cultura na qual ainda era reduzido o lugar das ciências naturais. O outro nível da história é aquele em que as ações humanas formam o núcleo vital. Assim, o princípio que rege a história sagrada é a fé; o que guia a história natural é a necessidade; e o que dirige a história humana é a probabilidade. Isso porque, conforme explica Bodin, a história efetiva é uma espécie de fluxo temporal cuja força motriz é a vontade dos homens agrupados em sociedades. Esse trem de força, a vontade, pode apresentar certa elasticidade, por vezes variando de acordo com os tempos.

Com efeito, quase nunca ela parece consigo mesma, estando sempre em mudança. Ora, é característica das sociedades seguirem uma dinâmica em que surgem novidades, sobretudo em termos de ordenamentos jurídicos (leis e formas de justiça, por exemplo), instituições culturais (cerimônias e ritos, por exemplo), relações de poder (formas de governo, por exemplo), etc. Em meio a realidades sociais que não cessam em alterar-se, o que teria a história a ensinar em termos de máximas de prudência para as atitudes adequadas a se tomar? Ao que parece, aqui há uma sensível alteração do antigo *topos* ciceroniano *Historia magistra vitae*, que aparenta sofrer um visível desgaste diante do gênero de operação historiográfica bodiniana. No entanto, não houve por parte do jurista angevino uma negação radical do princípio de que a história ensina. Segundo ele, a história também era "colheita de excelências", para exemplo e proveito dos homens. "Pois para adquirir prudência nada é mais relevante ou essencial do que saber história, porque os acontecimentos da vida por vezes se repetem, como se estivessem no interior de num círculo..." (Bodin, 1969, p.17).[10]

---

    divine to the theologians, the natural to the philosophers, while we concentrate long and intently upon human activity..."

10   *"Since for acquiring prudence nothing is more important or more essential than history, because episodes in human life sometimes recur as in a circle, repeating themselves..."*

ADENDO – AS LIÇÕES DE UM DEMONÓLOGO | **205**

Para Bodin, se há indício de alguma estrutura permanente e identificável na história (por exemplo, uma natureza humana sempre semelhante a si mesma), ela não é tão expressiva e, portanto, não é suficientemente capaz de definir com certeza uma tendência relativa de rumos a serem percorridos pelas sociedades no tempo. De fato, as sociedades humanas são diferentes. Por isso mesmo, fica um pouco mais difícil (mas não impossível) aprender com os exemplos do passado, lugar comum que perde muito de sua vitalidade em um mundo que é cada dia mais novo e, portanto, diverso e imprevisível.

Olhando para frente, Bodin manifestou sua crença num ideal de aperfeiçoamento do gênero humano, o que permitiu falar até numa clara ideia de progresso supostamente presente em sua reflexão histórica. Com efeito,

> Se os antigos fizeram descobertas maravilhosas, os modernos os ultrapassaram e ele (Bodin) cita, entre outras, para ilustrar sua tese, a invenção da bússola, a descoberta do Novo Mundo, a expansão comercial, a metalurgia, a imprensa. Portanto, se a história tem um rumo, segundo Bodin, esse rumo é o do progresso. (Dosse, 2009, p.55)

Segundo Benedetto Croce, a palavra progresso começou a circular regularmente na cultura filosófica do Iluminismo, por sua vez também um neologismo à época. A partir daí tornou-se rapidamente familiar, impondo-se como referência em reflexões sobre a marcha inexorável do tempo. A noção de progresso do espírito humano transformou de uma vez por todas a periodização da história do homem setecentista, "e toda história passada toma a seus olhos o aspecto do mar tenebroso, visto por alguém que acaba de desembarcar em terra firme" (Croce, 1953, p.201). Mas a concepção bodiniana do progresso já podia ser tomada em uma acepção que, posteriormente, tornar-se-ia tradicional, a saber, o progresso como a marcha irrefreável da humanidade rumo ao desenvolvimento sem peias. Ao que parece, o autor quinhentista não investiu tanto numa ideia de progresso. Isso para dizer que Bodin não tencionou prever onde a história iria dar, segundo as visadas dos inventores filosóficos do século XVIII. Mas é previsível que, segundo seu ponto de vista, onde quer que ela desse, o gênero humano encontrar-se-ia em melhores condições (Bodin, 1951, p.282ss). Aparentemente, essa é a nota que se evidencia com maior vigor no *Método da história*.

Até o século XVII não houve concepções filosóficas que abordassem ações humanas orientadas para o futuro, no sentido de planejamento global da economia ou da satisfação das necessidades crescentes de uma população específica (Nisbet, 1985). O conhecimento histórico, conforme concebeu o próprio Jean Bodin, mirava sucessos do passado, o que não implicava em desinteresse pelo futuro, com vistas a realizar prognósticos simples acerca de temas como política e guerras, conforme proposto pelo historiador seiscentista Cabrera de Córdoba (1948, p.113). A maior parte dos que se interessavam pela história ocupava-se das façanhas dos homens ilustres, nos moldes da tradicional galeria dos heróis de Plutarco.

Sob esse aspecto, o início da Época Moderna marca a nova era de glória do *topos Historia magistra vitae*, que Bodin não recusou, mas que parece ter alterado ligeiramente em sua significação mais tradicional. De todo modo, o que concebemos na atualidade como ações planejadas e voltadas para a posteridade, que levam à concepção clássica de progresso, foram inovações do século XVIII, sobretudo a partir de sua segunda metade. De início, obra de elaboração exclusiva dos pensadores, a ideia de progresso integrou-se à consciência coletiva dos povos. Seja como for, o otimismo de Bodin quanto à capacidade das realizações humanas parece não autorizar a modernização excessiva de seu pensamento.

Mas a percepção de Bodin quanto às alterações providas pelo dinamismo da história decerto que autorizam a afirmar que o autor partilhava do espírito de época, ao reconhecer na mudança as diferenças qualitativas dos tempos da história, percebendo assim o senso do passado. Ora, mudar de qualidade não leva necessariamente ao progresso, porque uma mudança para melhor pode alternar-se com outra para pior, em fluxo contínuo. Enfim, o senso do passado, verdadeira novidade no cenário da pesquisa histórica renascentista, aparecia já bem definido no pensamento histórico do autor ao longo de todo o seu *Método*, e de modo ainda mais evidente quando ele teoriza acerca da questão, no oitavo capítulo, referente a um sistema de tempo do mundo ("De la chronologie universelle", in Bodin, 1951, p.431-448).

Ao que parece ainda, a referida continuidade irrefreável da mudança da história humana não livra o Bodin historiador de uma responsabilidade: captar no fluxo contínuo da história um determinado padrão, que podemos traduzir por linhas de continuidade. Nesse ponto é que se revela o grau mais elevado de complexidade do pensamento histórico do autor. É verdade que o fluxo do tempo tudo altera em sua ação naturalmente desagregadora. Mas se trata, em boa parte, de alterações dotadas de energia criadora, por contraditório que isso possa parecer. Então, e mesmo que a história se constitua num reino de eternas novidades, por que não tentar apanhar um padrão de regularidade nas mudanças? Essa operação tornar-se-á factível desde que se possa pensar em análises comparativas das sociedades humanas. E tais análises implicam um alargamento sensível do campo de visão do historiador. Ele deve olhar não somente pelo retrovisor da história,[11] mas sua vista também deve cobrir todas as áreas laterais da experiência humana. Se o historiador puder descobrir as leis gerais do movimento, cumprirá um grande papel.

RACIONALISMO E MISTICISMO

Certamente que o demonólogo quinhentista pode ser enquadrado como um ponto de inflexão das histórias renascentistas, no tocante à experiência temporal, cujo futuro poderia não reproduzir naturalmente o passado, na velha toada do "eterno ontem" de escritores do Antigo Regime, Bossuet à frente das tropas ultraconservadoras. Mas não foi o mesmo Jean Bodin quem afirmou que, desde que seja para adquirir prudência, a história é fundamental face à frequência dos acontecimentos repetíveis da existência, o que os faz enquadrar-se em um círculo de eterno retorno do mesmo? Segundo ele considerou no "Preâmbulo" do *Methodus ad facilem historiarum cognitionem*, o presente pode ser facilmente explicável graças à história. Por meio do estudo da história, podemos iluminar o futuro e assim obter indicações seguras acerca do que convém procurar e evitar. Pode ser que alguns autores (Koselleck entre eles) tenham se excedido um pouco na modernização do pensamento histórico e político de Bodin, e diante de seus argumentos – os do próprio Bodin –, fica difícil desconsiderar uma série de outras análises que aproximam suas reflexões de noções bem menos avançadas. Aliás, como o faz Beatrice Reynolds (1969, p.XI) acerca do *Methodus*, quando avalia que

---

11 A expressão pertence às lavras de Michael Oakeshott (1967).

O livro é relevante na medida em que nos entrega o conteúdo intelectual de uma mente do período de transição entre a Idade Média e a Época Moderna. [...] A teoria medieval de uma determinação providencial da história não era totalmente estranha ao seu pensamento.

François Hartog também o enquadra por esse ângulo. Na época em que Bodin publicou seu livro, os homens tinham a impressão de se encontrarem em um mundo bastante familiar, posto que bem preservado pelas tradições consagradas por uma noção imemorial do tempo. Segundo Hartog, a luz brilhava do passado sobre o presente e o futuro (Hartog, 1996). Em história Bodin percorreu o caminho que traçou para si de uma forma muito coerente, pois procurou servir-se do saber produzido por ciências afins ao campo do conhecimento histórico, atribuindo ainda um novo valor à pesquisa documental, no que pôs freio momentâneo no velho gênero "cola e tesoura".[12]

No terreno das invenções filosóficas, suas façanhas fizeram dele o precursor de diversos autores importantes dos dois séculos seguintes. E o vinho novo servido por Bodin em tão considerável volume veio também de novas garrafas. Isso porque ele não se preocupou em seguir o modelo retórico do discurso histórico predominante em seu tempo, muito marcado pelos confrontos estilísticos dos clássicos antigos. O humanismo concebido por Bodin afastou-se do padrão consagrado da *ars rhetorica* presente nas narrativas históricas quinhentistas, o que o tornou objeto de admiração aos olhos de Montaigne. Bodin sabia bem que, com o *Método da história*, dirigia-se a uma elite de conhecedores do latim uma vez que essa língua empresta maior dignidade às obras de pensamento. Mas preferiu uma escrita mais livre de *ornatus* e de outros apelos retóricos voltados a persuadir o leitor pela emoção transmitida por uma narrativa entrecortada por eventos memoráveis e frases de espírito. Avaliando a recepção e influência do *Methodus* na literatura da Inglaterra elisabetana Leonard Dean ressalta algumas das inovações bodinianas quanto à *ars rhetorica* renascentista. Segundo Dean (1942), Bodin defendia que

O historiador mais admirável não é o narrador de maravilhas, tampouco o criador de cenas teatrais, mas o homem que reúne talento, experiência

---

12 Expressão consagrada por Robin George Collingwood (1981).

ADENDO – AS LIÇÕES DE UM DEMONÓLOGO | **209**

pública e atenta pesquisa, e que alimenta o leitor de perspectivas das funções públicas e privadas do governo.[13]

A narrativa histórica de Bodin buscou atingir princípios de pragmatismo (*utilitas*), antes que produzir o prazer (*voluptas*), lugares-comuns nos gêneros literários em voga no século XVI e, inclusive, nos dois séculos posteriores, que ainda tomavam Cícero e Quintiliano como fontes de inspiração na arte da composição narrativa.[14] Os novos aspectos da erudição histórica do humanismo renascentista francês, com o seu apurado padrão de exigência por rigor e objetividade, eclipsaram traços do retoricismo clássico de seu livro sobre o método histórico. A fruição literária proporcionada pelos livros de história podia mascarar as credenciais de uma obra excelente, e frequentemente produzia tal resultado. Para Bodin, a veracidade dos relatos era artigo de primeira necessidade, não podendo ocultar-se sob a carapaça de um discurso engenhoso.

Os capítulos de o *Método da história*, em número de uma dezena, são muito desiguais quanto ao volume de texto, o que permite deduzir que os efeitos didáticos que a autoria confessa ter pretendido produzir talvez não fossem assim tão importantes, não ao menos a ponto de serem perseguidos incansavelmente. À parte tal suposição, importa destacar que em um desses capítulos, o sexto, que aborda a forma de governo nos Estados (De la constitution des Républiques), Bodin (1951, p.349-424) se propôs resumir a história do mundo com vistas a gerar o referido efeito didático em benefício de seus leitores, segundo ele mesmo declarou no texto. E o autor alerta em suas ilações metodológicas: o segredo da ciência histórica que buscou praticar estava na forma de constituição dos Estados através dos tempos, a que denominou Repúblicas.

E como se sabe, o significado de República nos inícios da Época Moderna remetia a um Estado qualquer em seu sentido amplo, com a sua administração e as suas leis, mas não a uma unidade política dotada

---

13 "*The most admirable historian is not the teller of wonders nor the creator of theatrical scenes, but the man who combines talent, experience in statecraft, and careful research, and who provides the reader with an insight into the offices of public and private government*".

14 Acerca de detalhes da *ars rhetorica* moderna ver Ernst Robert Curtius (1996).

de soberania do povo.[15] Ao leitor de hoje, tal declaração pode soar como simples tralha de um passado distante. Mas, na época de seu enunciado, foi uma descoberta inovadora em relação à pesquisa histórica afeiçoada à teoria dos Quatro Impérios, uma referência que alcançou ainda que de modo alterado a época do Iluminismo. Até Voltaire (1957b), autor dentre os mais ousados inovadores no campo da história, não se desvencilhou de tal modelo, encontrando no passado remoto e recente os seus séculos modelares, fazendo culminar suas idades míticas no portentoso "Siècle de Louis XIV". Como argumenta Jacques Le Goff (1984b, p.311), no verbete "Idades Míticas",

> Para dominar o tempo e a história e satisfazer as próprias aspirações de felicidade e justiça ou os temores face ao desenrolar ilusório ou inquietante dos acontecimentos, as sociedades humanas imaginaram a existência, no passado e no futuro, de épocas excepcionalmente felizes ou catastróficas e, por vezes, inseriram essas épocas originais ou derradeiras numa série de idades, segundo uma certa ordem.

Bodin (1951) reagiu criticamente a tal teoria. Sobre o assunto, ele escreveu em sua declaração metodológica (final do capítulo 1 intitulado "De l'Histoire et de ses diverses sortes") que se esforçaria – tomando como fundamento seus estudos acerca da transformação das formas políticas – para refutar aqueles que tentaram impor suas quatro monarquias e seus quatro séculos de ouro.[16]

Dentre as demais inovações do Jean Bodin historiador não se pode omitir a crítica às fábulas como explicação das origens gloriosas das nações. Esse também é outro fundamento de seus disparos eruditos contra as narrativas históricas que tencionou superar, com suas instruções bastante fiéis à tópica "trago novidades". Como todo inovador que se tem em boa consideração, ele teve de ceder a certos imperativos categóricos incrustados na tradição, como o de apresentar a extensa galeria dos historiadores que o antecederam nos temas que se dispôs a retratar. É quando surge uma verdadeira legião de autores que Bodin reuniu em

---

15 Acerca dessa compreensão de época, ver os seguintes manuais: Christian Ruby (1999); Olivier Nay (2007); Evelyne Pisier (2004); e Quentin Skinner (1996).

16 Uma detida análise do assunto foi desenvolvida por Benedetto Croce (1953, p.174), e em outras passagens. Ver também Wallace Ferguson (1950, p.16s).

um catálogo de vultos relevantes da sabedoria histórica. Conforme ele mesmo diz no décimo e último capítulo de seu *Método* (intitulado "Liste récapitulative des historiens" in Bodin, 1951, p.465ss), seu propósito com esse trabalho de catalogação bastante rarefeita de nomes e assuntos – não mais do que sete ou oito páginas de texto impresso, em duas colunas na edição de Mesnard – foi o de traçar as linhas gerais de uma leitura eficaz de suas respectivas obras. Para ele o importante não seria enfileirar livros ao lado de livros, para perfilar os juízos de autoridades numerosas e portentosas, mas aprender a ler corretamente as matérias da história. Uma criteriosa pesquisa bibliográfica foi por ele sugerida como se se tratasse de um dos pilares no planejamento da empresa histórica. Desse modo, evitava-se uma série de inconvenientes como, por exemplo, o risco primário de repetições ou das duplas descobertas.

Talvez falte a estas considerações apontar para uma série de outros aspectos temáticos das inovações historiográficas empreendidas pelo célebre demonólogo renascentista. Limitar-me-ei a dizer que o esforço empreendido por Jean Bodin para estabelecer uma hierarquização das fontes históricas compõe uma coordenada assaz importante. Ora, alguns testemunhos podem ser visivelmente mais relevantes do que outros, dependendo de sua temática, afirmou o autor em seu terceiro capítulo acerca dos modos de organizar os documentos ("Comment fixer avec exatitude les lieux comuns de l'histoire"). Numa época em que a narrativa histórica pautava-se de forma predominante na produção de fogos de artifício do estilo, a partir da sobreposição de discursos eloquentes, a introdução de uma fase "documental" no trabalho de investigação deu um lustro de originalidade às iniciativas de Bodin e de seus contemporâneos de nova empresa.

Para Bodin, cabia ao historiador organizar o seu trabalho, que começava pela criteriosa seleção dos materiais de base, garantindo-se a primazia da análise dos documentos históricos de maior confiabilidade, as fontes públicas em detrimento das particulares. Sendo a narrativa histórica um discurso essencialmente dialógico, segundo a percepção de Bodin, ao historiador caberia cercar-se dos favores e serventias das ciências auxiliares da história, atitude interdisciplinar digna de provocar espanto nos que, hoje ainda, cultivam apenas o seu pequeno jardim de especificidades. Decerto que o programa que Jean Bodin traçou, e que resultou em contribuições para a renovação da pesquisa histórica ao longo da segunda metade do século XVI, é bem mais extenso e mais complexo do que os elementos apontados nestas reflexões. Alguns comentadores reconheceram em Bodin, como pensador político, um defensor bastante sincero da tolerância religiosa, além de louvarem bastante suas soluções inventivas no esforço de conceber formas modernizadoras de administração pública. Aliás, tais aspectos são evidentes em sua filosofia política.

Entretanto, os historiadores não se esquecem de que o teórico político inovador, o porta-voz da nova história, o farol da jurisprudência, o colosso da sabedoria bíblica, enfim, o abismo de erudição de seu tempo, incluiu em sua pauta de redação a tarefa de conceber um livrinho sobre bruxaria, espécie de "método fácil" para utilidade dos magistrados, à época muito empenhados na identificação e julgamento das ações de feiticeiros. Das culminâncias de suas notáveis inovações nos campos da reflexão histórica e política, os comentadores sempre sacam o célebre "livro de bolso da feitiçaria" do eminentíssimo "libertino erudito" que, no vasto terreno das superstições dominantes, também acreditava na realidade de rebanhos de sapos escarlates apascentados por crianças. E o repertório de crendices do eminente Bodin quanto às práticas de feitiçaria faz considerável volume, no que se inclui desde o coito com o Bode Negro ao sacrifício de crianças (Palou, 1957, p.13). Nos fins do século XVIII Voltaire se deliciava com a cerimônia dos sabás, uma brincadeira divertida e de baixo custo uma vez que, para conseguir os favores do diabo, não se gastava mais do que um pote de banha e uma vassoura. E o bode acolhia bem a todos, dando-lhes o traseiro para beijar, incluindo-se nesses folguedos a promessa de todos os tesouros do mundo. E quando se tem Voltaire (2001b, p.42) à mão, a melhor atitude é entregá-lo sem mais delongas ao leitor:

> O que aqueles miseráveis imaginavam também era imaginado pelos juízes. E o caso, em vez de ser discutido em manicômios ou no hospital de Bedlam, era examinado nas masmorras ou na sala de torturas, tendo desfecho no meio das chamas. Houve jurisconsultos demoníacos, e em grande número, que nos presentearam o código do diabo desde que a imprensa foi inventada. A partir daí, gente como Bodin, Delrio e Boguet, procuradores gerais de Belzebu, especificaram todos os casos em que o diabo se dignava agir por si mesmo e aqueles em que empregava seus ministros.

No campo dos estudos atuais sobre o autor de *Os seis livros da república*, a historiadora Margareth King (1991, p.213) observa que "O erudito Jean Bodin (historiador, jurista e teórico político), aponta ainda a cobiça como causa da bruxaria feminina e diz que por cada bruxo do sexo masculino havia cinquenta bruxas". É bem verossímil a referência de King. No *Colloque*, ele compara as feiticeiras a um colossal cardume de peixes, seres produzidos em alucinada escala industrial (Bodin, 1984, p.45ss). Segundo Jean Palou (1957), a questão da sexualidade misturou-se em alta frequência ao fenômeno da feitiçaria o que levou o cético seiscentista Cyrano de Bergerac a notar a proporção de dez mil feiticeiras para cada feiticeiro. Sendo assim, refere Palou, é bem raro encontrar uma figura notável de feiticeiro na longa história da feitiçaria. Mas quão espantoso o número de grandes feiticeiras![17] Mais carnal e, portanto, mais sensível às estratégias de sedução do Servo Revoltado de Deus, à mulher coube o protagonismo de responder pelas perturbações de um mundo organizado e conduzido por homens.

Importa notar, com Lucien Febvre, Pierre Mesnard, François Berriot, Jacques Roger e tantos outros especialistas, que o notoriamente crítico e cético historiador quinhentista – analista judicioso de fontes históricas complexas – aceitava a prosa supersticiosa do povo ignorante sobre conspirações diabólicas, bem como as delações de supostos pecadores que haviam vendido a alma ao diabo na esperança de obter proveitos mundanos. Mas seria essa a marca sombria da insensatez a manchar para sempre a reputação do grande filósofo do Renascimento? Há quem afirme que, como um cristão de fachada, ele agiu assim para proteger-se de acusações de incredulidade que pesaram sobre si, constituindo-se seu *Démonomanie des sorcières* em escudo de suas impiedades.

Curiosamente, esses seus supostos esforços por alcançar um nivelamento às concepções predominantes em sua cultura não o livraram de problemas. François Berriot, que liderou os historiadores responsáveis pelos trabalhos editoriais da tradução anônima do *Colloquium heptaplomeres*, aponta os percalços que ele viveu. Como observa Dresden ([s.d.], p.197), o livro foi escrito em 1592, mas sua divulgação foi tardia. A obra foi concebida na forma de diálogos, em que representantes de diferentes crenças discutem os princípios constituintes da verdadeira religião.

---

17 As múltiplas razões para tal (des)proporção – incluindo-se as de ordem religiosa, social, econômica, fisiológica e intelectual –, são explicadas pelo autor.

Na definição de Febvre (1968, p.111), um livro dirigido à substituição do então arruinado catolicismo por uma doutrina universalista, cujos esteios seriam o saber científico e a história comparada.

Já seu *Démonomanie* valeu-lhe, por parte dos católicos de sua época, o título de "novo e pestilento" intérprete das Sagradas Escrituras, o que no século XVI era sinal de muito perigo. Os leitores ortodoxos de seu texto sobre as feiticeiras viram-no pelo ângulo da depravação, vício que lançava nódoas sobre as venerandas sentenças dos profetas, bem como sobre os ensinamentos da Igreja. Acusações de ateísmo, de judaísmo, de calvinismo e de oportunismo político também se alternaram recorrentemente, na medida em que os textos do "monge renegado" tornavam-se conhecidos de uma pequena comunidade de leitores.

> Porque muito cedo Jean Bodin pareceu suspeito aos teólogos. Por um lado, "alguns" não deixavam de lhe reprovar ter vestido o hábito do carmo "em sua primeira juventude", como comprovaria uma ata de 1577 referente à sua condição monástica, após ter "professado a religião protestante" (Berriot, 1984, p.XVIII).[18]

Nessa onda de acerbas críticas trafegou também o *Methodus*, que passou a reforçar os títulos do *Index* a partir de 1596. "O Método é acusado de citar com frequência os teólogos reformados, de contestar o papel temporal dos papas e de levar em consideração as superstições dos 'matemáticos'" (ibidem, p.XXI).[19]

Se Bodin recomendou o emprego rigoroso dos métodos empíricos para a concepção de uma nova história, na intenção de investigar em maior profundidade as condições de vida dos homens no tempo, o mesmo personagem recorreu a alguns engenhos de pensamento que hoje talvez nos pareçam incomuns, ao menos para uma mente tão destacada do século XVI. Então, é frequente falar-se num suposto Bodin

---

18 "*Car très tôt Jean Bodin apparaît suspect aux thélogiciens. D'une part, 'quelque uns' ne manquent pas de lui reprocher d'avoir porté l'habit de carme 'dans son première jeunesse', comme l'attesterait un acte de 1577 relatif à sa 'moynerie', puis d'avoir 'fait profession de la religion protestante'*".

19 "*La* Méthode *est accusée de citer trop fréquemment les théologiciens réformés, de contester le rôle temporal des papes, et de prendre à son compte les superstitions des 'mathématiciens'*".

ADENDO – AS LIÇÕES DE UM DEMONÓLOGO | **215**

multiforme, autor capaz de inventar a modernidade política nos *Seis livros da República* e, por meio de estratégias retóricas oblíquas, e até de um pouco de hipocrisia, regredir estrategicamente a certo primitivismo filosófico e compor um tratado para maior comodidade dos demonólogos de sua geração. Ao que parece, essa é uma explicação bem à mão para facilitar a compreensão de sua história de vida. Porém, não!

Ora, teria mesmo existido essa criatura de duas caras? Ele teria se alternado em estágios de vanguardismo e de conservadorismo em suas reflexões? Como aprazia a Lucien Febvre (1985, p.219) argumentar, tal análise esbarra no pecado mortal do historiador. Isso porque "as emoções são contagiosas. Implicam relações de homem para homem, relações colectivas". O historiador Jacques Roger explica a suposta mitologia da incoerência encontrada na personalidade de Bodin como o traço de leituras viciadas dos historiadores da atualidade. Para Roger, alguns historiadores das ideias se engajaram na atitude mais fácil de julgar as contradições de Bodin, quando a tarefa que melhor caberia era a de compreender as suas singularidades. Na interpretação de Roger (1984, ixs),

> É quase uma caricatura afirmar que, para certos historiadores, basta livrar Bodin de sua pesada erudição, para nele encontrar Voltaire. Para Bodin, como para a maior parte dos homens de seu tempo, a natureza é o conjunto dos seres criados por Deus, visíveis e invisíveis, ativos ou passivos [...].[20]

Dito isso, fica evidente a série de armadilhas a espreitar o historiador atual que se ocupa em analisar as concepções de escritores de tempos passados em meio às suas embaixadas criadoras. De fato, há muitas arapucas armadas à paciente espera dos que se ocupam do trabalho de interpretação de textos, e não há meios de não se recair continuamente nessas armadilhas deixadas pelas diferenças qualitativas dos tempos históricos. Tendo em vista tais complexidades o jeito é sujeitar-se à exposição a tais embaraços que recorrentemente levam aos temidos, mas inevitáveis pecados mortais. Se os anacronismos não podem ser postos à margem, já que bem abrigados do campo de percepção do historiador,

---

20 "*Il est à peine caricatural de dire que, pour certains historiens, il suffirait de débarrasser Bodin de la lourde érudition pour y trouver Voltaire. (E prossegue o autor): Pour Bodin, comme pour la plupart des hommes de son temps, la nature est l'ensemble des êtres créés par Dieu, visibles et invisibles, actifs ou passives [...]*".

cabe ao menos o cuidado de evitar as perspectivas mais chãs que partem à procura de supostas limitações ou falhas autorais, naufragando nas chamadas "mitologias" da coerência, da doutrina e do sentido, definidas já nos inícios dos anos 1960 pelo historiador das ideias Crawford Macpherson (1962), em seu livro *A teoria política do individualismo possessivo*, e posteriormente desenvolvidas por Quentin Skinner (1988b) nos finais dos mesmos anos 1960.

Dessa forma, ao analisar criações filosóficas do passado, atitudes como as de lastimar as carências de rigor e de exatidão dos textos, a escassez de modernidade dos autores e mais uma série de falhas e de imperfeições nas obras de pensamento, revelam muito mais a inaptidão analítica do intérprete atual do que propriamente algo acerca de precariedades intelectuais do autor sob inquérito. De tais equívocos dão pistas figuras consagradas no campo da história intelectual como, por exemplo, Isaiah Berlin (1992), ao lamentar-se da ausência de uma teoria do progresso no pensamento de Maquiavel.

Em vista de tais considerações, talvez se possa afirmar, com um pouco mais de segurança acerca de Jean Bodin, que não existiram um livre pensador e um fanático religioso habitando um só corpo, pois mesmo os aspectos hoje em dia considerados modernizantes de sua filosofia política imergem no sistema de crenças vigentes em sua época. A título de exemplificação, mesmo em seu texto mais avançado em termos do novo racionalismo europeu – *Os seis livros da República* –, o autor não dispensou o muito persuasivo instrumento do velho providencialismo, que é Deus mesmo em estado de alerta, com seus freios de arrumação sempre puxados em meio às urgências das gestões corretivas sobre o mundo natural e as sociedades humanas. Há sempre "a lei de Deus" a que o príncipe soberano deve sentir-se embaraçado em suas atuações, porque diante dela não estão livres de seus pesados encargos nem mesmo os comandantes supremos das nações (Bodin, 2011, p.289ss).

Assim é que a exclusividade das coisas espantosas ("*le monopole de l'extraordinaire*", segundo expressão de Jacques Roger), de competência dos demônios, pode ser apenas um expediente restaurador de uma ordem sagrada corroída por ações corruptoras dos homens. Fica então explicada a verdadeira "explosão demográfica" de demônios sobre a Terra, nascendo aos cachos como minhocas num jardim em dias de calor e alta umidade. O argumento excelente de Bodin (1984, p.48) para explicar tal fenômeno: a vontade de Deus é livre para deter temporariamente as leis naturais e, deste modo, colocar em circulação "essa prodigiosa multidão de peixes [...] que nascem repentinamente".[21]

Apanhado pelos retrovisores atuais é provável que Bodin fique mais parecido consigo mesmo se compreendermos que o seu Deus – e isso tanto no *Methodus* quanto nas demais obras – é a mesma Providência da tradição veterotestamentária, entidade muito distinta de concepções modernizantes como a do deísmo voltairiano na qual Ele é "o eterno e impassível Geômetra, que observa com vista atenta as tribulações de uma natureza independente do determinismo" (Roger, 1984, p.XIII).[22] Ora, em seu tratado *Os seis livros da república* – por tantos e tantos comentadores considerado, com justas razões, o mais avançado dentre os livros da tratadística política de seu século –, não deixam de ser numerosos os traços reverenciais que o escritor emitiu quanto a aspectos tradicionais da política quinhentista, embaraçando-a de modo bastante natural às controvérsias de ordem religiosa, como em casos específicos de crença em maldições divinas, sendo bem ilustrativo quanto ao caso o tema das concessões de graça por parte da realeza. Quando mal outorgadas pelos príncipes cristãos, diz Bodin (2011,v.I, p.318), tais concessões "trazem consigo as pestes, as fomes, as guerras e a ruína das Repúblicas. Eis por que a lei de Deus diz que, punindo aqueles que merecem a morte, retira-se a maldição de sobre o povo".

Enfim, e em vista das concepções originais de Bodin acerca das leis da natureza, o princípio da "ausência do sentido do impossível" proposto por Lucien Febvre parece-me ainda oportuno como instrumento de interpretação de suas ideias sobre história e política.[23] A assimilação das oscilações entre traços de novo racionalismo e aspectos de antigo misticismo no conjunto da obra do escritor quinhentista talvez seja um procedimento acertado para se compreender as complexas dimensões de seu pensamento.

---

21 "*cette prodigieuse multitude de poissons [...] qui naissent tout d'un coup*".

22 "*l'éternel et impassible Géomètre, qui contemple d'un œil sec les tribulations d'une nature livrée au déterminisme*".

23 Ver, a propósito, uma referência tardia e, por isso mesmo, exemplificadora, Cyrano de Bergerac, em *Lettre contre les sorciers* (1654): "Não se deve crer em tudo que um homem diz – porque um homem pode dizer muitas coisas. Devemos crer em um homem apenas aquilo que é humano" ("*On ne doit pas croire toute choses d'un homme – parce qu'un home peut dire toutes choses. On ne doit croire d'un homme que ce qui est humain*", apud Febvre, 1968, p.407).

AUTORES E OBRAS

ACCETTO, Torquato. *Da dissimulação honesta*. São Paulo: Martins Fontes, 2001.

ALBANESE, G. A redescoberta dos historiadores antigos no Humanismo e o nascimento da historiografia moderna. Valla, Facio e Pontano na corte napolitana dos reis de Aragão. In: PIRES, F. M. (Org.). *Antigos e modernos*: diálogos sobre a escrita da história. São Paulo: Alameda, 2009.

AMYOT, J. Aos leitores. In: PLUTARCO. *Vidas dos homens ilustres*. São Paulo: Editora das Américas, [s.d.]a.

AMYOT, J. Epístola ao muito poderoso e cristianíssimo rei de França Henrique II. In: PLUTARCO. *Vidas dos homens ilustres*. São Paulo: Editora das Américas, [s.d.]b.

APOSTOLIDÈS, J.-M. *Le roi-machine. Spectacle et politique au temps de Louis XIV*. Paris: Éditions Minuit, 1987.

ARIÈS, P. *O tempo da história*. Rio de Janeiro: Francisco Alves, 1989.

AUERBACH, E. *Ensaios de literatura ocidental*. São Paulo: Duas Cidades; Editora 34, 2007.

AUERBACH, E. *Mimesis*. São Paulo: Perspectiva, 1998.

BAKHTIN, M. *A cultura popular na Idade Média e no Renascimento:* o contexto de François Rabelais. São Paulo: Hucitec, 1987.

BARRACLOUGH, G. *Europa, uma revisão histórica*. Rio de Janeiro: Zahar Editores, 1964.

BARRET-KRIEGEL, B. *L'histoire à l'Age Classique*. Paris: PUF, 1996.

BARROS, J. D'Assunção. *Teoria da história*. Os paradigmas revolucionários. v.III. Petrópolis: Vozes, 2011.

BARROS, M. de. *Memórias inventadas*. São Paulo: Planeta, 2010.

BARTHES, R. A retórica antiga. In: COEHEN, J. et al. *Pesquisas de retórica*. Petrópolis: Vozes, 1975.

BAYLE, P. *Dictionnaire historique et critique*. Paris, Desoer Libraire, 1820.

BEHRENS, C. *O Ancien Régime*. Lisboa: Editorial Verbo, [s.d.].

BERLIN, I. *Contra la corriente*. México: Fondo de Cultura Económica, 1992.

BERRIOT, F. La fortune du *Colloquium heptaplomeres*. In: BODIN, J. *Colloque entre sept scavans qui sont de differens sentimens*. Genève: Droz, 1984.

BIZIÈRE, J.-M.; SOLÉ, J. Bodin. In: *Dictionnaire des biographies*. Paris: Armand Collin, 1993.

BLOOM, H. *Onde encontrar a sabedoria?* Rio de Janeiro: Objetiva, 2005.

BOBBIO, N. *A teoria das formas de governo*. Brasília: Editora da UnB, 1989.

BODIN, J. *Os seis livros da república*. V. I e II. São Paulo: Ícone, 2011.

BODIN, J. *Colloque entre sept scavans qui sont de differens sentimens*. Genève: Droz, 1984.

BODIN, J. *Method for the easy comprehension of History*. Tradução da edição latina de Beatrice Reynolds. Nova York: W. W. Norton & Company; Columbia University Press, 1969.

BODIN, J. La Méthode pour une facile compréhension de l'Histoire. In: MESNARD, P. (Org.). *Œuvres philosophiques*. Paris: PUF, 1951.

BONNEY, R. *L'absolutisme*. Paris: PUF, 1989.

BOURDÉ, G.; MARTIN, H. *Les écoles historiques*. Paris: Editions du Seuil, 1997.

BOUREAU, A. Les cérémonies royales françaises entre performance juridique et compétence liturgique. *Annales ESC*, Paris, n.6, p.1253-1264, nov.-dez. 1991.

BRANDÃO, J. L. Luciano e a história. In: SAMÓSATA, L. de. *Como se deve escrever a história*. Belo Horizonte: Tessitura, 2009.

BRAUDEL, F. Pedagogia da história. *Revista de História*. São Paulo, 11, 23, jul.-set., 1955.

BREDLOW. L.-A. Prolegômenos. In: LAERCIO, D. *Vidas e opiniones de los filósofos ilustres*. Zamora: Lucina, 2010.

BRIGGS, A. (Org.). Bodin. In: *The Longman Encyclopedia*. Londres: Penguin Books, 1990.

BURCKHARDT, J. *Reflexiones sobre la historia universal*. México: Fondo de Cultura Económica, 1993.

BURCKHARDT, J. *A civilização do Renascimento italiano*. Lisboa: Editorial Presença, 1983.

BURKE, P. *Uma história social do conhecimento*. Rio de Janeiro, Zahar, 2003.

BURKE, P. *O Renascimento italiano:* cultura e sociedade na Itália. São Paulo: Nova Alexandria, 1999.

BURKE, P. *A arte da conversação*. São Paulo: Editora da Unesp, 1995.

BURKE, P. O cortesão. In: GARIN, E. (Org.). *O homem do Renascimento*. Lisboa: Editorial Presença, 1991a.

BURKE, P. *Veneza e Amsterdã: um estudo das elites do século XVII*. São Paulo: Brasiliense, 1991b.

BURKE, P. *História e Sociologia*. Porto: Editora Afrontamento, 1980.

BURTON, R. *A anatomia da melancolia*. Vols. I, III e IV. Curitiba: Editora UFPR, 2011.

CABRERA DE CÓRDOBA, L. *De Historia, para entenderla y escribirla*. Madrid: Instituto de Estudios Políticos, 1948.

CABRERA DE CORDOBA, L. *Historia de Felipe II*. Tomo I. Madrid: Aribau y C.a., 1876.

CADIOU, F. et al. *Como se faz a história*: historiografia, método e pesquisa. Petrópolis: Vozes, 2007.

CAMPORESI, P. *Hedonismo e exotismo*: a arte de viver na época das Luzes. São Paulo: Editora Unesp, 1996.

CANAVAGGIO, J. *Cervantes*. São Paulo: Editora 34, 2005.

CARBONELL, C.-O. *Historiografia*. Lisboa: Teorema, 1987.

CARLYLE, T. *Os heróis*. São Paulo: Melhoramentos, 1963.

CARVALHO, José Murilo de. A história intelectual no Brasil: a retórica como chave de leitura. *Topoi*, Rio de Janeiro, n. 1, p.123-152, jan.-dez. 2000.

CASSIRER, E. *O mito do Estado*. São Paulo: Códex, 2003.

CASSIRER, E. *A filosofia do Iluminismo*. Campinas: Editora da Unicamp, 1997.

CASSIRER, E. *Essay of Man*. New Haven: Yale University Press, 1944.

CASTAN, Y. Política e vida privada. In: ARIÈS P.; DUBY G. (Orgs.). *História da vida privada*. São Paulo: Companhia das Letras, 1991.

CASTIGLIONE, B. *O cortesão*. São Paulo: Martins Fontes, 1997.

CERVANTES, M. *Don Quijote de la Mancha*. Madrid: Real Academia Española, 2004.

CERVANTES, M. *A Galatéia*. São Paulo: Editora Três, 1974.

CHARTIER, R. Apresentação. In: ARIÈS, P. *O tempo da história*. Rio de Janeiro: Francisco Alves, 1989.

CHARRON, P. *Pequeno tratado de sabedoria*. Belo Horizonte: Editora UFMG, 2006.

CHASTEL, A. O artista. In: GARIN, E. (Org.). *O homem do Renascimento*. Lisboa: Editorial Presença, 1991.

CHAUNU, P. *A história como ciência social*. São Paulo: Zahar, 1976.

CÍCERO, M. T. *El orador*. Madrid: Alianza Editorial, 2010.

CÍCERO, M. T. Do orador. In: _____. HARTOG, F. (Org.). *A história de Homero a Santo Agostinho*. Belo Horizonte: Editora UFMG, 1999.

CÍCERO, M. T. A favor do poeta Arquias. In: PORTO SOBRINHO, F. (Org.). *Antologia da eloquência universal, de Péricles a Churchill*. Rio de Janeiro: Muniz Editora, 1961.

COLLINGWOOD, R. G. *A ideia de história*. Lisboa: Presença, 1981.

COMPAGNON, A. *O demônio da teoria*. Belo Horizonte: Editora UFMG, 1999.

CORDIÉ, C. Introdução. In: CASTIGLIONE, Baldassare. *O cortesão*. São Paulo: Martins Fontes, 1997.

COUTO DE BRITO, T. *O retorno de Astréia ou Fénelon e a arte de fugir ao tempo*. Campinas, 2013. Tese (Doutorado) – Instituto de Estudos Literários, Universidade Estadual de Campinas.

CROCE, B. *Teoría e historia de la historiografía*. Buenos Aires: Ediciones Imán, 1953.

CURTIUS, E. R. *Literatura europeia e Idade Média latina*. São Paulo: Hucitec; Edusp, 1996.

DEAN, L. Bodin's Methodus in England before 1625. *Studies in Philology*, North Caroline, v.39, n.2, p.160-166, abr. 1942.

DELACROIX, C.; DOSSE, F.; GARCIA, P. *Correntes históricas na França*: séculos XIX e XX. Rio de Janeiro; São Paulo: Editora FGV; Editora Unesp, 2012.

DELISLE, J.; WOODSWORTH, J. *Os tradutores na história*. São Paulo: Ática, 1995.

DELLA CASA, Giovanni. *Galateo ou Dos costumes*. São Paulo: Martins Fontes, 1999.

DELUMEAU, J. *A civilização do Renascimento*. V.I e II. Lisboa: Editorial Estampa, 1983.

DEMÓSTENES. Oração à coroa. In: PORTO SOBRINHO, F. (Org.). *Antologia da eloquência universal, de Péricles a Churchill*. Rio de Janeiro: Muniz Editora, 1961.

DESCARTES, R. *Discurso do método*. Porto Alegre: L&PM, 2011.

DOSSE, F. *O desafio biográfico:* escrever uma vida. São Paulo: Edusp, 2009.

DRESDEN, S. *O humanismo no Renascimento*. Porto: Editorial Inova, [s.d.].

DUBOIS, C.-G. *L'imaginaire de la Renaissance*. Paris: Presses Universitaires de France, 1985.

DUBOIS, C.-G. *La conception de l'histoire en France au xvie siècle*. Paris: Nizet, 1977.

DUBOIS, C.-G. *Le baroque*. Paris: Larousse Éditions, 1973.

DUBY, G. História social e ideologias das sociedades. In: LE GOFF, J.; NORA, P. (Orgs.). _____. *História:* novos problemas. Rio de Janeiro: Francisco Alves, 1976.

DUBY, G. *A história continua*. Rio de Janeiro: Jorge Zahar, 1993.

EMERSON, R. W. *Homens representativos*. Rio de Janeiro: Imago, 1996.

ENGELS, O. Compreensão do conceito na Idade Média. In: KOSELLECK, R. et al. *O conceito de História*. Belo Horizonte: Autêntica, 2013.

FABRE, S. G. Bodin, Jean. In: HUISMAN, D. *Dicionário dos filósofos*. São Paulo: Martins Fontes, 2001.

FEBVRE, L. *Michelet e a Renascença*. São Paulo: Scritta, 1994.

FEBVRE, L. *Combates pela história*. Lisboa, Editorial Presença, 1985.

FEBVRE, L. ¿Hechicería, ignorancia o revolución mental? In: _____. *Erasmo, la contrarreforma y el espíritu moderno*. Barcelona: Martinez Roca, 1971.

FEBVRE, L. *Le problème de l'incroyance au xvie siècle. La religion de Rabelais*. Paris: Albin Michel, 1968.

FÉNELON, F. *As aventuras de Telêmaco, filho de Ulisses*. São Paulo: Madras, 2006.

FÉNELON, F. Projet d'un traité d'histoire. In: _____. *Lettre sur les occupations de l'Académie*. Paris: Delagrave, 1897.

FERGUSON, W. *La Renaissance dans la pensée historique*. Paris: Payot, 1950.

FLACELIÈRE, R. Introduction. In: PLUTARQUE. *Vies*. V.I. Paris: Les Belles Lettres, 1957.

FOX MORCILLO, S. *De Historiae Institutione Dialogus* (1557). Apud: CABRERA DE CORDOBA, L. *De Historia, para entenderla y escribirla*. Madrid: Instituto de Estudios Políticos, 1948.

FUETER, E. *Histoire de l'historiographie*. Paris: Alcan, 1914.

FUMAROLI, M. Espírito de geometria, espírito de agudeza. In: PASCAL, B. *A arte de persuadir precedida de A arte da conferência de Montaigne*. São Paulo: Martins Fontes, 2004.

FUMAROLI, Marc. Préface. In: _____. (Org.). *Histoire de la rhétorique dans l'Europe moderne:* 1450-1950. Paris: PUF, 1999.

FURETIÈRE, A. *Dictionnaire Universel contenant généralement tous les mots françaises tant vieux que modernes, et des termes des sciences et des arts...* (1690). Disponível em: <www.gallica.bnf.fr>. Acesso em 24 abr. 2012.

GADAMER, H.-G. *O problema da consciência histórica*. Rio de Janeiro: Editora FGV, 1998.

GADAMER, H.-G. *Verdade e método:* traços fundamentais de uma hermenêutica filosófica. Petrópolis: Vozes, 1997.

GARIN, E. O filósofo e o mago. In: _____. (Org.). *O homem do Renascimento.* Lisboa: Editorial Presença, 1991.

GAUKROGER, S. *Descartes:* uma biografia intelectual. Rio de Janeiro: Contraponto; Eduerj, 1999.

GAY, P. *O estilo na história.* São Paulo: Companhia das Letras, 1990.

GERVINUS, G. G. *Fundamentos de teoria da história.* Petrópolis: Vozes, 2010.

GIBBON, E. *The history of the decline and fall of the Roman Empire.* V.I. Londres: George Bell & Sons, 1891.

GINZBURG, C. *Relações de força:* história, retórica, prova. São Paulo: Companhia das Letras, 2002.

GRACIÁN, B. *Agudeza y arte de ingenio.* Madrid: Cátedra, 2011a.

GRACIÁN, B. El Héroe. In: _____. *Obras completas.* Madrid: Cátedra, 2011b.

GRACIÁN, B. Oráculo manual y arte de prudencia. In: _____. *Obras completas.* Madrid: Cátedra: 2011c.

GRAFTON, A. Introdução. In: MAQUIAVEL, N. *O príncipe.* São Paulo: Companhia das Letras, 2010.

GRAFTON, A. *As origens trágicas da erudição*: pequeno tratado sobre a nota de rodapé. Campinas: Papirus, 1998.

GREENBLATT, S. *Como Shakespeare se tornou Shakespeare*. São Paulo: Companhia das Letras, 2016.

GREENBLATT, S. *A virada*: o nascimento do mundo moderno. São Paulo: Companhia das Letras, 2012.

GREENBLATT, S. *Possessões maravilhosas:* o deslumbramento do Novo Mundo. São Paulo: Edusp, 1996.

GRIMMELSHAUSEN, H. J. C. von. *O aventuroso Simplicissimus.* Curitiba: Editora UFPR, 2008.

GUELFUCCI, M.-R. Antigos e modernos: Maquiavel e a leitura polibiana da história. In: PIRES, F. M. (Org.). *Antigos e modernos:* diálogos sobre a escrita da história. São Paulo: Alameda, 2009.

GUMBRECHT, H. U. *Em 1926, vivendo no limite do tempo.* Rio de Janeiro: Record, 1999.

GÜNTHER, H. Pensamento histórico no início da Idade Moderna. In: KOSELLECK, R. et al. *O conceito de História.* Belo Horizonte: Autêntica, 2013.

GUSDORF, G. *Introduction aux sciences humaines.* Paris: CNRS, 1960.

HADDOCK, B. *Uma introdução ao pensamento histórico.* Lisboa: Gradiva, 1989.

HALE, J. *Renascença.* Rio de Janeiro: José Olympio, 1970.

HARTOG, F. *Évidence de l'histoire.* Paris: EHESS, 2005.

HARTOG, F. *Os antigos, o passado e o presente.* Brasília: Editora da UnB, 2003.

HARTOG, F. *A História de Homero a Santo Agostinho.* Belo Horizonte: Editora UFMG, 1999.

HARTOG, F. *Time, History and the Writing of History: the Order of Time.* Conferência em Estocolmo, 1996. Disponível em: <http://www.fflch.usp.br/dh.heros/excepta/hartog.html>. Acesso em: 26 abr. 2012.

HARTOG, F. Tucídides. In: BURGUIÈRE, A. *Dicionário das ciências históricas*. Rio de Janeiro: Imago, 1993.

HARTOG, F. A arte da narrativa histórica. In: BOUTIER, J.; JULIA, D. (Orgs.). *Passados recompostos*. Rio de Janeiro: Editora FGV; Editora UFRJ, 1988.

HATTON, R. *A época de Luís XIV*. Lisboa: Editorial Verbo, 1971.

HAZARD, P. *Crise da consciência europeia*. Lisboa: Cosmos, 1974.

HEGEL, G. W. F. *Leçons sur la philosophie de l'histoire*. Paris: Vrin, 1979.

HOBBES, T. *Os elementos da lei natural e política*. São Paulo: Martins Fontes, 2010.

HOBBES, T. *Diálogo entre um filósofo e um jurista*. São Paulo: Landy Editora, 2004.

HOBBES, T. *Leviatã*. São Paulo: Abril Cultural, 1979.

HORÁCIO. Tradução da Carta. In: TRINGALI, D. *A arte poética de Horácio*. São Paulo: Musa Editora, 1993.

HUGUES-HALLETT, L. *Heróis*. Rio de Janeiro: Record, 2007.

HUME, D. *Ensaios morais, políticos & literários*. Rio de Janeiro: TopBooks, 2004.

HUPPERT, G. *L'idée de l'Histoire parfaite*. Paris: Flammarion, 1973.

HUPPERT, G. *The Idea of Perfect History:* Historical Erudition and Historical Philosophy in Renaissance France. Urbana: University of Illinois Press, 1970

JAEGER, W. *Paideia:* a formação do homem grego. São Paulo: Martins Fontes, 2003.

JOHNSON, P. *O renascimento*. São Paulo: Objetiva, 2001.

JOLY, F. D. Apresentação. In: _____. (Org.). *História e retórica*. São Paulo: Alameda, 2007.

KING, M. A mulher renascentista. In: GARIN, E. (Org.). *O homem do Renascimento*. Lisboa: Editorial Presença, 1991.

KOSELLECK, R. A configuração do moderno conceito de História. In: _____ et al. *O conceito de História*. Belo Horizonte: Autêntica, 2013.

KOSELLECK, R. *Futuro passado:* contribuição à semântica dos tempos históricos. Rio de Janeiro: Editora PUC-Rio, 2006.

KOSELLECK, R. *Historia magistra vitae*. De la dissolution du *topos* dans l'histoire moderne en mouvement. In: _____. *Le futur passé:* contribution à la sémantique des temps historiques. Paris: EHESS, 1990.

KOYRÉ, A. *Estudos de história do pensamento científico*. Rio de Janeiro: Forense Universitária, 1991.

KRISTELLER, P. O. *Tradição clássica e pensamento do Renascimento*. Lisboa: Edições 70, 1995.

KRISTELLER, P. O. *El pensamiento renacentista y sus fuentes*. México: Fondo de Cultura Económica, 1993.

LA BRUYÈRE, J. de. Discours sur Théophraste. In: —. *Les caractères ou les mœurs de ce siècle*. Paris: Hachette, 1901.

LACERDA, S. *Metamorfoses de Homero*. Brasília: Editora da UnB, 2004.

LAÉRCIO, D. *Vidas e opiniones de los filósofos ilustres*. Zamora: Lucina, 2010.

LANSON, Gustave. *Voltaire*. Paris: Hachette, 1960.

LAUSBERG, H. *Elementos de retórica literária*. Lisboa: Fundação Calouste Gulbenkian, 2004.

LAW, J. O príncipe do Renascimento. In: GARIN, E. (Org.). *O homem do Renascimento*. Lisboa: Editorial Presença, 1991.

AUTORES E OBRAS | **225**

LE BRUN, J. Introduction. In: BOSSUET, J.-B. *Politique tirée des propres paroles de l'Écriture Sainte*. Genève: Droz, 1967.

LEFEBVRE, G. *El nacimiento de la historiografía moderna*. Madri: Martínez Roca, 1985.

LE GOFF, J. *Heróis e maravilhas da Idade Média*. Petrópolis: Vozes, 2009.

LE GOFF, J. Antigo/Moderno. In: ROMANO, R. (Org.). *Enciclopédia Einaudi, v. 1 – Memória-História*. Porto: Imprensa Universitária-Casa da Moeda, 1984a.

LE GOFF, J. Idades míticas. In: ROMANO, R. (Org.). *Enciclopédia Einaudi, v. 1 – Memória-História*. Porto: Imprensa Universitária-Casa da Moeda, 1984b.

LESKY, A. *História da literatura grega*. Lisboa: Fundação Calouste Gulbenkian, 1995.

LIMA, L. C. O direito e os costumes: um exame comparativo (Montaigne, Hotman e Pasquier). In: PIRES, F. M. (Org.). *Antigos e modernos*: diálogos sobre a escrita da história. São Paulo: Alameda, 2009.

LONGINO, D. *Do sublime*. São Paulo: Martins Fontes, 1996.

LORAUX, N. *Invenção de Atenas*. São Paulo: Editora 34, 1994.

LORIGA, S. *O pequeno X*: da biografia à história. Belo Horizonte: Autêntica, 2011.

MABLY, A. *De l'Étude de l'histoire*. A Monseigneur le Prince de Parme. Paris: Ch. Desbriere, 1794-1795a. (Collection Complète des Oeuvres de l'Abbé de Mably, Tome Douzième)

MABLY, A. *De la manière d'écrire l'histoire*. Paris: Ch. Desbriere, 1794-1795b. (Collection Complète des Oeuvres de l'Abbé de Mably, Tome Douzième)

MACPHERSON, C. *The Political Theory of Possessive Individualism*. Oxford, Clarendon Press, 1962.

MANDROU, R. *La raison du prince:* L'Europe Absolutiste 1649-1775. Paris: Marabout, 1980.

MANDROU, R. *Magistrados e feiticeiros na França do século XVII*. São Paulo: Perspectiva, 1979.

MAQUIAVEL, N. *O príncipe*. São Paulo: Martins Fontes, 2008.

MAQUIAVEL, N. *História de Florença*. São Paulo: Musa Editorial, 1998.

MAQUIAVEL, N. *A arte da guerra e outros ensaios*. Brasília: Editora UnB, 1982.

MAQUIAVEL, N. *Comentários sobre a primeira década de Tito Lívio*. Brasília: Editora UnB, 1979.

MARAVALL, J. A. *Antiguos y modernos:* visión de la historia e idea de progreso hasta el Renacimiento. Madri: Alianza Editorial, 1986.

MARIN, L. *Le portrait du roi*. Paris: Éditions de Minuit, 1981.

MARROU, H.-I. Educação e retórica. In: FINLEY, M. (Org.). *O legado da Grécia*. Brasília: Editora UnB, 1998.

MARTINES, L. *Fogo na cidade:* Savonarola e a batalha pela alma de Florença. Rio de Janeiro: Record, 2011.

MARTINES, L. *Abril sangrento*. Rio de Janeiro, Imago, 2003.

MARTORELL, J. *Tirant lo Blanc*. São Paulo: Ateliê Editorial, 2004.

MATHIEU-CASTELLANI, G. *Montaigne*: l'écriture de l'essai. Paris: Presses Universitaire de France, 1988.

MAYER, J. P. Introduction. Matériaux pour une histoire de l'influence de *L'ancien régime*. In: TOCQUEVILLE, A. de. *L'Ancien Régime et la Révolution*. Paris, Gallimard, 1987.

MÉCHOULAN, H. (Org.). *L'État Baroque (1610-1652)*. Paris: Vrin, 1985.

MEIER, C. Antiguidade. In: _____. KOSELLECK, R. et al. *O conceito de História*. Belo Horizonte: Autêntica, 2013.

MEINECKE, F. *El historicismo y sus génesis*. México: Fondo de Cultura Económica, 1982.

MÉNISSIER, T. *Vocabulário de Maquiavel*. São Paulo: WMF Martins Fontes, 2012.

MESNARD, P. *Jean Bodin en la Historia del Pensamiento*. Madrid: IEP, 1962.

MOGENET, J. P. *Fábulas de Esopo*. São Paulo: Companhia das Letrinhas, 2013.

MOMIGLIANO, A. *As raízes clássicas da historiografia moderna*. Bauru: Edusc, 2004.

MOMIGLIANO, A. *Ensayos de historiografía antigua y moderna*. México: Fondo de Cultura Económica, 1993.

MONTAIGNE, M de. *Ensaios*. São Paulo: Abril Cultural, 1972. (Os Pensadores)

MONTERO DIAZ, S. La doctrina de la historia en los tratadistas del Siglo de Oro. In: CABRERA DE CORDOBA, L. *De Historia, para entenderla y escribirla*. Madrid: Instituto de Estudios Políticos, 1948.

MONTESQUIEU. *Considerações sobre as causas da grandeza dos romanos e de sua decadência*. Porto Alegre: Edipucrs, 2010.

MONTESQUIEU. Mes pensées. In: _____. *Oeuvres complètes i*. Paris: Gallimard, 2004.

MONTESQUIEU. *Do espírito das leis*. São Paulo: Abril Cultural, 1979. (Os Pensadores)

NAY, O. *História das ideias políticas*. São Paulo: Vozes, 2007.

NEPOS, C. *De viris illustribus*. São Paulo: Escolas Profissionaes Salesianas, 1936.

NIETZSCHE, F. *Além do bem e do mal*. São Paulo: Companhia das Letras, 2010a.

NIETZSCHE, F. *Ecce homo*. Porto Alegre: L&PM, 2010b.

NIETZSCHE, F. *Escritos sobre História*. Rio de Janeiro; São Paulo: Editora PUC-Rio; Edições Loyola, 2005a.

NIETZSCHE, F. *Humano, demasiado humano:* um livro para espíritos livres. São Paulo: Companhia das Letras, 2005b.

NISBET, R. *História da ideia de progresso*. Brasília: Editora UnB, 1985.

OAKESHOTT, M. *Sobre a história e outros ensaios*. Rio de Janeiro: TopBooks, 2003.

OAKESHOTT, M. *Rationalism in Politics and other essays*. Londres: Methuen & Co., 1967.

PALMADE, G. et al. História da história. In: VÁRIOS AUTORES. *História e historicidade*. Lisboa: Gradiva, 1988.

PALOU, J. *La sorcellerie*. Paris: PUF, 1957.

PATUZZI, S. Humanistas, príncipes e reformadores no Renascimento. In: CAVALCANTE, B. et al. *Modernas tradições*. Rio de Janeiro: Access, 2002.

PERELMAN, C. *Retóricas*. São Paulo: Martins Fontes, 2004.

PÉRICLES. Oração aos mortos de Atenas. In: PORTO SOBRINHO, F. (Org.). *Antologia da eloquência universal, de Péricles a Churchill*. Rio de Janeiro: Muniz Editora, 1961.

PETRARCA, F. Ao mesmo Tommaso da Messina, sobre o estudo da eloquência. In: BIGNOTTO, N. *Origens do republicanismo moderno*. Belo Horizonte: Editora UFMG, 2001.

PISIER, E. *História das ideias políticas*. São Paulo: Manole, 2004.

PLATÃO. *Fedro ou da beleza*. Lisboa: Guimarães Editores, 1994.

PLEBE, A. *Breve história da retórica antiga*, São Paulo: EPU, 1978.

PLEKHÂNOV, G. *A concepção materialista da história*. Rio de Janeiro: Paz e Terra, 1980.

AUTORES E OBRAS | **227**

PLUTARCO. *Alexandre e César.* Vidas comparadas. Rio de Janeiro: Ediouro, [s.d.]a.

PLUTARCO. *Vidas dos homens ilustres.* (Demétrio e Antônio). V.VIII. São Paulo: Editora das Américas, [s.d.]b.

PLUTARCO. *Vidas dos homens ilustres.* (Teseu e Rômulo). V.I. São Paulo: Editora das Américas, [s.d.]c.

POCOCK, J. *Cidadania, historiografia,* Res Publica: contextos do pensamento político. Coimbra: Almedina, 2013.

POCOCK, J. *Linguagens do ideário político.* São Paulo: Edusp, 2003.

POCOCK, J. Time, institutions and action. In: _____. KING, P.; PAREKH, B. C. (Org.). *Politics and Experience.* Cambridge: Cambridge University Press, 1968.

POLÍBIO. *Histórias.* Brasília: Editora UnB, 1986.

POMEAU, R. Introduction. In: VOLTAIRE. *Essai sur les mœurs.* V.I. Paris: Bordas, 1990.

POMEAU, R. Préface. In: VOLTAIRE. *Oeuvres historiques.* Paris: Gallimard, 1957.

QUINTILIANO, M. F. *Instituciones oratorias.* Madrid: Imprenta del Perlado, 1916.

REYNOLDS, B. Introduction. In: BODIN, J. *Method for the easy comprehension of History.* Nova York: W.W. Norton & Company; Columbia University Press, 1969.

RICE JR., E.; GRAFTON, A. *The foundations of early modern Europe (1460-1559).* Nova York, Norton and Company, 1994.

ROGER, J. Avant-propos. In: BODIN, J. *Colloque entre sept scavans qui sont de differens sentimens.* Genève: Droz, 1984.

RUBY, C. *Introdução à filosofia política.* São Paulo, Editora da Unesp, 1999.

SABINE, G. *História das teorias políticas.* V.I. Rio de Janeiro: Editora Fundo de Cultura, 1964.

SAMÓSATA, L. de. *Como se deve escrever a história.* Belo Horizonte: Tessitura, 2009.

SAMÓSATA, L. de. *Diálogos.* Buenos Aires: Argonauta, 1944.

SAMOSATE, L. de. Alexandre ou le faux prophète. In: _____. *Œuvres complètes.* Paris: Garnier Frères, 1929.

SCHLAERTH, W. Method for the Easy Comprehension of History. *The French Review,* Columbia, v.19, n.5, p.324-325, mar. 1946.

SCHOPENHAUER, A. *Parerga y Paralipómena.* V.II. Madrid: Editorial Trotta, 2009.

SÊNECA, L. A. *Aprendendo a viver.* Porto Alegre: L&PM, 2008.

SHAKESPEARE, W. *Tragédias e comédias sombrias.* V.I. Rio de Janeiro: Nova Aguilar, 2006.

SIMIAND, F. *Método histórico e ciência social.* Bauru: Edusc, 2003.

SKINNER, Q. *Razão e retórica na filosofia de Hobbes.* São Paulo: Editora Unesp, 1999.

SKINNER, Q. *As fundações do pensamento político.* São Paulo, Companhia das Letras, 1996.

SKINNER, Q. *Maquiavel.* São Paulo: Brasiliense, 1988a.

SKINNER, Q. Meaning and Understanding in the History of Ideas. In: TULLY, J. (Org.). *Meaning and Context.* Cambridge: Polity Press; Basil Blackwell, 1988b.

SMITH, A. *Conferências sobre retórica e belas-letras.* Rio de Janeiro: TopBooks, 2008.

STRAUSS, L. *The Political Philosophy of Hobbes:* its Basis and its Genesis. Chicago: The University of Chicago Press, 1984.

STRAUSS, L. *What is Political Philosophy?* Nova York: Free Press, 1968.

SUETONIO, C. *Obras completas.* Buenos Aires: El Atheneo Editorial, 1951.

TÉTART, P. *Pequena história dos historiadores*. São Paulo: Edusp, 2000.

TOSH, J. *A busca da história*: objetivos, métodos e as tendências no estudo da história moderna. Petrópolis: Vozes, 2011.

TUCÍDIDES. *História da guerra do Peloponeso*. Brasília: Editora da UnB, 2003.

TYVAERT, M. L'image du roi. Légitimité et moralité royales dans les histoires de France au XVIIᵉ siècle. *Revue de Histoire Moderne et Contemporaine*, Paris, tomo XXI, p.521-547, out.-dez. 1974.

VERNEI, L. A. *Verdadeiro método de estudar*. Lisboa: Editorial Verbo, 1965.

VEYNE, P. *Acreditavam os gregos em seus mitos?* São Paulo: Brasiliense, 1985.

VICO, G. *Elementos de retórica*. Madrid, Editorial Trotta, 2004.

VIDAL-NAQUET, P. *Os gregos, os historiadores, a democracia*. São Paulo: Companhia das Letras, 2002.

VIEIRA, Antônio. *História do futuro*. Brasília: Editora da UnB, 2005.

VIROLI, M. *O sorriso de Nicolau*. São Paulo, Estação Liberdade, 2002.

VOLTAIRE. *Henriada*. Prefácio de Sergio Paulo Rouanet. Rio de Janeiro: Nova Fronteira, 2008.

VOLTAIRE. *Memórias que servem à vida do sr. de Voltaire escritas por ele mesmo*. São Paulo: Martins Fontes, 2001a.

VOLTAIRE. *O preço da justiça*. São Paulo, Martins Fontes, 2001b.

VOLTAIRE. Les Anciens et les Modernes, ou la Toilette de Madame de Pompadour. In: DEN HEUVEL, J. V. (Org.). *Mélanges*. Paris: Gallimard, 1985.

VOLTAIRE. *Essai sur les mœurs*. Paris: Bordas, 1990.

VOLTAIRE. *Cartas inglesas*. São Paulo: Abril Cultural, 1978a. (Os Pensadores)

VOLTAIRE. *Dicionário filosófico*. São Paulo: Abril Cultural, 1978b. (Os Pensadores)

VOLTAIRE. História. In: _____. *Dicionário filosófico*. São Paulo: Abril Cultural, 1978c. (Os Pensadores).

VOLTAIRE. Histoire de Charles XII roi de Suède. In: POMEAU, R. (Org.). *Oeuvres historiques*. Paris: Gallimard, 1957a.

VOLTAIRE. Le siècle de Louis XIV. In: POMEAU, R. (Org.). *Oeuvres historiques*. Paris: Gallimard, 1957b.

VOLTAIRE. Lettre à Milorde Hervey. In: POMEAU, R. (Org.). *Oeuvres historiques*. Paris: Gallimard, 1957c.

WALTER, G. Introduction. In: PLUTARQUE. *Les vies des hommes illustres*. Paris: Gallimard, 1951.

WAQUET, F. *Os filhos de Sócrates*: filiação intelectual e transmissão do saber do século XVII ao XXI. Rio de Janeiro: Difel, 2010.

WATERS, K. *Heródoto el historiador*: sus problemas, métodos y originalidad. México: Fondo de Cultura Económica, 1996.

WATT, I. *Mitos do individualismo moderno*. Rio de Janeiro: Jorge Zahar, 1997.

WHITE, H. *Meta-história*: a imaginação histórica do século XIX. São Paulo: Edusp, 2008.

WHITE, H. *Trópicos do discurso*: ensaios sobre a crítica da cultura. São Paulo: Edusp, 2014.

SOBRE O LIVRO

FORMATO
14 x 21 cm

MANCHA
24,9 x 42,2 paicas

TIPOLOGIA
Arnhem 10,5/14

PAPEL
Off-white 80 g/m² (miolo)
Cartão Supremo 250 g/m² (capa)

1ª EDIÇÃO EDITORA UNESP: 2021

EQUIPE DE REALIZAÇÃO

COORDENAÇÃO EDITORIAL
Marcos Keith Takahashi

EDIÇÃO DE TEXTO
Tokiko Uemura

PROJETO GRÁFICO E CAPA
Quadratim

IMAGEM DE CAPA
Teseo e il minotauro, de Maestro di Tavarnelle, c. 1510 (reprodução)

EDITORAÇÃO ELETRÔNICA
Arte Final